PETRA REINOSO

EINMAL KUBA
UND ZURÜCK

novum pro

Dieses **Buch ist** auch als
e-book
erhältlich.

w w w . n o v u m v e r l a g . c o m

Bibliografische Information
der Deutschen Nationalbibliothek:

Die Deutsche Nationalbibliothek
verzeichnet diese Publikation in
der Deutschen Nationalbibliografie.
Detaillierte bibliografische Daten
sind im Internet über
http://www.d-nb.de abrufbar.

© 2021 novum Verlag

ISBN 978-3-99107-728-2
Lektorat: Mag. Elisabeth Pfurtscheller
Umschlagfotos: Ekaterina Burtseva,
Julian Peters | Dreamstime.com
Umschlaggestaltung, Layout & Satz:
novum Verlag

Gedruckt in der Europäischen Union
auf umweltfreundlichem, chlor- und
säurefrei gebleichtem Papier.

www.novumverlag.com

Kapitel 1

Es ist fünf Uhr morgens, heute ist mein erster Tag der Ausbildung, mir graut vor diesem Neuanfang, aber er bringt mich wenigstens meinem Erwachsendasein etwas näher. Ich bin ja kein Frühaufsteher, aber so ist nun mal der Lauf des Lebens eines anständigen Mädchens. So zumindest wollen das meine Eltern, dass sie sagen können, ihre Tochter ist gut erzogen und hat die Schulausbildung erfolgreich beendet. Meine Mutter ist auch schon auf und kocht gerade Tee. Ich öffne die Augen und blicke in die von Neonlicht hell erleuchtete Küche, das Radio brummelt leise vor sich hin und berichtet gerade über das heutige Regenwetter an diesem Tag, dem 1. September des Jahres 1979, und da höre ich auch schon die Stimme meiner Mutter, die mich wieder ermahnt, damit ich meine Geschwindigkeit steigere, da wir auch denselben Arbeitsweg zur selben Zeit haben. „Petra, beeil dich, geh ins Bad, bevor dein Vater aufsteht! Am ersten Tag und dann gleich zu spät kommen …" „Ja, ich geh ja schon!"

Diese Ausbildung war nicht mein Traumberuf, zu gerne wäre ich Stewardess geworden. Doch eine Ausbildung als Stewardess bekam man in der DDR nur mit guten Beziehungen zu denen, die was zu sagen hatten und mit einer absoluten sauberen Weste. Ich hatte weder gute Kontakte noch eine saubere Weste. Mein Vater ist in der BRD, in Frankfurt am Main geboren und aufgewachsen und er war Leistungsturner. Als er sich im Jahre 1956 bei einem Turn- und Sportfest in meine Mutter aus Leipzig verliebte und sie dann auch heirateten, errichtete man eine Mauer. Die Liebe ließ ihn dann auf der eingemauerten Seite verbleiben und somit war er ein Bürger der DDR. Für ihn gab es kein Zurück mehr in seine Heimat, nicht einmal einen Blick über die Mauer konnte er werfen. Seine Familie war natürlich weiterhin in Frankfurt am Main und somit war er ein Staatsfeind und vielleicht würde er ja mit seiner jetzigen Familie – meine Mutter, meine Schwester Maria und mir – die Seiten wechseln wollen, das jedenfalls wurde ihm stets unterstellt und die Schnüffler taten ihr Übriges, um die ganze Familie im Zaume zu halten. Da war es natürlich ausgeschlossen, dass ich eine Ausbildung zur Stewardess machen konnte. Die Tochter des Staatsfeindes über den Wolken mit unvermeidbaren Zwischenlandungen im westdeutschen Ausland. Ja, ich hätte mich abgesetzt, schließlich kannte ich die Familie meines Vaters und die waren so unglaublich lieb, ich hätte es da überhaupt nicht schwergehabt, irgendwie Fuß zu fassen. Aber dennoch, ich hatte das zum Zeitpunkt des Berufswunsches nicht vor. Ich liebte ja meine Heimat trotz aller Umstände. Ich wollte nur die Welt sehen, warme Länder, kalte Länder, über den Wolken sein, den Duft der Fremde schnuppern, im Flugzeug mal im Cockpit sitzen und Fremdsprachen lernen. Nun, es kam anders und ich begann eine Ausbildung bei der Post.

Mein erster Tag war gar nicht so schlimm, viel musste ich nicht machen, wie das eben so üblich ist am ersten Tag. Nur so organisatorisches Zeug, was man so alles braucht in der nächsten Zeit und so. Ich hatte mich auch gleich mit den neuen Mädchen angefreundet. Dabei hatte ich nie Probleme. Ich war sehr kontaktfreudig und es waren wirklich einige sympathische Mädels dabei.

Geschafft, die erste Woche war rum: endlich Wochenende. Anna, meine Freundin, kam vorbei und wir verabredeten uns für den Abend zur Disco. Meine Eltern mochten sie nicht, weil sie schon 19 Jahre alt war und auch schon ihr eigenes Leben führte. „Hey Petra, kennst du die neue Disco im nächsten Stadtteil? Ich war letzte Woche dort, die Musik ist sehr gut und samstags geht es bis 00:30 Uhr und tolle Jungs gibt es da auch noch." „Nein, kenne ich nicht, aber ich werde sie heute kennenlernen. Wann wollen wir los? Oje, was soll ich anziehen? Ach ja, ich weiß, meine neue rote Hose, nur was dazu? Ich will nicht aussehen wie eine 14-Jährige, sonst muss ich wieder meinen Ausweis zeigen." „Kein Problem, komm vorher zu mir, ich leih dir meine schwarze Bluse, die macht was her und schminken kannst du dich auch bei mir." „Okay, also bis dann, bin um sieben bei dir." Was für eine Freude, der Abend war gerettet! Jetzt noch meine Eltern fragen. „Ach, wäre ich doch schon 18 Jahre, da müsste ich nicht fragen und große Erklärungen abgeben und ich müsste auch keine sekundengenaue Zeit über meine Rückkehr angeben, die ich dann ohnehin nicht einhalte. Egal, dann bekomme ich eben meine Bestrafung von meinem Vater und muss wieder viel Prügel einstecken, Hauptsache der Abend war gut."

Zum ersten Mal war ich in so einer Diskothek in welcher die Lichter nicht schon 21:00 Uhr ausgingen, nein, besser gesagt, angingen. Die Musik war wirklich sehr gut. Es liefen die Smokies, die Rubettes, Suzi Quatro, Santana – endlich konnten wir mal zu unserer Lieblingsmusik tanzen, die wir sonst nur heimlich auf Radio Luxemburg hörten. Anna und ich waren ein sehr gutes Team beim Tanzen, sie übernahm immer die Führung und auf diese konnte ich mich wirklich verlassen. Da wir dabei stets viel Platz brauchten, wir tanzten Foxtrott, was der Hit war, zogen wir auch die ungeteilte Aufmerksam auf uns. Ohne dass ich damals wusste, sollte dieser Abend über mein weiteres Leben entscheiden. Es waren unerwartet viele Leute da. Was jedoch sehr ungewöhnlich war, war, dass sehr viele junge Kubaner da waren. Sie sahen wirklich gut aus, so knackig, so rassig und die braunen Augen und was für schöne und dunkle Haare sie hatten. Sie hatten einen Blick, der alles zum Schmelzen brachte, zum Verlieben. Sie sahen aus, als hätten sie auch gleich die Sonne Kubas mitgebracht: voller Fröhlichkeit mit einem strahlenden Lächeln. Die pure unbeschwerte Lebensfreude voll Temperament und Rhythmus. Sie waren irgendwie ständig in Bewegung zur Musik – egal ob sie saßen oder standen. Schnell nahmen wir den Blickkontakt auf und mein Blick blieb bei ihm hängen. Ich konnte gar nicht mehr wegschauen, diese schöne braune Haut und die dunklen Locken. Seine Ausstrahlung faszinierte mich wie Magie. Viel Zeit ließ er nicht verstreichen. Er kam direkt auf mich zu.

„Hallo, schöne Tänzerin, ich bin Raul, tanzen wir den nächsten Tanz zusammen?" Wie er das sagte mit seinem Akzent, das klang so hinreißend und diese Augen, sein strahlendes Lächeln mit seinen wunderschönen Zähnen, die aussahen wie Südseeperlen, schon da war es um mich geschehen. „Ja, gern und ich heiße

Petra", sagte ich schüchtern. Es war natürlich äußerst schwierig, bei der diskoüblich lauten Musik eine Unterhaltung während des Tanzens zu führen, aber dafür konnten wir uns riechen und anfühlen – und das war ohnehin mehr als jedes gesprochene Wort. Er fühlte sich so männlich an. Auf die Musik konnte ich gar nicht mehr hören, so sehr war ich in Gedanken. Ein richtiger Mann, der so viel Wärme ausstrahlte und mich regelrecht dazu einlud, ihn sofort zu küssen. Wenn ich auch ansonsten ein ziemlich loses Mundwerk hatte, aber in Sachen Jungs war ich schüchtern und unerfahren. Wir verbrachten den Abend nun gemeinsam und wenn wir nicht gerade tanzten, gesellten wir uns zu seinen Landsleuten, wo wir zusammen Havanna Club mit Cola tranken. Es stellte sich heraus, dass er mit seinen Kollegen seit drei Monaten in der DDR ist, um eine vierjährige Ausbildung zum Mechaniker zu machen. In Kuba wurde dieser Beruf sehr gebraucht, es gab jedoch dafür keine Ausbildungsmöglichkeiten und die DDR hatte ein Abkommen mit Cuba, das erlaubte, sie in unseren einheimischen Unternehmen auszubilden.

Der Abend neigte sich dem Ende zu und unsere Wege mussten sich vorerst wieder trennen. Wir standen bereits draußen. Er küsste mich nun das erste Mal zum Abschied. Warme, weiche Lippen ruhten auf meinen und es dauerte eine Ewigkeit. Dieser Kuss sollte doch nie enden. Meine Güte war das toll und dieser angenehme Geruch, diese Wärme, ich hätte ihn am liebsten nie mehr losgelassen. „Wo wohnst du?", fragte er. Da ja kaum jemand Telefon in der DDR hatte, gab ich ihm meine Adresse und sagte. „Besser wir treffen uns wo anders, da ich sonst ganz sicher mit meinen Eltern Ärger bekomme, wo wohnst du denn?" Er gab mir seine Adresse, er wohnte in einem Wohnheim zusammen mit seinen Kollegen. „Kann ich dich morgen treffen?" „Ja, gern", sagte ich und wir verabredeten einen Treffpunkt für den nächsten Nachmittag. Es war schon sehr spät bereits ein Uhr, viel zu spät und der Ärger mit meinem Vater war mir jetzt schon sicher. Aber das war nun auch nicht mehr zu ändern, in meinem Kopf war jetzt nur Raul und dafür nahm ich den Ärger gerne Kauf. „Komm Petra wir müssen uns beeilen, sonst verpassen wir die letzte Straßenbahn und die nächste fährt erst vier Uhr morgens!" Wir hatten Glück, aber dennoch lag noch eine halbe Stunde Fahrweg vor uns.

„Und", sagte Anna, „habt ihr euch verabredet? Ich hoffe doch, dass du ihm nicht einen Korb gegeben hast." „Ja, haben wir. Wir treffen uns morgen, aber ich weiß noch nicht,wie ich morgen von zu Hause wegkommen soll, da ich heute Nacht sowieso für die nächsten drei Wochen Hausarrest bekomme. Aber irgendwas wird mir schon einfallen und wenn ich abhaue. Ich will Raul unbedingt wiedersehen und wenn ich morgen nicht zum Treffen komme, denkt er doch sicher, dass ich gar kein Treffen möchte und ich hätte das nur so gesagt." Plötzlich machte sich in mir Panik breit. Ich war sicher, das, was ich gerade ausgesprochen hatte, würde ganz bestimmt so eintreffen. Dazu kannte ich meinen Vater zu gut. Am liebsten wäre ich gar nicht mehr heimgegangen, um dann am nächsten Tag auch ganz sicher zu unserer Verabredung gehen zu können. Ich musste Raul unbedingt wiedersehen. „Du wirst dir das doch nicht gefallen lassen, du bist bald 17 Jahre und hast bereits eine Berufsausbildung angefangen, da stehst du doch quasi schon auf eigenen Beinen!" „Du kennst ja meinen Vater, er verbietet mir doch einfach alles und heute Abend konnte ich auch nur weg, weil ich gesagt habe, die Disco sei um 21 Uhr zu Ende und anschließend komme ich gleich heim. Wenn er wüsste, wo die Disco ist, wäre er doch schon längstens gekommen und hätte mich da rausgeprügelt." Meine Gedanken kreisten nun leider nur noch darum, die Realität hatte mich schnell wieder eingeholt. Für mich war klar, es wird das erste und auch das letzte Mal gewesen sein, dass ich in einer Disco war, die länger als bis 21 Uhr geöffnet hat. Mein Vater hatte mir beigebracht, meinen Kopf gesenkt zu halten und gehorsam zu sein, anderenfalls wurde ich bestraft. Erreicht hatte er damit, dass ich rebellisch wurde und im Außen nicht den Kopf gesenkt halten wollte. Ich musste so schnell wie möglich 18 Jahre werden, dann war ich volljährig und konnte machen, was ich wollte. Meine Schwester Maria war bereits in diesem Jahr 18 geworden und einen Monat später hatte sie ihren langjährigen

Freund geheiratet und war zu Hause ausgezogen. Ich beneidete sie so sehr darum. Sie wohnte zwei Minuten zu Fuß von uns und ich war sehr oft bei ihr. Das war jedes Mal ein gutes, wenn auch kurzes, Freiheitsgefühl. Wenn ich bei ihr war, ließen mich meine Eltern in Ruhe, weil sie meiner großen Schwester vertrauten. Ich rauchte dann heimlich bei ihr, denn auch das durfte ich natürlich nicht, wir tranken süßen Rotwein dazu und anschließend putzte ich gründlichst die Zähne und ging wieder heim.

„Ich wünsch dir viel Glück und lass dir nicht alles gefallen, sieh einfach zu, dass du deinen Traumprinzen morgen triffst, du musst mir dann unbedingt auch erzählen, wie es war." Sie stieg aus und ich musste noch zwei Stationen weiterfahren. Ich wollte nur zu gern die Gedanken verdrängen und versuchte ständig, mir das Bild von Raul ins Gedächtnis zu holen, um das gute Gefühl noch mal zu spüren. Es war ein Auf und Ab in meinem Kopf. Könnte ich doch einfach nur ganz normal mit meinen Eltern reden und ihnen einfach erzählen, wo ich war und was ich erlebte. Nur allzu sehr wünschte ich mir das Verständnis von ihnen und alles wäre viel einfacher und harmonischer und ich hätte so auch nie das Gefühl gehabt, nur endlich von zu Hause zu fliehen, einfach weg – und zwar für immer. Ständig diese Bevormundung, diese sinnlosen Auseinandersetzungen, dieses Misstrauen. Aber wie sollte das auch gehen, wenn doch meine Eltern auch miteinander so umgingen: Ständig stritten sie sich und brüllten sich hässliche Dinge an den Kopf, bis dann mein Vater zu guter Letzt auf meine Mutter einprügelte. Mein ganzes bisheriges Leben mussten wir, meine Schwester und ich, das mit ansehen. Eines wusste ich ganz sicher, wenn ich selbst Kinder hätte, würde ich niemals so zu ihnen sein. Zu Hause angekommen, steckte der Schlüssel von innen in der Wohnungstür, damit mein Vater auch wirklich wach werden musste, wenn ich nach Hause. „Wo kommst du denn so spät her? Von wegen 21 Uhr zu Ende, wo warst du? Das hat Konsequenzen." Während er brüllte kamen auch die Schläge. Ich dachte nur, wenn Raul das jetzt wüsste, er wäre sicher entsetzt. Ich hoffte nur, es lohnt, sich das jetzt einzustecken. „Geraucht hast du auch." Und auch dafür schon wieder Schläge „Ich will wissen, wo du warst, wo hast du dich rumgetrieben, du Schlampe?" Ich und eine Schlampe, wo ich doch wirklich anständig war, wäre ich doch nur nicht nach Hause gekommen. Wenn er schon denkt, dass ich eine Schlampe bin, dann sollte ich doch wenigstens meinem Ruf gerecht werden. Am liebsten hätte ich ihm das an den Kopf geworfen, aber das hätte ich wahrscheinlich nicht überlebt. „Ich war bei Anna und wir haben Monopoly gespielt und ich habe vergessen, auf die Uhr zu schauen", log ich. „Lüg' mich nicht an, von wegen vergessen, auf die Uhr zu schauen, und außerdem habe ich dir den Umgang mit ihr verboten. Die nächsten drei Wochen hast du Hausarrest, dass das klar ist." Ich war kurz vor einem Anfall vor Entsetzen. „Das ist Freiheitsberaubung", schrie ich ihn an. „Solange du die Füße unter meinen Tisch stellst, wird gemacht, was ich sage." Das war sein Lieblingsspruch, dabei wollte ich ja gar nicht meine Füße unter seinen Tisch stellen, ich war ja regerecht dazu gezwungen und das schon seit 16 Jahren, was blieb mir denn anderes übrig. Dann durfte ich abtreten und so ging ich ins Bett. Das Gebrüll, die Prügel lagen nun erst mal hinter mir – das war nun erledigt. Mit der Zeit gewöhnte ich mich auch daran. Immer wieder dachte ich, wie sehr ich doch meine Freundinnen um ihre verständnisvollen Eltern beneidete und dass diese nicht so einer Härte ausgesetzt waren. Sie konnten zu Hause mit ihren Eltern über fast alles reden. Meine Mutter hatte leider auf die Erziehungsmaßnahmen meines Vaters keinen Einfluss und was er einmal aussprach, wurde konsequent durchgezogen. Am nächsten Tag war die übliche Hausarbeit angesagt, na ja an diesem Tag im übertriebenen Maße, da hatte sich mein Vater immer was sehr Zeitintensives ausgedacht, damit ich auch wirklich bereute. Ich bereute aber gar nichts, im Gegenteil. Hausarbeit machte mir nichts aus und außerdem dachte ich nur an Raul. Nur dass mir in keinster Weise einfiel, wie ich denn nun aus dem Hause käme. Ich erfand, dass ich noch zu meiner Freundin müsste, konnte aber keinen glaubwürdigen Grund dafür liefern. Zu meiner Schwester durfte ich auch nicht. Es hieß: „Nein!". Jeder Versuch war zwecklos. Ich konnte nicht raus und traute mich auch nicht, einfach abzuhauen, ich hatte den Mut nicht und wie hätte ich es auch machen sollen, ich wollte so schnell nicht wieder eine Tracht Prügel einstecken. Es ging einfach nicht. Raul stand jetzt sicher an unserem vereinbarten Treffpunkt und ich saß in meinem Zimmer. Es war zum Verzweifeln. Nur allein der Gedanke daran machte mich fast wahnsinnig. Endlich hatte ich mal eine Gelegenheit, einen Jungen kennenzulernen, und schon sollte ich ihn wieder loswerden. Das war es nun, den werde ich wohl nie wiedersehen. Ganze drei Wochen vergingen und ich durfte absolut keinen Schritt vor die Tür setzen. Nur zur Arbeit oder Berufsschule und auch danach musste ich sofort nach Hause. Alle meine Zeiten waren meinem Vater bekannt. Am wohlsten fühlte ich mich immer, wenn ich in der Arbeit oder in der Schule war. Es gab bei uns nur zwei Jungs in der Klasse, der Rest waren alles Mädchen. Meine Freundin Adele und ich standen uns schnell sehr nahe. Sie hatte sehr liebe Eltern und auch schon einen Freund, mit dem sie in ihrem Elternhaus ein und aus gehen konnte. Ich beneidete sie darum, wir verbrachten viel Zeit miteinander. Das war für mich ein willkommener Ausgleich. Anna konnte ich in den drei Wochen auch nicht treffen. Ich rief sie ab und zu von meiner Arbeitsstelle aus an, da gab es wenigstens ein Telefon, um ihr auch zu berichten, was geschehen war, und von ihr zu erfahren, was es sonst in der Außenwelt Neues gab.

„Ich war am Samstag wieder in der Diskothek und ich habe Raul gesehen. Ich habe ihm gesagt, dass dein Vater dich nicht gehen lassen hat, aber er sah nicht so aus als hätte er mir das geglaubt. Schau mal, er ist 22 Jahre, da kommt doch keiner auf die Idee, dass das so ist und vielleicht ist so was in Kuba auch überhaupt nicht üblich." Genervt antwortete ich: „Das verstehe ich nicht, wieso sollte ich das denn erfinden, so ein Blödsinn. Warum hast du ihm denn nicht mal gesagt, wo ich arbeite, dann hätte er vielleicht mal dahinkommen können." Ich war fassungslos, aber es kam noch schlimmer. „Ich konnte mich gar nicht groß mit ihm unterhalten." Wieso denn nicht, das ist doch wohl kein Problem, mal drei vier Sätze mit jemanden zu wechseln." „Petra, es sind zwei Wochen vergangen und er hat nichts mehr von dir gehört, er hatte eine andere bei sich, was hätte ich denn tun sollen?" „Was, eine andere, das glaube ich nicht, ich drehe ihr den Hals um, ich muss unbedingt wieder dorthin, das will ich sehen und dann werden wir ja mal sehen, wer dann neben ihm sitzt. Die andere auf keinen Fall." Ich war kurz davor, zu platzen. „Sie sah aber wirklich nicht so aus, als würde man Lust verspüren, sich mit ihr anzulegen. Sie ist sicher auch älter als du und somit ist es für ihn wieder einfacher." Ich wurde immer kleinlauter, was sollte ich machen, einfach hingehen, sie packen und dann sagen: Mach Platz den habe ich zuerst kennengelernt? Das gibt's nur im Film und was sollte dann Raul von mir denken. Irgendwie war ich trotzdem auch sauer auf ihn, aber er konnte ja nichts dafür, schließlich war er ja zu unserer Verabredung gekommen. „Anna, egal wie, aber am Samstag gehen wir wieder zusammen hin." „Ja okay, wir treffen uns am besten bei mir, sei 19 Uhr da und jetzt beruhige dich erst mal, aber mach dir nicht zu viel Hoffnung." Gut, dann bis Samstag 19 Uhr bei dir." Der Tag war für mich gelaufen, ich war traurig und gleichzeitig so wütend auf meinen Vater, dem ich das jetzt zu verdanken hatte. Mir reichte es, ich wollte mir das nicht mehr länger gefallen lassen und mir auch nichts mehr verbieten lassen. Ich war doch kein kleines Kind mehr. Ich würde Samstag gehen. Der Samstag rückte näher und auch ich sollte mal etwas Glück haben. Mein Vater war nicht da, heute war sein Skatabend. Mit meiner Mutter hatte ich kein Problem, sie war nicht so streng, allerdings wollte ich auch ihr nicht sagen, wohin ich wollte, denn sonst hätte es mein Vater aus ihr herausgeprügelt. Um 19 Uhr war ich bei Anna, wir machten uns zusammen fertig, Haare und schminken, und dann zogen wir los. Meine Aufregung stieg mit jeder Minute. „Hoffentlich ist er auch da, ich bin so gespannt." „Klar ist er da, das war er ja in den letzten Wochen auch." Wir hatten Mühe, überhaupt reinzukommen, da auch diesmal wieder viele Leute da waren. Am Eingang blieb ich erst mal stehen, meine Augen kreisten durch den ganzen Saal. „Siehst du ihn?" „Nein, ich sehe ihn nicht, verdammt ich habe es doch geahnt, ausgerechnet heute ist er nicht da." „Mensch, Petra, es ist doch noch früh, er kann ja immer noch kommen und sollte er doch nicht kommen, dann wirst du uns hoffentlich nicht den ganzen Abend versauen, ich will Spaß haben auch ohne ihn, da musst du eben durch." „Ja doch, ich habe mich schließlich nicht umsonst so aufgebrezelt." Aber im Innersten dachte ich etwas anderes, ich hatte mich nur aus einem einzigen Grund so aufgebrezelt. Ich hatte meine schulterlangen braunen Haare offen, sie fielen alle in einer Länge und meine blauen Augen strahlten nur so, da ich ordentlich Wimperntusche, die wir üblicherweise mit schwarzer Schuhcreme gestreckt hatten, auf meine langen Wimpern aufgetragen hatte. Meine Augen habe ich meinem Vater zu verdanken und auch meine dunkelbraunen Haare. Tja, wenigstens etwas Positives von ihm. Aber schlussendlich wollte ich auch etwas älter als 16 Jahre aussehen, was aufgrund meiner eher mageren Figur nicht einfach war. Die Musik war gut und wir tanzten auch schon eine Weile – von Raul jedoch immer noch keine Spur. Ich war in schlechter Stimmung, versuchte aber, es mir nicht anmerken zu lassen. Ich sah auch einige Kubaner, aber Raul war nicht dabei. So ein Mist, ich konnte doch unmöglich die anderen nach ihm fragen, das war mir unangenehm. Ich hoffte aber immer noch, dass er noch käme, außerdem war es ziemlich dunkel und vielleicht hatte ich ihn ja nur noch nicht entdeckt. Das war es, genau. „Komm, wir schauen uns mal bisschen um, wir wollen ja auch schließlich gesehen werden." „Da ist sie." „Wer?" „Na die andere, und wenn die da ist, dann ist Raul sicher auch nicht weit." „Was, wo?" „Da hinten an dem großen Tisch." Bevor Anna weitersprach, sah ich auch schon Raul gerade an den Tisch herankommen, um sich zu setzen. „Oje, hast du es auch gerade gesehen?" „Ja, verdammt, diese blöde Kuh und wie sie aussieht, wie ein Mann. Ich denke, ich sehe tausendmal besser aus, was will er denn mit so einer, na gut umso besser für mich, aber was machen wir jetzt?" „Wir gehen jetzt einfach hin oder nur vorbei, damit er dich sieht." „Nein um Himmels willen, das ist ja peinlich." „Was willst du denn sonst machen, willst du warten, bis sie ihn wieder vereinnahmt?" „Na gut, oje mein Herz rast, ich kann das nicht." „Komm jetzt, Weib, hab dich nicht so, willst du ihn nun oder nicht?" Auf ging's, meine Hände waren auf einmal ganz kalt, als wir uns näherten. Ich schaute immer zu ihm, um wenigstens seinen Blick zu erhaschen, bevor wir direkt vor ihm standen. Es gelang mir zwar, aber sein Blick war alles andere als lieblich und erfreut. Wahrscheinlich hatte er mich schon vergessen und abgeschrieben. Er schaute total kalt und ich las darin etwas wie: Zu spät, Kleine, geh besser nur vorbei und was willst du hier – oder etwas Ähnliches. Viel Zeit, um noch was anderes zu denken, blieb mir nicht mehr, denn wir standen nun direkt an seinem Tisch. Anna lief zum Glück vor mir und aufgeweckt, wie sie war, sagte sie: „Hallo zusammen! Hey Raul, du bist ja auch da, wir dachten schon, du kommst heute gar nicht mehr." Wenn Blicke jetzt töten könnten, dann wäre Anna jetzt tot, so und noch viel böser schaute die andere sie nun an und gleichzeitig auch mich. Zu unserer Überraschung sagte Raul: „Setzt euch doch!" Von einer Sekunde auf die nächste war ich völlig eingeschüchtert, brachte kein einziges Wort heraus, nicht einmal ein Hallo konnte ich sagen. Nachdem wir uns eine Ewigkeit anschwiegen, stellten wir uns vor und so erfuhren wir, dass die andere Ella hieß. Was fand er denn nur an ihr? Vielleicht lief da ja doch nichts, ich konnte mir das einfach nicht vorstellen, sie saß ihm auch nur gegenüber und wie zwei frisch Verliebte wirkten sie gar nicht. Das ließ wieder neue Hoffnung in mir aufsteigen. Wenn das so war, dann konnte ich es ja auf jeden Fall mal drauf ankommen lassen. Ella kapierte aber dennoch sofort, dass da etwas im Busch war, ständig hatte sie mich im Visier. Raul zeigte sich ihr gegenüber aber ziemlich gleichgültig. Wenn er das mit mir dann vielleicht auch so machen würde? „Ach was", sagte ich mir, „bei mir ist es nicht so." Anna und ich tanzten schon wieder eine Weile, sie fasste sich ein Herz und holte schließlich Raul vom Tisch weg und brachte ihn zu mir zum Tanzen, wo wir uns auch endlich wieder näherkommen konnten. Ich war so glücklich, seine Nähe genießen zu können, die Zeit hätte stehen bleiben sollen. Seine rhythmische Art, zu tanzen, so rassig, so beweglich und doch anschmiegsam, war mir etwas außergewöhnliches Neues und doch konnte ich mich problemlos seinem

Rhythmus anpassen. „Wieso bist du nicht zu unserer Verabredung gekommen? Ich habe eine Stunde auf dich gewartet!" Mit seinem Akzent klang das so süß und überhaupt nicht vorwurfsvoll. Während er das sagte, stellte ich mir vor, wie er dort stand und vergeblich auf mich wartete. Er war sicher so enttäuscht. „Hast wohl einen anderen?" Ich wusste nicht, ob das nun ein Scherz sein sollte oder ob er das tatsächlich dachte. „Anna hat dir doch erzählt, dass ich Hausarrest bekam und meine Eltern mich nicht mehr weggelassen haben. Glaub mir, ich wäre so gerne gekommen. Ich wollte dich unbedingt wiedersehen und deshalb bin ich auch heute gekommen." Er gab mir einen Kuss auf die Wange und ich nutzte die Gelegenheit und blieb nun, während wir tanzten ununterbrochen mit meiner Wange an seinen Lippen. Es war himmlisch, so sanft, weich, warm und gut duftend. „Jetzt habe ich ihn und lass ihn nicht mehr los. Scheiß auf Ella, er wird das schon regeln, er muss." Wir gingen wieder an den Tisch zurück, Anna zwinkerte mir strahlend zu, sie hatte es geschafft, Ella in die Flucht zu jagen. Wie hatte sie das nur wieder gemacht? „Wo ist denn Ella?", flüsterte ich ihr zu. „Die habe ich davongejagt." „Wie ist dir denn das gelungen?" „Kennst mich ja, ich habe ihr gesagt, dass du schon lange mit Raul zusammen bist und sie sich da lieber keine Hoffnung machen soll, denn du gibst ihm so schnell nicht den Laufpass." „Und das hat sie dir abgenommen?." „Nicht sofort, aber auch ich kann Angst einflößend gucken. Es war einfach köstlich." Ich fühlte mich sehr wohl, was auch daran lag, dass Anna bei mir in der Nähe blieb, denn ich wollte auf keinen Fall an diesem Abend noch einmal Ella begegnen. Die Zeit verging viel zu schnell, wir lachten, tanzten und tranken zusammen und auch Anna hatte sich inzwischen einem kubanischen Flirt hingegeben. Er hieß Fidel und war ein gutaussehender großer Mann, seine Hautfarbe war milchkaffeebraun und wenn er lachte, strahlte aus ihm die pure Sonnenenergie. Anna war ihm bereits ergeben. Ich beobachtete sie schon eine Weile, sie sah sehr gut aus. Sie hatte schulterlange, rotbraune Naturlocken und kämmte sie stets leicht mit etwas Gel allesamt glatt nach hinten aus ihrem Gesicht. Sie selbst mochte ihre

Locken nicht, ich hingegen fand sie wunderschön. Da sie über sehr weibliche Rundungen verfügte, fand sie, dass ihre Locken dies nur noch unterstreichen würden. Ihr Lippenstift war nun mehr auf Fidels Lippen als auf ihren eigenen. „Du hast es gut", sagte ich zu ihr. „Du wirst sicher mit ihm die Nacht verbringen." „Ja, das werde ich, so gesehen hat die Aktion mit Raul auch für mich etwas Nützliches gehabt. Wir sind uns in den letzten Wochen schon nähergekommen und heute lasse ich nichts mehr anbrennen", sagte sie schmunzelnd. „Du wirst Raul doch sicher heute Abend auch begleiten, so oder so bekommst du Ärger zu Hause, also was soll's, wenn schon Ärger,dann sollte sich es doch auch lohnen und denk dran, garantieren kann ich dir nicht, dass Ella beim nächsten Mal wieder aufkreuzt, nimm ihn dir!" Der letzte Tanz wurde angekündigt und das war wie immer ein langsamer Song. Ich nahm Raul bei der Hand und wir tanzten diesen letzten Song eng zusammen. Ich wollte einfach nicht, dass der Tanz zu Ende geht. Würde er mich fragen, ob wir noch zusammen etwas trinken oder zu ihm nach Hause gehen? Wenn nicht, was sollte ich tun, auf eine neue Verabredung ließ er sich bestimmt nicht ein. Warum fragt er mich denn nicht? Er schwieg, da er spürbar und sichtlich mit geschlossenen Augen das Tanzen mit mir genoss, sagte ich auch nichts. Das verdammte grelle Licht ging nun an, wie unsensibel, jedes Mal zum Ende eines Abends gingen immer diese blöden Kronleuchter an. Die Musik war auch schon zu Ende und wir standen immer noch auf der Tanzfläche. Schweigend gingen wir zum Tisch und gemeinsam mit Anna und Fidel zum Ausgang. Draußen angelangt, knutschten wir wieder. „Wir gehen jetzt, kommt ihr auch mit?" „Wohin geht ihr denn?" „Jetzt frag' doch nicht so naiv." Ich wusste es ja, aber irgendwas musste ich ja antworten. Fidel sprach einige Worte in Spanisch zu Raul. Er schaute mich an und sagte: „Kommst du mit?" „Ja, aber, wohin?", fragte ich schüchtern. „Na, nach Hause zu uns, komm bitte mit." Wie er das sagte, mit diesem Blick aus seinen braunen Kulleraugen. Anna rief jetzt: „Los, überleg nicht zu lange, vergiss jetzt deine Eltern und denk an den schönen Abend, der dir noch bevorsteht. Wir nehmen ein Taxi zusammen." Raul sah mich an, nahm meine Hand und nun konnte ich ihm nicht mehr widerstehen. Ich wollte es ja auch so und war froh darüber, dass Anna die Sache in die Hand genommen hatte. In ihrer Gesellschaft fühlte ich mich immer so beschützt. Sie lief mit Fidel vor uns und kicherte, sie sah so sexy aus, ihr Hintern schaukelte so weiblich und selbstbewusst. Schon im Taxi, als Raul und ich zusammen auf dem Rücksitz saßen, konnten wir gar nicht mehr voneinander loslassen. So unendlich wohl hatte ich mich noch nie gefühlt, völlig frei und kein einziger Gedanke an die Folgen zu Hause. Als das Taxi anhielt, standen wir vor einem Häuserblock, wo anscheinend noch niemand schlief, in fast jedem Fenster sah man Licht und lärmende Stimmen und Musik drang aus ihnen. „Wo sind wir denn hier gelandet?", sagte Anna „Die scheinen sich gewaltig zu streiten." Ich war so erschrocken und mit einem Schlag kam in mir die Ernüchterung. „Um Himmels willen, was ist denn hier los, wo sind wir? Hier steige ich nicht aus, Anna, ich habe Angst. Noch können wir zurück." Ich merkte, dass auch Anna ihr Unbehagen nicht unterdrücken konnte, was mich nur noch unsicherer machte. Sie war doch von uns die Starke und Mutige. Der Taxifahrer sagte: „Das ist immer so hier und scheint ganz normal zu sein." Unsere Ankunft, unsere Gedanken und kurzer Wortwechsel spielten sich alle innerhalb von Sekunden ab. Währenddessen ließ ich Raul völlig außer Acht und erst recht nicht zu Wort kommen. Jetzt endlich sagte er: „Was ist mit dir, wieso hast du jetzt Angst vor mir, was ist passiert?" Irgendwie schien er wirklich nicht zu verstehen, was in mir vorging. So wie er mich dabei ansah spürte ich wieder das Blut in meinem Körper und seine Worte hatten sofort etwas Beruhigendes für mich. „Was ist denn hier nur los? Dieser Lärm, die vielen Kubaner, das macht mir Angst, was habt ihr vor mit uns? Was ist das für ein Haus? Wohnst du etwa hier?" „Wie denkst du denn von mir? Dir passiert doch nichts, hier ich bin doch bei dir und du bist mein. Das ist das Wohnheim, in dem wir untergebracht wurden. Wir wohnen alle hier und jeder hat sein Zimmer und was meinst du mit Lärm? Hier streitet sich doch niemand, wir sprechen immer laut und viel. Wir haben eben viel

Temperament." Jetzt tat es mir schon wieder leid, wie konnte ich nur solche Gedanken haben. Ich bin sein, sagte er, es hatte so etwas Männliches, er hatte sich also wirklich für mich entschieden. Ich brauchte keine Angst zu haben, er würde niemals zulassen, dass mir etwas passiert. Was jedoch seine Worte ‚Du bist mein' für eine gewaltige Bedeutung hatten, sollte ich erst viel später erfahren. Nun stiegen wir endlich aus. Es gab hier und da einen kurzen Wortwechsel in ihrer Landessprache und es klang auch nicht ein bisschen beängstigend für uns. Das ging so durch das gesamte Treppenhaus und auch noch weiter, als wir oben in deren Wohnung ankamen. Anna und ich fanden das sogar lustig, man mochte es kaum glauben, dass es so gesellige Menschen gab. Die hatten wirklich Temperament. Wir tranken zusammen Havanna Club und Salsamusik klang vom Tonband. Wir amüsierten uns einfach köstlich, schon allein durch dieses Durcheinander beim Sprechen. Solche Art von Party mit so viel Geselligkeit und Freude hatten wir noch nie erlebt. Die Kubaner waren auch ständig in Bewegung, sie sprachen mit Händen und Füßen und unterstrichen dazu jedes Wort mit ihrer Mimik. Es war wunderbar. Das erklärte uns auch nun, warum es so laut zuging. Inzwischen waren wir auch aufgetaut, mir fiel nur auf, dass kein einziges kubanisches Mädchen da war. Aber vielleicht wohnten sie ja getrennt. So gegen fünf Uhr wurde es langsam ruhiger und wir waren nur noch zu viert. Anna hatte schon eine Ewigkeit nichts mehr gesprochen, aber das war ja auch kein Wunder, da sie mit Fidel die ganze Zeit rumknutschte. Sie zogen sich nun beide lachend in Fidels Zimmer zurück. Raul stand auf, nahm mich an der Hand und wir gingen ebenfalls beide gemeinsam in sein Zimmer. Ich war so schüchtern und heilfroh, dass es dunkel war. Sein Bett war klein, aber das störte uns natürlich überhaupt nicht. Es war eine wunderschöne Nacht, besser gesagt von dem, was davon übrig war. Wir erwachten am späten Morgen durch den Lärm, der draußen wieder tobte. Die Kubaner waren wieder zum Leben erwacht. Plötzlich realisierte ich, dass ich eine Nacht nicht zu Hause war. Oh mein Gott, meine Eltern hatten es jetzt sicher auch schon gemerkt. Der Gedanke, wieder nach

Hause zu gehen, jagte mir unendliche Furcht ein, aber mir war natürlich klar, dass ich nach Hause gehen musste, so oder so. Raul wollte aufstehen, ich sagte: „Bitte geh nicht raus ich will hier nicht alleine in deinem Zimmer bleiben." „Ich geh doch nur ins Bad, bin gleich wieder da." Es verging eine Weile und immer wieder hörte ich laute Stimmen an der Tür vorbeihuschen, so als ob jeden Moment jemand reinkommen würde. Ich fühlte mich so unwohl, dass ich schon fast bereute, hier zu sein. Ich hockte auf seinem Bett unter der Decke und schaute mich in seinem Zimmer um. Es sah alles sehr bescheiden aus: ein Tisch, zwei Stühle, ein Bett und ein Schrank. Raul kam endlich zurück und brachte mir Kaffee. Ich war so froh, endlich war er wieder bei mir. Es kam mir schon vor wie eine halbe Ewigkeit. Der Kaffee war heiß und sehr gut. „Ich möchte gerne ins Bad, bitte komm mit mir, ich trau mich nicht allein da raus." Als wir zusammen aus seinem Zimmer kamen, waren einige Kubaner draußen und sahen mich an. Ich kam mir so blöd vor und schämte mich so. Endlich sah ich Anna, ihr schien es wirklich gut zu gehen. So langsam sah ich erst einmal, wo wir hier genau waren. In der Nacht waren so viele Leute da, dass ich mir davon noch gar kein Bild gemacht hatte. Es war eine ganz normale Wohnung mit drei Zimmern, einem Bad und einer Küche. Als wir alle wieder angezogen, fit und wach waren, fing Raul und Fidel an zu kochen. Es gab Reis mit roten Bohnen und Fleisch in einer roten Soße mit viel Knoblauch zubereitet. Für uns war das absolut fremd, aber es schmeckte sehr gut. Die Küche war so klein und trotzdem standen wir alle die ganze Zeit darin, tranken und rauchten und lachten über unsere kleinen Verständigungsschwierigkeiten. Keinen Moment mehr dachte ich daran, nach Hause zu gehen. Als es dunkel wurde, sagte ich zu Anna: „Mist, ich muss langsam nach Hause." „Ich bleibe hier bei Fidel, bleib doch auch, was willst du zu Hause, da hast du sowieso nur Ärger und was willst du denn sagen, wo du warst." „Du hast es gut, du kannst machen, was du willst, gestern nicht nach Hause zu kommen, war schon schlimm genug, aber jetzt machen sich meine Eltern vielleicht doch schon Sorgen, dass mir was passiert ist, ich kann ja noch nicht einmal anrufen. So oder so mir bleibt gar nichts anderes übrig", und wandte mich Raul zu. „Ich muss jetzt langsam gehen." „Wieso? Bleib doch da." Ich dachte nur: Will er oder kann er mich nicht verstehen? Ich kann doch nicht einfach noch eine Nacht bleiben und außerdem habe ich nicht einmal Klamotten zum Wechseln dabei, das kann er doch nicht wollen." „Bei uns sind die Mädchen mit 15 Jahren erwachsen, deine Eltern werden das doch sicher verstehen." „Bei uns aber nicht, wir sind erst mit 18 Jahren erwachsen und außerdem muss ich morgen zur Schule. Meine Eltern denken sonst wirklich, dass mir was passiert ist. Ich würde auch viel lieber dableiben, aber es geht nicht." Es kam mir vor als würde er mir das nicht glauben, aber mir fiel dazu auch nichts mehr ein. Mit der Situation war ich dann wirklich überfordert. „Ich bring dich nach Hause aber wir sehen uns morgen." Ich war jetzt so froh, dass er das sagte und ich nicht die Stunde Heimweg allein antreten musste, zumal ich nicht einmal genau wusste, wo ich überhaupt war. Es war ein weiter Weg, wir fuhren mit der Straßenbahn. Es war kalt und wir warteten eine Ewigkeit, bis eine Straßenbahn kam. Es war so angenehm, ihn in meiner Nähe zu wissen. Als wir dann nach mehr als einer Stunde bei mir ankamen, liefen wir noch ein Stück. Wir verbrachten noch eine ganze Weile in der Kälte und wärmten einander eng umschlungen. „Komm morgen zu mir!" „Ich weiß noch nicht einmal, was mich jetzt erwartet. Ich habe Angst, heimzugehen." „Aber warum gehst du dann heim, wenn du solche Angst hast und wie kann man überhaupt vor seinen eigenen Eltern Angst haben. Komm morgen." Wie war das wohl in Kuba? Durften da die Kinder machen, was sie wollten? Waren die Eltern dort so viel anders als in Deutschland? „Okay, kannst du mich nach der Schule um 15:30 Uhr abholen?" „Gut ich hol dich ab. Wo ist deine Schule?" Ich gab ihm die Adresse, wir verabschiedeten uns und ich ging heim. Noch eine Weile stand ich am Hauseingang und sah ihm nach. „Dreh dich doch noch mal um, nur noch einmal, ich will doch wissen, ob ich noch in deinen Gedanken bin." Endlich, er drehte sich noch einmal um und warf mir einen Kuss zu. Diese Leichtigkeit, es könnte doch alles so einfach sein. Mein Herz klopfte bis zum Hals. Nur noch zwei, drei Sekunden trennten mich von der Türklinke zur Wohnung. „Ich muss, ich muss, ich muss!" Und somit öffnete ich die Tür und trat ein. Es war so gegen 19:00 Uhr. Im Wohnzimmer sah ich Licht und ansonsten war es überall dunkel. Die müssten mich doch jetzt gehört haben, wieso sprang mir denn mein Vater nicht direkt entgegen, was war nur los hier? Diese Ruhe machte mich fast wahnsinnig und noch viel unsicherer, als ich es ohnehin schon war. „Okay", dachte ich, „auf geht's, wenn mir schon diese Ruhe entgegengebracht wird, dann bleibe ich eben auch ganz ruhig." Ich öffnete kurz die Wohnzimmertür und sagte nur schnell. „Ich bin da!" Ich sah meinen Vater auf dem Sofa liegen und meine Mutter saß auf dem Sessel. Beide sahen fern, dachte ich jedenfalls. Mein Vater schlief, aber ich hörte meine Mutter zu ihm sagen: „Deine Tochter ist da." Oh mein Gott, es ging los, wie von einer Tarantel gestochen sprang mein Vater hoch und nichts war schlimmer bei ihm, als wenn man ihn aus einem kurzen Schläfchen weckte. Ich ging rückwärts raus und er kam auf mich zu, ständig zuckte ich zusammen. Er sah verschlafen aus und doch wütend. Er redete auf mich ein, fragte mich, wo ich mich die ganze Nacht rumgetrieben hätte und mit wem. Währenddessen prügelte er auf mich ein und ich hasste diese Ohrfeigen mit seinem Handrücken im Gesicht, es brannte und tat so weh. Natürlich heulte ich und hielt mir immer wieder die getroffenen Stellen zu. Er schaffte es sogar noch, meine Hand jedes Mal davon wegzureißen, bevor er erneut ausholte. „Ich habe bei Anna übernachtet, wir waren zusammen weg und es war schon spät." „Du lügst schon wieder, wir waren zweimal dort und niemand war da. Verschwinde in dein Zimmer und wage es ja nicht, da wieder rauszukommen." Nichts lieber als das, dachte ich. Nach einer Weile kam meine Mutter rein und sagt nur: „Wir haben uns Sorgen gemacht, es hätte ja was passiert sein können. Ich bin sehr enttäuscht von dir." Das konnte ich jetzt auch nicht mehr ändern. Ich wollte doch einfach nur weg von zu Hause, für immer. Nie mehr nach Hause kommen. Am nächsten Morgen fuhren meine Mutter und ich wie immer mit derselben Straßenbahn, sie zur

Arbeit und ich zur Berufsschule. „Mutti, ich habe jemanden kennengelernt. Er ist so lieb und so anständig, aber er ist kein Deutscher, er ist Kubaner und er ist 22 Jahre alt." „Das kommt überhaupt nicht in Frage, du spinnst wohl, ein Ausländer, der sicher schon eine Frau in Kuba hat. Der will sich doch hier die Zeit nur amüsant verkürzen." „Aber Kuba ist doch ein kommunistisches Land, das sind anständige Leute", sagte ich. „Wenn du denkst, dass du dich weiter mit ihm treffen kannst, schlag dir das aus dem Kopf. Du kommst heute nach der Schule zu mir ins Büro und wartest dort auf mich, wir fahren zusammen nach Hause." Hätte ich doch bloß nichts gesagt, jetzt hatte ich auch noch meine Mutter gegen mich. Wer wusste, was sie sich alles hat anhören müssen von meinem Vater, als ich nicht da war. Tja ich konnte aber heute nicht zu ihr ins Büro kommen, ich war ja mit Raul verabredet. In der Schule erzählte ich alles Adele, sie konnte es kaum glauben. „Ich muss weg von zu Hause, jetzt ist Schluss. In der großen Pause fahre ich schnell heim und hole ein paar Sachen. Wenn jemand fragt, wo ich bin, sag einfach, ich musste zum Zahnarzt." „Aber Petra, du weißt, wenn du das machst, kannst du wahrscheinlich nie mehr nach Hause." „Das ist mir egal." Die Schule war pünktlich zu Ende und Raul stand draußen und wartete auf mich. Ich war so stolz auf ihn, alle konnten ihn sehen. Ein paar Sachen hatte ich in der Pause geholt und in einen Stoffbeutel gepackt. Wir fuhren nun gemeinsam zu ihm nach Hause. Was für ein schönes Gefühl, so frei und unbeschwert. Ich hatte mit zu Hause abgeschlossen. Nicht ein einziges Mal dachte ich mehr daran, keine Angst mehr, nichts mehr war davon übrig. Nur meine Mutter tat mir leid, sie wartete sicher auf mich und musste nun ihrem Mann sagen, dass ich nicht gekommen war, und ganz sicher machte er ihr nun die Hölle heiß, meine arme Mutter. Bei Raul angekommen, kochte er uns was, diesmal half ich ihm aber und es machte richtig Spaß. Er war so fürsorglich. Ich sagte ihm, dass ich bei ihm bleibe und nicht mehr nach Hause gehe. Er konnte es kaum glauben und für den ersten Moment machte er sich sogar Sorgen wegen meinen Eltern, ob ich mir da wirklich sicher sei. Das machte mich nun wieder unsicher. War es nun doch vielleicht zu viel für ihn? Was sollte das denn nun, er wollte es doch so? Ich erzählte ihm alles vom Vorabend und sagte ihm, dass ich mir ganz sicher wäre und nicht mehr nach Hause möchte. „Okay, dann bleibst du hier, wir kriegen das schon hin, Hauptsache, es geht dir gut." Das hatte er so schön gesagt. Er gab mir jeden Tag Geld, damit ich mir immer etwas zum Frühstück beim Bäcker kaufen konnte. Meistens aber brachte mir Adele etwas zu essen mit. Ihre Mutter wusste, dass ich nicht mehr zu Hause war, und sie machte ihr jeden Morgen ein riesiges Frühstückspaket für uns zwei. Raul und ich verbrachten fast jeden Nachmittag zusammen, wir kochten, gingen zusammen einkaufen, badeten zusammen und wuschen zusammen unsere Wäsche. Wir hörten immer die Bee Gees und Gloria Gaynor ‚I will survive'. So jedenfalls verliefen unsere ersten Wochen. Von meinen Eltern hatte ich nichts mehr gehört. Von meinem Lehrausbilder erfuhr ich nur, dass meine Mutter in der Schule war. Maria hatte ich telefonisch darüber informiert, wo ich war, obwohl ich ihr so von Raul vorschwärmte, konnte und wollte sie mein Verschwinden nicht gutheißen. In der Woche, als Raul Nachtschicht hatte, fing das erste große Problem für mich an. Die Nachmittage konnten wir zwar zusammen verbringen, aber am Abend musste Raul zur Arbeit. Ich konnte mir nicht vorstellen, ohne ihn die Nacht in dem Wohnheim zu verbringen. Das Zimmer, in welchem wir schliefen, war für zwei Bewohner und wir hatten unseren Teil nur mit zwei Kleiderschränken und einem Vorhang abgetrennt. Es war für mich eigenartig, dass Raul nicht wollte, dass ich das Zimmer verlasse, wenn er weg war. „Du bleibst im Zimmer, wenn ich nicht da bin, ich möchte nicht, dass du rausgehst oder sonst irgendwo anders hin und auch nicht mit jemand sprichst oder ins Zimmer lässt." „Aber wo soll ich denn hingehen? Und wenn ich zur Toilette muss?" „Dann geh jetzt, es ist besser so." Er hatte dabei so einen komischen Gesichtsausdruck, das gefiel mir gar nicht. Was waren denn das plötzlich für Töne, wieso verhielt er sich so, was hatte das zu bedeuten? Er brachte mir alles, was ich hätte brauchen können, etwas zum Essen oder Trinken. Als er ging, fühlte ich mich fürchterlich einsam, ich sehnte mich nach Maria, nach Anna nach einer gewohnten Umgebung. Plötzlich war mir alles fremd in diesem Zimmer. Die Geräusche von draußen, die Stimmen der anderen Kubaner, die wie immer laut waren. Das machte mir Angst. Ich hockte auf dem Bett, die Beine angewinkelt und mein Kopf fiel mir auf die Knie und ich trug ein Hemd von Raul. So blieb ich mindestens zwei Stunden regungslos sitzen. Ich hatte Sehnsucht nach einem Zuhause, nicht nach meinem Zuhause, aber nach irgendeinem guten Zuhause. Eine vertraute Umgebung ohne fremde Leute und Geräusche, wo ich mich frei bewegen konnte. Es war kaum zum Aushalten, als Raul weg war. Es fiel mir sehr schwer, einzuschlafen. Am Morgen, als Raul kam, stand ich auf und ging selbst zur Arbeit. Jedes Mal fragte er mich, ob ich auch wirklich die ganze Nacht im Zimmer war. „Natürlich war ich im Zimmer, wo soll ich denn sonst gewesen sein?" „Sei nicht so frech!", sagte er. Ich konnte das alles nicht verstehen. Aber die Freizeit, die wir dann gemeinsam verbrachten, war trotzdem schön, obwohl ich immer wieder merkte, dass er sehr eifersüchtig war. Bei jedem Jungen oder einem Kubaner, der uns begegnete, sagte er ständig, ich solle sie doch nicht so anschauen. Egal wo es war, ob in der Straßenbahn oder im Bus oder einfach nur auf der Straße, immer wieder machte er mir eine Szene. „Ich habe ihn nicht angeschaut." „Doch ich habe es genau gesehen, du hast ihn angelacht." „Das habe ich nicht, jetzt hör doch auf, warum sollte ich denn, ich bin doch mit dir zusammen und was ist schon dabei, wenn man mal jemanden ganz normal anschaut, das kann doch überall passieren. Soll ich immer nur auf den Boden schauen? Du musst doch Vertrauen haben, das ist doch das Mindeste, wenn man zusammen ist." „Ich lasse mich nicht verarschen, ich bin dein Mann und niemand anderes, du bist mein." Da war es wieder, diese Aussage. Immer wieder war dies Anlass zu Streitereien zwischen uns. Er wurde jedes Mal wütend und sobald wir wieder in seinem Zimmer waren, schrie er mich an, bis er plötzlich auf mich einschlug. Er schlug mich ins Gesicht, was inzwischen auch schon blaue Flecke zeigte, und jedes Mal entschuldigte er sich anschließend dramatisch und versprach mir, es nie wieder zu tun. Ich glaubte immer wieder aufs Neue seinen Entschuldigungen. Das war eine Seite an ihm, die ich nicht kannte. Aber irgendwie war mir das alles lieber, als zu Hause bei meinen Eltern zu sein. Zu Hause war ich auch nicht frei und auch unter ständiger Kontrolle. Natürlich war es unter diesen Bedingungen besser, wenn wir allein unter uns waren. So gab es auch keinen Anlass zur Eifersucht. Anna sah ich nur ganz selten und dann auch nur kurz. Deshalb gingen wir auch nie wieder in eine Disco, da ich diesen Szenen aus dem Weg gehen wollte. Wir waren ein einziges Mal noch und das war so schlimm, dass wir schon gegen 22:00 Uhr nach Hause gingen, wo er mir auf dem gesamten Weg immer wieder vorwarf, ich hätte mit anderen Männern geflirtet. Ich brauchte eine Ewigkeit, um ihn zu beruhigen, damit die Stimmung zwischen uns wieder auf einem normalen Niveau war. Schon da wäre ich am liebsten nach Hause gegangen, aber das konnte ich jetzt nicht mehr tun. Ich kannte so etwas nicht. Die deutschen Jungs waren nicht so, das wusste ich ja auch von Marias Mann. Ich dachte aber, dass sich das sicher irgendwann ändern wird. Es beeinträchtigte aber dennoch unser Zusammenleben. Es war sehr beschwerlich und ich hatte nur wenig Wechselwäsche dabei. Täglich musste ich meine Wäsche waschen, um sie dann auf der Heizung zu trocknen. Ständig fehlten mir irgendwelche Bücher für die Schule. Keinen Schritt konnte ich mehr ohne Raul machen, immer war er bei mir, beim Kochen, beim Waschen und ich war sogar froh darüber. So konnte er mir wenigstens keine Szene machen, ich hätte wieder mit einem Kubaner gesprochen oder gar geflirtet. Meine Mutter war zwischenzeitlich wieder in meiner Berufsschule bei meinem Ausbilder. Nach dem Gespräch kam er auf mich zu und sagte, dass er mich persönlich heute Mittag zu einer Aussprache zu meiner Mutter ins Büro begleiten würde, da ich noch nicht volljährig sei. Irgendwie war es mir auch schon egal, ich hatte mich nicht dagegen gewehrt und ich dachte an meine Mutter und freute mich sogar, sie wiederzusehen. Unser Zusammentreffen war jedoch anders, als ich es mir vorgestellt hatte. Von wegen, die Mutter fleht: Komm doch endlich wieder nach Hause, alles wird gut! Meine Mutter stand in einem separaten Raum und als ich reinkam, verzog sie keine Miene. Ihr Blick war fordernd und hatte überhaupt nichts Liebevolles. Nur Vorwürfe: „Wo warst du die ganze Zeit, sieh dich mal an, wie du aussiehst, völlig abgemagert und heruntergekommen." Ich ärgerte mich schon, dass ich überhaupt gekommen war. Aber ich wusste, dass ich unter diesen Umständen auf gar keinen Fall wieder nach Hause kommen würde. Ich gab auch keine Antworten, ich sagte nur: „Wenn das so ist, kann ich ja auch gleich wieder gehen." Vielleicht war das der Auslöser bei ihr, ich wusste es nicht genau. Sie änderte ihre Haltung und sprach nun ganz normal mit mir. „Komm bitte wieder nach Hause, das bringt doch alles nichts, du brauchst doch ein geregelteres Leben als in diesem Wohnheim." Das wusste sie inzwischen von meiner Schwester. „Ich komme nur zurück, wenn ich keine Strafe bekomme." „Ich verspreche es dir. Komm mich heute nach der Schule abholen, aber komm wirklich." Ich holte sie ab und wir fuhren gemeinsam nach Hause. Alles war normal, es gab kein Theater, keine Fragen, keine Probleme. Mein Vater sagte nur: „Was willst du denn hier?" Ich dachte schon, jetzt geht es ja doch los, aber er sprach kein Wort mehr zu mir. Ich war so sehr erleichtert. Ich konnte mich endlich mal wieder frei bewegen, ohne dass ich mich nur in einem kleinen Zimmer aufhalten musste. Ich konnte in Ruhe duschen, wieder frische Klamotten aus dem Schrank anziehen. Es war ein Genuss. Trotzdem ging ich, nachdem ich geduscht hatte, zu Raul, schließlich wartete er auf mich und hatte ja keine Ahnung, dass ich wieder zu Hause war. Meine Mutter enttäuschte das sehr und sie sagte: „Hältst du es denn nicht mal ein paar Stunden zu Hause aus?" Ich ging wortlos, wusste aber, dass ich am selben Abend wieder nach Hause kommen würde. „Ich komm nicht so spät zurück!" Zum ersten Mal in meinem Leben konnte ich meine Rückkehr selbst bestimmen.

Raul war wütend, weil ich nicht früher da war. Als ich ihm alles erzählte, konnte er sich gar nicht darüber freuen. „Du bleibst aber trotzdem heute hier!" „Das geht nicht, ich habe meiner Mutter versprochen, dass ich heute wieder nach Hause komme, im

Moment läuft alles ganz normal und ich kann ihr das nicht antun." Im Stillen dachte ich nur: „Ich bin froh, dass ich wieder nach
Hause fahre und ich werde das auf jeden Fall tun, da kann er sich
auf den Kopf stellen." Er war wieder mal wütend und ich war froh,
als Anna mit Fidel kam. Als sie mich sah und erfuhr, dass ich daheim war, sagte sie; „Du siehst wieder richtig gut aus, seit du zu
Hause warst." Sie versuchte, Raul zu beruhigen, was ihr auch gelang, aber ich wusste, Raul tat nur so, da er sich immer von seiner
besten Seite zeigte, wenn andere dabei waren. Anna und ich gingen dann zusammen. Raul sagte noch zum Abschied „Aber morgen bleibst du wieder bei mir." Ich hatte ihn so satt und wollte am
liebsten nie mehr wieder zu ihm kommen. Mein erster Freund
und dann solche Szenen. War das vielleicht normal? Ich kannte es
ja nicht anders von meinen Eltern. Ich war aber viel zu sehr verliebt in ihn und merkte auch schnell, wenn wir nicht zusammen
waren, hatte ich Sehnsucht nach ihm. Anna hatte ich von unseren Problemen erzählt. Sie konnte es kaum glauben und redete
mir ins Gewissen, dass es besser sei, sich zu trennen. Ich wusste
ja, dass sie recht hatte, aber irgendwie war ich noch nicht bereit,
so schnell aufzugeben. „Er wird sich sicher ändern." „Wer einmal
schlägt, wird dich immer wieder schlagen", sagte sie. Ich fühlte
mich so leer und traurig, anscheinend hatte ich in dieser Hinsicht
nichts gelernt. Ich musste eben meine Erfahrungen selber machen.
Die Tage vergingen, ich war jeden Tag zu Hause. Es gab immer
wieder Streit wegen Raul. Meine Mutter versuchte, mir ihn aus-
zureden, was mich nur noch bestärkte, weiterhin zu ihm zu fahren, da sie kein gutes Haar an ihm ließ. Sie sprach ja aus eigener
Erfahrung. Doch ich wollte ihr das Gegenteil beweisen. Wenigstens sorgte sie aber dafür, dass ich die Pille nahm. Die erste Zeit
nach meiner Heimkehr war ich fast täglich bei Raul und fuhr auch
immer wieder am Abend nach Hause. Es verging kein Tag, an
dem er mir nicht wieder eine Szene machte. Er hätte am liebsten
24 Stunden die Kontrolle über mich gehabt. Er holte mich täglich, außer wenn er Spätschicht arbeitete, von meiner Arbeit oder
Berufsschule ab und sobald ein Mann irgendwie in meiner Nähe
war, egal ob ich ihn kannte oder nicht oder ob nur rein zufällig,

gab es wieder Ärger. Den ganzen Abend machte er mir dann Eifersuchtsszenen, wer das war und was ich mit denen zu tun habe, und jedes Mal schlug er zu, er biss mich ins Gesicht und zog mich an den Haaren. Stets brach ich in Tränen aus, vor Schmerz und vor lauter Entsetzen. Immer wieder drohte er mir, mich zu bestrafen, wenn er wieder einen Mann in meiner Nähe sehen würde. Ich musste mich rechtfertigen für Dinge, die ich nicht getan hatte und nicht einmal die Absicht hatte, diese zu tun. Er glaubte mir kein Wort, war wie besessen. Ich hatte so zu sein, wie er mich haben wollte. Ich hatte keine eigenen Bedürfnisse mehr zu haben, wie ich es auch bereits aus meiner Kindheit kannte. Immer brav den Kopf senken, gefügig und gehorsam zu sein unter Androhung von Strafe. In mir war nur noch die Angst, eine Angst, die mich beherrscht, gesteuert von der Angst, die sich bis in jede Zelle meines Körpers und in die Tiefe meiner Knochen ausbreitete. Gelähmt davon, um mich zu wehren. Wie gefährlich diese Angst für mich war und mich immer weiter abwärts trieb, war mir nie bewusst. Die Pille hatte er mir inzwischen schon längst wieder weggenommen. Ich wurde immer ruhiger und wehrte mich gar nicht in der Hoffnung, dass er sich beruhigen würde. Eigentlich wollte ich dann nur noch nach Hause, obwohl es da auch nicht viel besser war. Da ich nun nach der Arbeit gar nie mehr erst heimkam, sondern erst spät am Abend, gab es auch da immer wieder Ärger mit meinem Vater. Ich wusste überhaupt nicht mehr, was ich machen sollte. Der einzige Rückzugsort führte mich hin und wieder zu Maria. „Beende endlich diese grauenvolle Beziehung. Was willst du denn mit so einem Mann? Sowas würde ich mir nie gefallen lassen", sagte sie zu mir. „Ich mache Schluss mit Raul, es ist wohl das Beste, ich halte das auch nicht mehr aus." Ich nahm mir wirklich vor, nie mehr zu ihm zu fahren. Doch mein größtes Problem war nur, dass Raul nach wie vor jeden Tag nach der Arbeit auf mich wartete, besser gesagt auf mich lauerte. Immer wieder stellte er sich mir in den Weg. „Komm mit!" „Nein ich will nicht mehr mit dir zusammen sein, du hast mir schon zu viel angetan. Immer wieder dichtest du mir andere Männer an und schlägst mich, das lasse ich mir nicht mehr gefallen, hau ab!" „Du gehörst mir, du bist mein und niemanden anderem, du kommst jetzt mit." Es gelang mir immer wieder, trotzdem nach Hause zu fahren. Ich erzählte es meiner Schwester, die es wieder aus Besorgnis meinen Eltern erzählte. „Das hast du nun davon, wir haben dir es ja gleich gesagt, dass du dich von so einem fernhalten sollst, aber du hast ja nicht auf uns gehört. Wage es bloß nicht, dich wieder mit ihm einzulassen, wehe dir, wenn du noch mal dort hingehst." Was für ein toller Ratschlag! Ich musste nun selbst die Sache in den Griff bekommen, es ist ja schließlich auch meine Schuld. Die Stimmung zu Hause war eiskalt. Freude hatte ich nur noch auf Arbeit und in der Schule. Inzwischen war ich 17 Jahre und im zweiten Lehrjahr und es war kurz vor Weihnachten. Meine Schwester sorgte dafür, soweit es ging, mich täglich abzuholen. Wenn es ihr nicht möglich war, fand ich immer einen Fluchtweg, das Betriebsgelände durch irgendwelche Hintertüren zu verlassen, was mich dann auf Umwegen nach Hause brachte. Bevor ich ging, sah ich Raul, wie er unten stand und auf mich wartete. Mein Herz raste ständig, wenn ich ihn sah, er machte mir Angst. Da ich bei der Post arbeitete, musste ich auch am 24. Dezember bis Mittag arbeiten. Weihnachten kehrt endlich mal für kurze Zeit Ruhe ein. Die Familie feierte zusammen, meine Eltern, meine Schwester, ihr Mann und ich. Keiner von uns hätte je gedacht, dass es an diesem Tag doch anders kommen würde. Ich verließ meine Arbeit gegen 12:00 Uhr. Ich ging den normalen Weg. Raul sah ich nirgends und ich vermutete auch gar nicht, ihn an diesem 24. Dezember anzutreffen. Plötzlich stand er aus dem Nichts vor mir. Er hatte mir wieder aufgelauert. Wie konnte ich auch nur denken, dass er nicht hier war. Ich war so erschrocken und zitterte vor Angst und vor Kälte. „Komm bitte mit zu mir nach Hause. Ich verspreche dir, ich werde dich nie mehr schlagen!" „Das hast du schon tausendmal versprochen, ich komme nicht mit zu dir, ich will nach Hause und außerdem ist heute Weihnachten." „Bitte komm mit, ich liebe dich doch, ich will nur mit dir zusammen sein." Wie er mich dabei ansah. Er stand da und schaute mich mit einem traurigen und reuigen Blick an. Ich war hin und her gerissen. Das wirkte so ehrlich auf mich und ich sah wieder den Mann, den ich kennengelernt hatte, seine treuen und liebevollen Augen. Er streichelte mich im Gesicht und ich spürte seine schönen Hände, die so was Ergreifendes hatten und mich schon wieder fast zum Dahinschmelzen brachten. Er war wirklich sehr schön. Doch die Angst steckte immer noch in mir, Angst vor ihm, seinen Konsequenzen, Angst vor zu Hause. Ich überlegte sogar schon, wie ich das denn zu Hause erklären sollte, wenn ich jetzt doch mit ihm mitgehe. „Ich muss aber nach Hause, meine Familie wartet." Da muss er wohl gemerkt haben, dass er mich gleich wieder weich hatte. Der Bus kam, wir stiegen ein, ich stieg nicht wie gewohnt aus und so wir fuhren gemeinsam zu ihm. Er war das erste Mal wieder richtig normal zu mir, fürsorglich und liebevoll. Er hatte sogar schon etwas gekocht, so sicher war er sich anscheinend. Die meisten Kubaner waren nicht da, sodass wir die Wohnung für uns allein hatten. Es war bereits gegen 18 Uhr und auf einmal klopfte es in einer enormen Lautstärke gegen die Wohnungstür. Durch den Druck öffnete sie sich von selbst und noch bevor wir aufstehen konnten, standen bereits Maria und ihr Mann im Zimmer. „Du kommst jetzt sofort mit nach Hause!", sagte sie. „Aber …" „Halt deinen Mund, los jetzt raus hier!" Ich stand wortlos auf und folgte den beiden ohne Widerrede. Wahrscheinlich war es die einzige Möglichkeit, mich ohne große Diskussionen dort rauszuholen. „Was hast du dir nur dabei gedacht? Kannst du dir vorstellen, was zu Hause los ist?" „Aber ich kann nichts dafür, er stand einfach wieder da." Dann schwieg sie. In den nächsten Wochen und Monaten traf ich mich immer wieder mit Raul, aber ich versuchte, dies so heimlich wie nur möglich zu tun. Raul hatte immer wieder Probleme mit seiner Eifersucht, aber ich redete es mir schön. In der Zwischenzeit hatte ich mein Verhalten schon so ausgerichtet, um keine Anlässe für Streit zu geben. Ich hatte mich ihm vollständig angepasst. Er erzählte mir viel von seiner Heimat und seiner Familie und ich stellte mir immer wieder ein Leben mit ihm auf Kuba vor. Ein Leben in der Wärme unter Palmen, am Strand die Sonne genießen, glücklich und unbeschwert leben. Dann war es sicher auch mit ihm einfacher. So musste Liebe sein. Eine Liebe, die in Verzweiflung wurzelt.

Kapitel 2

Es war nun schon März. Im Sommer würde ich fertig sein mit meiner Ausbildung. Aber etwas war anders mit mir, meine Periode blieb aus. Das kam zwar immer wieder mal vor, aber dieses Mal dauerte es einfach zu lange. Raul ging mit mir zum Arzt. „Sie sind schwanger, möchten Sie eine Überweisung in die Klink zu einem Schwangerschaftsabbruch? Das müsste ich dann schnellstens wissen, da Sie bereits in der elften Woche sind. Sie sind ja noch jung." Was dachte der sich eigentlich? Schon wieder einer, der meinte, er müsse mir sagen, was ich zu tun hatte. „Ich muss die Nachricht erst mal verdauen, natürlich will ich nicht in eine Klinik. Ich möchte das Kind." Zum Glück war ich vor Kurzem 18 Jahre geworden und somit konnte mir niemand mehr reinreden. Raul konnte es kaum glauben, er war total erfreut über diese Nachricht und wir stellten uns das süße Baby vor, wie es wohl aussehen würde. „Ich weiß aber nicht, wie ich es meinen Eltern sagen soll, schließlich wohne ich noch zu Hause. Sie werden mich rausschmeißen. Mit einem Kind zu Hause zu wohnen, damit werden sie niemals einverstanden sein." „Dann wohnst du eben bei mir oder wir suchen uns eine Wohnung." „Es ist sehr schwer, eine Wohnung zu finden, es gibt kaum welche und wenn dann nur mit Beziehungen und Geld haben wir ja auch nicht, um eine Wohnung überhaupt erst mal einzurichten und bei dir im Wohnheim, niemals." „Es bleibt uns ja noch etwas Zeit, jetzt muss ich es erst mal meinen Eltern sagen." Ich fühlte mich wohl und war glücklich. Ich würde es meinen Eltern sagen aber nicht heute und auch nicht morgen. Auf jeden Fall würde ich das Kind bekommen. Dann würde alles anders mit Raul und mit meinen Eltern. Eines Abends sagte ich zu meiner Mutter: „Ich muss dir was sagen, ich bin schwanger." Sie schaute mich schockiert an und brachte kein Wort raus. Ihre Augen waren so starr und ihr Mund war zusammengekniffen. Diese Stille machte mich ganz nervös. Was war denn los mit ihr, wieso sagt sie nichts. „Was soll das? Dass du dir mit solchen Angelegenheiten einen Scherz erlaubst, hätte ich dir nicht zugetraut." „Das ist kein Scherz, ich bin wirklich schwanger." „Du nimmst doch die Pille, das kann gar nicht sein." „Ich habe sie eben vergessen, zu nehmen." Dass Raul sie mir weggenommen hatte, habe ich ihr lieber nicht erzählt. So langsam merkte ich, dass sie mir nun doch glaubte. „Du wirst es abtreiben, darüber bist du dir hoffentlich im Klaren. Wir gehen morgen zusammen zum Arzt und machen einen Termin." Ich sagte dazu gar nichts mehr, egal was sie vorhatte, ich würde das Kind bekommen. Der Arzt gab mir die Einweisung für eine Klinik für den nächsten Tag. Da ich keinen Ton mehr sagte, ließ mich meine Mutter alleine zur Klinik fahren. Ich verließ das Haus und fuhr erst gar nicht hin, denn ich wusste, dass ich keinen Abbruch machen würde. Am Abend als ich nach Hause kam, sagte sie: „Wieso bist du nicht in der Klinik?" „Ich war da, aber die Ärzte haben gesagt, es ist schon zu spät für einen Abbruch." „Das glaube ich dir nicht, wäre ich doch bloß mitgefahren. Wir fahren morgen zusammen hin." „Nein, das werde ich nicht, es ist zu spät und ich will das Kind bekommen." „Dann sagst du es deinem Vater selbst, du wirst schon sehen, was er dazu sagt. Hier kannst du jedenfalls nicht wohnen bleiben mit einem Kind. Das kannst du alleine großziehen, denn dein Raul wird eines Tages nach Kuba zurückgehen und dann stehst du alleine da. Auf unsere Hilfe brauchst du gar nicht erst zu hoffen. Das kannst du dir aus dem Kopf schlagen." Ich ließ sie reden und zum ersten Mal wurde mir klar, dass ich diese Entscheidung alleine treffen konnte. Keine Bevormundung von niemandem. In dieser Hinsicht waren sie machtlos, sie konnten es mir nicht verbieten. Das Erste und das Einzige, was sie mir nicht verbieten konnten und wo ich mich nicht wie sonst ergeben musste. Endlich keine Schläge mehr, sie hatten damit keine Macht mehr über mich, kein erzwungener Gehorsam mehr. Das befreite mich unheimlich. Mein kleines Baby unter meinem Herzen hatte mir diese Freiheit verschafft. Was für ein Schatz, so ungeplant hat es in mir seinen Platz eingenommen und mit so einer großen Wirkung. Mein Vater kam nach Hause, „Deine Tochter ist schwanger." Wieso plötzlich dieser Sinneswandel, ich dachte, ich sollte es ihm selber sagen, na ja auch gut. Jetzt war es raus, dann war nur noch abzuwarten, wie er reagiert. Ich war in meinem Zimmer, er kam rein. „Was habe ich da gehört? Mach doch, was du willst, aber suche dir eine Wohnung, hier bleibst du nicht mit einem Kind." Er winkte mit einer Handbewegung ab, wie er es immer tat, wenn er sein Gegenüber für blöd hält und ging wieder raus. Von meinen Arbeitskollegen und Freundinnen aus der Schule hörte ich nur Positives, sie teilten meine Freude und das gab mir sehr viel Mut. „Deine Eltern werden sich schon wieder beruhigen!", sagten sie. „Warte es erst einmal ab, spätestens wenn das Baby da ist, dann können sie nicht mehr widerstehen, so ist es immer." Obwohl ich das zwar nicht ganz glauben konnte, hoffte ich es zumindest, denn schließlich war auch Maria schwanger. Ihr Baby sollte fünf Wochen vor meinem geboren werden und wenn sie dann die Erste war, hatte sich dann vielleicht die erste Freude über Enkelkinder wieder gelegt. Nun hatte ich einen Termin bei meinem Lehrausbilder. Ich machte mir Sorgen, dass ich vielleicht meinen Abschluss nicht mehr machen könnte. Das wäre eine Katastrophe, eine angefangene Ausbildung nicht zu beenden, ein Kind zu bekommen und irgendwann vielleicht ohne Berufsabschluss einen Job zu finden. Diesen Triumph konnte ich meinen Eltern nicht lassen, dann hätten sie ja mit all ihren Prophezeiungen recht gehabt. „Sie sind in anderen Umständen!", sagte er. „Ja, aber der Termin ist Ende Oktober." „Im Mai haben Sie Abschlussprüfungen, ich denke, das dürfte dann kein Problem sein, Ihre Ausbildung noch vor der Geburt ihres Kindes abzuschließen." Mir fiel ein Stein vom Herzen, zum Glück waren meine Sorgen unbegründet. Ich weiß auch nicht, aber vielleicht hatte er ja auch eine Tochter. Er merkte meine Freude und sagte: „Haben Sie sich etwa Sorgen gemacht? Wir lassen doch niemand im Regen stehen." „Danke, ich bin wirklich erleichtert." „Aber Sie müssen nun die Abteilung wechseln, der Paketdienst ist in Ihren Umständen nicht mehr zulässig." Was war ich froh, nicht mehr im Paketdienst arbeiten zu müssen. Wieder etwas,

was ich meinem kleinen Baby zu verdanken hatte. Als ich nach Hause kam und es meinen Eltern erzählte, interessierte es sie überhaupt nicht. Aber für sie war ja auch meine Schwangerschaft verwerflich, wie sollte sie dann auch etwas interessieren, was nur im Geringsten damit zu tun hatte. In den nächsten Wochen und Monaten bekam ich das sehr deutlich zu spüren. Sie mieden es förmlich, mich anzusehen. Wenn mein Appetit auf Süßes mich wieder mal überkam und ich auf meinen Babybauch zeigte, wandten sie sich angewidert ab oder sagten: „Du wirst schon sehen, was du davon hast." Ich hätte mir so sehr gewünscht, mit meiner Mutter über mein Empfinden zu sprechen, dass sie auch mal über meinen Bauch streicheln möchte und dabei zusah, wie mein kleines süßes Schätzchen sich bemerkbar machte, oder dass es sie interessierte, wie sich mein Bauch so langsam nach vorne beult. Alle diese Freuden konnte ich nicht mit den zukünftigen Großeltern teilen. Ihre einzige Sorge war, so schnell wie möglich eine Wohnung für mich zu finden, noch bevor mein Baby auf die Welt kommt.

Meine neuen Kolleginnen aus der Abteilung, in die ich gewechselt hatte, versorgten mich ständig mit Kuchen und jede von ihnen wollte immer wieder meinen Bauch anfassen. Sie brachten mir einfach alles, was ich brauchte, damit ich mich bloß nicht überanstrenge. Sie gaben mir Babysachen von ihren Kindern und sammelten schon für den Kinderwagen. Ich erzählte ihnen nichts von dem, was ich hingegen täglich zu Hause erlebte. Denn inzwischen hatte ich gelernt, zwei Persönlichkeiten zu entwickeln. Die eine Persönlichkeit, die ich zu Hause war, wenn Raul dabei war, und die andere Persönlichkeit, wenn er nicht dabei war. Mit Raul verbrachte ich so gut wie jeden Tag außer wenn er Nachtschicht hatte. Da wollte ich auf keinen Fall allein in seinem Wohnheim bleiben. Ihm passte das gar nicht, weil ihm dann die Kontrolle über mich fehlte. Wenn er Spätschicht hatte, brachte er mich dazu, die ganze Schicht vor seiner Firma zu stehen, bis er Feierabend hatte. Aus dem Fenster konnte er mich sehen. Mir wurde immer bewusster, dass ich in einem ganz engen Korsett gefangen war und niemandem davon erzählen konnte. Kein

Mensch würde mir das je glauben. Ich war sicher, sie würden denken, dass ich schuld daran war, dass es so war, wie es war. Wenn ich zu Hause verprügelt wurde, dann war das ja auch meine Schuld und ich musste die Strafe dafür bekommen. Im Grunde genommen war ich fix und fertig, denn auch wenn ich zu Hause bei meinen Eltern war, fühlte ich mich nicht wohl. Raul ließ auch während meiner Schwangerschaft nicht von seinen Eifersuchtsszenen ab. Immer wieder fing er einen Streit wegen anderen Männern an. Er sagte immer: „Ich werde erst sehen, wenn das Kind auf der Welt ist, ob es von mir ist oder nicht." Diese Worte verletzten mich zutiefst, wo ich doch sein Kind unter meinem Herzen trug. Wie konnte ich nur an so einen Mann geraten und wieso ließ ich mir so viele Bosheiten gefallen? Ich wusste nicht mehr, wo ich hingehörte, meine Eltern wollten mich loswerden und bei Raul musste ich mich ständig aufs Neue beweisen, auf ihn einreden und ihn besänftigen, damit seine Gewalttätigkeiten mich nicht zu sehr verletzten, geschweige denn mein Baby trafen. Als ich dann bereits im sechsten Monat schwanger war, nahm mir mein Vater den Wohnungsschlüssel weg. „Du kommst ab sofort nur noch hier rein, wenn wir auch da sind, sonst schleppst du uns noch den Kubaner hier rein und der räumt uns vielleicht noch in aller Ruhe die Wohnung aus." „Aber warum? ich habe ihn noch nie mit nach Hause gebracht, er war noch nie hier. Ich bin doch viel früher als ihr von der Arbeit zu Hause." „Dann wartest du eben vor der Tür, bis einer von uns da ist." Das war ein Schock für mich, wie sehr sie sich in jeder Hinsicht gegen mich entschieden. Da war es geradezu ein Wunder, dass ich mich überhaupt noch zu Hause aufhalten durfte. Jeden Tag stand ich nun vor der Haustür und wartete auf meine Eltern, dass sie mir die Tür aufschlossen und mich mit hineinnahmen. Es war ein sehr warmer Sommertag, als ich wieder mal vor der Haustür wartete. Ich hatte ein wunderschönes schwarzes Kleid an, in der Mitte zwischen Brust und Bauch war ein regenbogenfarbenes, glitzerndes Karo. Unter diesem Karo streckte sich mein Fußball großer Bauch hervor. Ich sah meinen Vater von der Ferne kommen. Seine Augen waren zu kalten Schlitzen geformt und seine Lippen waren nur noch ein gerader Strich. So wie er eben immer aussah, wenn er wütend war. „Mach, dass du sofort ins Haus reinkommst!" „Was habe ich denn jetzt schon wieder verbrochen? „Du sollst im Haus auf uns warten und nicht auf der Straße, wo jeder dich sehen kann. Es muss ja niemand sehen, dass du schwanger bist." Ich war volljährig, ich war schwanger aber anscheinend ohne einen Funken Selbstwertgefühl. Wo sollte das auch herkommen? Da mein Vater Tischlermeister war, pflegten meine Eltern sehr viele Beziehungen zu anderen nützlichen Leuten. Tut einer dem anderen einen Gefallen, so auch umgekehrt. So war es für sie dann doch nicht so schwer, durch ihre Beziehungen zu einer Wohnungsbaugesellschaft für mich eine Bleibe zu finden, wo andere jahrelang drauf warten mussten. Ich war im siebten Monat schwanger, als sie mir einen Wohnraum präsentierten. „Wir haben eine Wohnung für dich besorgt und schauen sie uns heute gemeinsam an." Ich wusste gar nicht, was ich sagen sollte, konnte es kaum glauben, sie machten also doch ernst. Damit war es dann wirklich gewiss, dass sie mich noch vor der Geburt meines Kindes loswerden mussten. Sie würden es gar nicht mitbekommen, wenn es dann so weit war und dann auch nicht bei mir sein oder mich in die Klinik bringen. Na ja, ich hatte ja Raul, mit wem sollte ich es auch sonst durchziehen? Ich sagte keinen Ton zu ihnen, ich fragte auch nicht nach der Wohnung, wo sie war, wie groß sie war oder wie sie aussah. Dass sie kein Bad haben würde, konnte ich mir ja selber denken, ich traute mich auch gar nicht, nach solch einem Luxus zu fragen. Wir fuhren nun zusammen zu dieser besagten Wohnung. Auf dem Weg dahin freute ich mich aber dann doch, endlich mein eigenes kleines Heim zu haben. Ich merkte nur, dass es ziemlich weit bis dorthin war. Von außen sah das Haus ganz ordentlich aus, meine Eltern hatten auch schon die Schlüssel. Die Wohnung war im Erdgeschoss und entpuppte sich als kaltes dunkles Loch. Sie war gerade mal 13 qm groß. Es gab keinen Flur, sondern beim Öffnen der Wohnungstür stand man direkt in der Küche, von welcher aus es in ein kleines Zimmer ging. Das war dann auch schon alles. Das WC befand sich außerhalb, neben der Haustür und der Platz darin reichte gerade für die WC-Schüssel. Ich war für den ersten Moment sehr erschrocken, aber es war nun auch egal, Hauptsache allein. Nur was sollte ich hineinstellen, viel Zeit hatte ich nicht mehr. In der Küche befand sich ein kleines gusseisernes Waschbecken und ein Kochherd und die Fenster sahen undicht aus. „Tja, so haben wir auch mal angefangen oder hast du etwa was anderes erwartet? Sei froh, dass du überhaupt eine Wohnung hast!" „Ich habe ja gar nichts gesagt, wenn es denn sein muss, dann soll es so sein. Es reicht ja aus und baden kann ich ja dann in der Babybadewanne." Es herrschte eine eiskalte Stimmung, passend zu diesem Loch, in dem wir standen. Ich wollte es ja so und deshalb nahm ich es auch so an. „Du kannst sofort einziehen. Wir geben dir dein Bett, deinen Schrank, unseren alten Küchentisch, die Hocker dazu und unseren alten Kühlschrank mit. Wir wollten uns sowieso einen neuen kaufen und etwas altes Geschirr kannst du auch noch mitnehmen. Das ist immer hin besser als gar nichts. Wir wären froh gewesen, wenn wir damals auch so hätten anfangen können. Du wolltest dein Kind und nun sieh zu, wie du zurechtkommst." Ja, ja das mussten sie ja noch unbedingt erwähnen. Aber mit der angebotenen Grundausstattung würde es schon gehen. Es ging dann alles ganz schnell. Mein Vater organisierte den Transport der Möbel und zwei Tage später wohnte ich schon in dieser Wohnung. Ich fühlte mich unglaublich einsam. Raul war nun auch jeden Tag da und das nahm mir wenigstens hin und wieder das Gefühl der Einsamkeit. Wir wohnten nun zusammen. Er besorgte uns noch ein paar Kleinigkeiten, die man so in einem Haushalt braucht. Ich versuchte diese Wohnung einigermaßen gemütlich zu machen, obwohl das nicht einfach war, denn sie war kalt und feucht. Zwischen die Fenster legte ich alte Tücher, damit das Wasser, das reinlief, nicht für noch mehr Feuchtigkeit sorgte. Wir schliefen zusammen in einem Bett, was durch meinen Bauch gar nicht mehr so einfach und erholsam war, da es einfach an Platz fehlte. Schon bald ging ich nicht mehr arbeiten und so sorgte ich für den Haushalt und kochte uns jeden Tag kubanisches Essen. Raul bestand darauf. Ich war seine Köchin und seine Putzfrau. Wir lebten wie ein altes Ehepaar und ich musste immer zu Hause bleiben und auf ihn warten. Unverändert und ungebremst war immer noch seine grenzenlose Eifersucht. Er bestimmte mein Leben, was ich wann tun sollte und alles ausschließlich für ihn. Als Maria dann ihr Baby bekam, fuhr ich fast jeden Tag zu ihr. Es war wunderbar, ihr bei allem zuzusehen. Ich habe dadurch alles lernen können, was ich mit einem Neugeborenen machen muss und wie ich es versorgen muss. An all diese aufkommenden Dinge hätte ich nie von selber gedacht. Das war mein wichtigster, unerwarteter und nützlichster Grundstein, den ich da mitbekam. Ich konnte es nun kaum noch erwarten, bis es endlich bei mir so weit war. Mein Baby war schon eine Woche überfällig und ließ immer noch auf sich warten. An diesem einen Tag im November musste ich am Morgen zu einer Untersuchung, um sicherzugehen, dass auch alles in Ordnung ist. Raul hatte Spätschicht. Er begleitete mich und ging dann am Mittag zur Arbeit. Da saß ich nun ganz allein in meiner kleinen Wohnung, als ich plötzlich Schmerzen bekam. Ich wusste nicht, was es sein könnte. Es war einfach nicht leicht für mich, dies einzuordnen, da ich auch nicht wusste, wie sich die Wehen anfühlen. Niemand war da, den ich hätte fragen können. Ich ging zu einer Telefonzelle und rief meine Mutter an. Was auch immer passiert sein mag, aber ich musste meine Mutter anrufen. Wen sonst sollte man in so einem Moment fragen, ich war wieder mal allein. Obwohl ich mir immer gewünscht hatte, mein Baby zu bekommen und irgendwann mal seinen Großeltern Bescheid zu geben. Aber nun musste ich leider zeigen, dass ich anscheinend doch Hilfe brauchte. Meine Schwester war bei ihr mit ihrem Sohn. „Maria, ich weiß nicht, was es ist, aber ich habe Schmerzen." Nach langem Frage- und Antwortspiel sagte sie: „Du hast Wehen, Schwester, das ist nichts anderes als Wehen. Setz dich in die Straßenbahn und komm her." „Gut, ich komme dann bis gleich." Ich ging gar nicht mehr nach Hause, sondern fuhr direkt zu meiner elterlichen Wohnung. Auf dem Weg dahin gingen mir noch so viele Dinge durch den Kopf. Ich konnte es kaum glauben, dass ich mit Wehen in einer Straßenbahn saß, die alle paar Minuten anhält, sozusagen im Rhythmus zu meinem nun drängenden Baby. Es war halb drei, als ich ankam. Meine Mutter begrüßte mich nur oberflächlich und Maria packte ihre Siebensachen zusammen und dann gingen wir gemeinsam zu ihr nach Haus. Da saß ich nun bis 20 Uhr, sie hatte die Ruhe weg und wollte mir es unbedingt ersparen, zu früh in die Klinik zu fahren. „Bevor du sie nicht alle halbe Minute hast, brauchst du gar nicht erst losfahren." Ich verließ mich vollständig auf Maria, sie würde schon das Richtige tun. Wenigstens war ich nicht mehr allein. Meine Mutter fuhr mit mir dann gegen 20:00 Uhr mit dem Taxi in die Klinik ohne eine Tasche mit den nötigsten Sachen für mich und mein Baby. Aber darüber machte ich mir keine Gedanken. Dort angekommen wusste ich: Allein gehe ich da rein aber zu zweit komme ich wieder raus. Ein seltsames, aber schönes Gefühl. Ich drehte mich noch einmal um und sah, wie meine Mutter draußen stand und bleiben musste, und wurde immer ängstlicher. Ich wusste nicht, was jetzt alles auf mich zukam, mal abgesehen von den Schmerzen, die das Ganze mit sich bringt. Mein kleiner, süßer Sohn begrüßte mich dann nachts halb zwei und wurde mir direkt auf meinen Bauch gelegt. Er sah genauso aus, wie ich ihn mir vorgestellt hatte mit seinen flauschigen, vielen, dunklen Haaren, seine Ohren waren leicht geknickt und auch mit feinen, dunklen Härchen besetzt. Er war einfach zuckersüß und schon da auch unter den Schwestern die Nummer eins. „Wie soll er denn heißen?" Raul und ich waren uns nie einig über einen Namen für unser Kind. Ich wollte ihn gerne Ricardo nennen, da aber sein Bruder so hieß, war er überhaupt nicht damit einverstanden. Er bestand darauf, ihn Raul zu nennen, so wie es sich in Kuba für den ersten Sohn gehört. Ich wusste einfach, wenn meine Eltern diesen Namen hören, dass nun ihr Enkelkind so heißen würde, würden sie noch weniger mit ihrer neuen Rolle als Großeltern einverstanden sein und ihn mit irgendwelchen Spitznamen rufen, damit sie bloß nie den Namen aussprechen mussten. Ich wollte jedoch keinesfalls Streit mit Raul, dann hätte er vielleicht sogar nicht mal sein Kind akzeptiert. „Er heißt Raul und weil er noch so klein ist, ist er Raulito, das ist lediglich die Verkleinerungsform von Raul." Ich konnte nun mein Baby noch für eine ganze Weile im Tuch eingehüllt im Arm behalten. Das war etwas Wunderbares, Einzigartiges und Inniges. Meine Eltern erbarmten sich und riefen Raul in seiner Arbeitsstelle an, um ihm mitzuteilen, wo ich war. Er kam am nächsten Morgen und seine erste Frage war nach seinem Namen. Er war unglaublich stolz auf seinen Sohn, das machte mich sehr glücklich. Unser kleiner Kubanito. Meine Mutter kam mit Maria am Nachmittag. Nachdem nun auch sie den Namen erfahren hatte, schüttelte sie den Kopf. Ich spürte nur Ablehnung. Endlich kam der Tag, an dem ich mit Raulito nach Hause konnte. Ich war kaum zwei Stunden zu Hause, als mein Vater kam. Ich war fassungslos, was war denn in ihn gefahren, war das etwa ernsthaftes Interesse? Er wollte tatsächlich sein Enkelkind sehen. Er brachte mir sogar drei Bananen mit. „Wo hast du denn die Bananen aufgetrieben?" Ich habe sie eben besorgt, du brauchst jetzt Vitamine." Es war dennoch ein unangenehmes Gefühl. Die ersten Wochen kam ich sehr gut zurecht, mein kleiner Raulito entwickelte sich prächtig. Wir waren nun zu dritt, auch wenn wir sehr wenig Platz hatten, genügte uns das. Raul machte allerdings seinem Machodasein alle Ehre. Ich versorgte nun unser Kind, Raul und den Haushalt – auch dann als ich nach einem Jahr wieder arbeiten musste. Sein Verhalten mir gegenüber änderte sich nicht. Es wurde sogar schlimmer, seine jähzornigen Anfälle, seine Aggressionen, seine Gewalt, seine Eifersucht. Er verbot mir einfach alles. Ich durfte nur anziehen, was er erlaubte. Ich hatte kaum noch Kontakt zur Außenwelt. Ich durfte nicht mehr zu Maria, auch mit Anna ließ er keine Treffen zu. Das sei alles schlechter Umgang für mich und die würden mich nur mit anderen Männern verkuppeln wollen. Ich hatte nur für ihn da zu sein und ich sollte bloß nicht auf die Idee kommen, mich trennen zu wollen. Das würde ich nicht überleben, er würde dann unser Kind nehmen und nach Kuba gehen. Immer mehr fühlte ich mich meiner Freiheit beraubt. Ich hatte nicht einmal die Freiheit, ihn zu lieben oder nicht, ich hatte ihn zu lieben. Die Wohnung verließ ich nur dann mit meinem Sohn, wenn er bei der

Arbeit war und das auch nur unter großen Anstrengungen, dabei nicht aufzufliegen. Meistens war ich bei Maria, damit wenigstens auch unsere Kinder zusammen sein konnten. Sie war die Einzige, der ich einige Details über meine Beziehung anvertraute. „Warum schmeißt du ihn nicht einfach aus deiner Wohnung raus? Wie lange willst du das noch mitmachen, sieh dich doch mal an, du bist ja nur noch ein Schatten von dir selbst." „Was soll ich denn machen, ich habe ihm schon oft gesagt, dass ich so nicht mehr mit ihm weiter zusammenleben möchte. Da dreht er jedes Mal fast durch und droht mir wie immer, mir unser Kind wegzunehmen. Es gibt auch nicht immer Streit, manchmal kann er auch wieder ganz lieb sein." „Das reicht aber nicht aus. Du kannst dir das doch nicht jedes Mal damit entschuldigen." Ich sagte nur: „Wenn er dann in zwei Jahren nach Kuba muss, ist es dann sowieso vorbei." Maria redete auf mich ein, aber alles Reden nützte nichts. Ich hatte trotzdem noch die ungestillte Sehnsucht nach Geborgenheit und die Hoffnung, dass er sich doch irgendwann ändern würde. Selbst wenn ich ihn verlassen würde, dann wäre ich auch wieder allein und meine Eltern hätten mit all ihren Vorhersagen recht gehabt. Immer wieder fragte ich mich, wieso man denn nicht glücklich sein konnten, jetzt wo wir zusammenwohnten und eine Familie waren. Es müsste doch eine Möglichkeit geben, dass Raul zur Besinnung kommt und erkennt, dass das, was er macht, nur Schaden anrichtet. Keiner meiner Kollegen bekam etwas von alledem mit. Raul schlug mich nach wie vor grundlos in seinem Jähzorn und nie hatte ich es gewagt, mich dagegen zu wehren. Ich war ihm einfach unterlegen, kam gegen ihn und seinen Willen nicht an. Es gab kaum eine Stelle an meinem Körper, die nicht blau geschlagen oder blau von Bissspuren war. Kaum färbten sich die Flecke gelb und fingen an zu verblassen, hatte ich auch schon wieder neue Zeichen der Brutalität. Ich war mit dem besten Make-up ausgestattet, was ich auftreiben konnte, um die Schandmale wenigstens im Gesicht zu verkleistern. Die Angst beherrschte mich in vollem Umfang. Ich war abgemagert und sah auch sonst extrem mitgenommen aus. Ich war müde und kraftlos. Irgendwann wurde mir klar, dass ich denselben Mann hatte wie meine Mutter. Die einzigen Freiheitsmomente hatte ich, wenn ich arbeiten war. Das konnte er mir nicht verbieten. Da wir nicht verheiratet waren, musste ich arbeiten gehen. So lauteten die Gesetze in der DDR. Zur Arbeit schminkte ich mir die Lippen, um wenigstens etwas frischer auszusehen und bevor ich nach Hause ging, wusch ich es gründlichst wieder ab. Wenn es dann zwischendurch mal Tage gab, an denen er sich normal verhielt, schöpfte ich jedes Mal wieder Hoffnung, dass er sich vielleicht doch noch ändern würde. Seinem Sohn war er ein guter und liebevoller Vater. Kubaner sind sehr kinderlieb und das merkte man auch bei ihm. Ich war froh, dass Raulito von unseren Auseinandersetzungen nichts mitbekam. Nach zwei Jahren ging Raul für sechs Wochen Sonderurlaub nach Kuba. Ich sorgte in dieser Zeit schnellstens für eine neue Wohnung, glücklicherweise halfen mir meine Eltern dabei, da sie auch da wieder ihre guten Kontakte spielen ließen. Sie sahen für mich eine neue Wohnung als einzige Chance, um von Raul wegzukommen. Ich schaffte den Absprung noch während diesen sechs Wochen. Ich zog mit meinem Sohn in einen anderen Stadtteil, in eine größere Wohnung, die zwar auch nicht besonders schön war, aber für meine Flucht war das nicht so wichtig. Ich hoffte, so die Trennung durchstehen zu können, ohne den Angriffen von Raul ausgeliefert zu sein. Kaum dass Raul zurückgekehrt war, lauerte er mir wieder auf und fing mich auch schon an meiner Arbeitsstelle ab. Er bestand darauf, seinen Sohn zu sehen, und drohte mir wie immer Gewalt an. „Wenn du mir nicht sofort sagst, in welchem Kindergarten unser Sohn ist, dann …" „Ich will mit dir nicht mehr zusammenleben, du bist gewalttätig, ich halte das nicht mehr aus. Ich komme ganz gut alleine klar." „Das werden wir ja sehen, ich werde meinen Sohn schon bekommen und dann nehme ich ihn mit und gehe für immer nach Kuba. Dann wirst du ihn nie wiedersehen." Diese Drohung brachte mich jedes Mal zur Ohnmacht. Er war so aggressiv, wenn er das sagte. Mir schnürte es die Kehle zu. Meinen kleinen süßen Liebling durfte ich niemals verlieren. Somit hatte er mich in der Hand, ich war machtlos. Hilfe konnte ich von niemand erwarten. Ich gab nach und ging mit ihm gemeinsam unseren Sohn abholen und dann in meine Wohnung. Seine Freude, seinen Sohn wiederzusehen, war riesengroß und sichtlich echt. Auch Raulito war überglücklich. Er wurde regerecht überhäuft mit Streicheleinheiten. Raul sah wieder völlig gelassen aus und ich merkte, dass er seinen Sohn wirklich über alles liebte. „Ich halte das nicht aus ohne euch. Jeden Tag denke ich an euch, das kannst du mir nicht antun. Ich muss einfach bei euch sein. Ab jetzt wird alles anders, ich weiß, was auf dem Spiel steht. Ich will euch nicht verlieren." „Ich kann dir das alles nicht mehr glauben, auch wenn ich es noch so gerne möchte." „Glaub mir doch, dieses Mal ist es mein Ernst." Er entschuldigte sich immer wieder und umarmte mich dabei und ich hatte wieder mal das gute Gefühl, Liebe zu bekommen. Ich ließ ihn bleiben. Ab diesem Moment war er wieder jeden Tag bei mir. Die ersten Wochen verliefen normal, Raul gab sich Mühe, obwohl ich merkte, dass es nun wieder mit meiner kurzen, zurückgewonnenen Freiheit vorbei war. Ich war wieder jeden Tag zu Hause und durfte nun auch nirgendwo mehr allein hin. Raul war wieder in seine alte Rolle geschlüpft und immer wieder machte sich die Eifersucht in ihm breit. Er vermutete hinter jedem Kollegen von mir einen potenziellen Liebhaber für mich und konnte sich dabei so in Rage reden, dass er auch wieder regelmäßig auf mich einschlug. Es war für mich ein Kampf, ihn jedes Mal zu beruhigen, um wenigsten seine Schläge einzudämmen, damit ich nicht schon wieder mit blauen Flecken übersät zur Arbeit gehen musste. Ich rechtfertigte mich gegenüber seinen Anschuldigungen, dass ich mir oft wünschte, ihn doch endlich wirklich mal mit einem Mann zu betrügen. Aber mir stand nicht im Geringsten der Sinn danach. Raulito war nun schon drei Jahre alt und in der Zwischenzeit hatte Raul sogar seinen Aufenthalt in der DDR noch einmal um ein Jahr verlängern lassen können. Meine Eltern hatten sich nun gänzlich aus meinem Leben zurückgezogen. So bekamen sie auch nicht mit, dass ich nun zwischenzeitlich eine Eheschließung beantragt hatte. Raul wollte unbedingt heiraten, da er aber ein Kubaner war, war dies nicht so ganz einfach. Ich musste die dazu nötigen Anträge stellen und er musste sich alle seine Unterlagen aus Kuba schicken lassen. „Wenn wir für immer als Familie zusammenbleiben wollen, müssen wir heiraten, sonst kannst du auch nicht einfach so nach Kuba ausreisen." Erschrocken und erstarrt stand ich da, als er das zu mir sagte, denn nun wusste ich, jetzt machte er ernst und wenn ich ihm jetzt und hier eine Absage erteilte, das würde ich nicht überleben, dann wäre er sicher zu allem fähig. Nur alleine der Gedanke, dass die Zeit, die ihm noch in der DDR verblieb, nicht mehr reichen könnte, machte ihn so rasend. Ich selber hoffte, die Zeit würde nicht mehr reichen, bis die Genehmigung da war. Die Angst ließ mich erstarren. Ja und das obwohl nun in all den Jahren die Angst mein Leben dominierte, trotzdem konnte es immer noch etwas geben, dass aus dieser Angst panische Angst wurde. Ich war beherrscht von der Angst und sie war stärker als alles andere. Nur einzig und allein mein kleiner Sohn hielt mich noch aufrecht. Er war so ein lieber Junge, es gab nie Probleme mit ihm. Er spielte zufrieden, er war glücklich und bekam zum Glück immer noch nichts von den Auseinandersetzungen mit. Raul war ihm jedoch auch ein liebevoller Vater. Das machte er wirklich ausgezeichnet und vor allem war es echt. Da kam die kubanische Kinderliebe komplett durch. Er nahm ihn oft mit vollem Stolz mit zu seinen Landsleuten. Dort war Raulito dann immer der Liebling. Von allen wurde er vergöttert. Da konnte man die Machos beobachten, wie sie sich plötzlich selber wieder in Kinder verwandelten und sogar in Kindersprache mit ihm sprachen. Das gefiel Raulito und er genoss es in vollen Zügen, ständig wurde er herumgereicht und in die Luft geschmissen, geschaukelt und verwöhnt und alles, was ich da sah, war ehrliche, echte Zuneigung. Vielleicht ersetzten sie ihm ja auf diese Art die Großeltern. Ab und zu an den Wochenenden ging ich auch mit und ich wurde auch von allen akzeptiert und respektiert. Sie sahen uns als eine ganz normale Familie und das respektierten sie. Raul war dann selbst auch immer wie ausgewechselt. Dann hatte auch ich immer wieder mal ein paar Glücksmomente. So musste es auch in Kuba sein, sagte ich mir. Alle waren zufrieden und glücklich und zu alledem schien auch noch immer die Sonne. Der Tag unserer Heirat rückte nun immer näher. Alle Genehmigungen waren da und nun musste ich es bald mal meinen Eltern sagen. An einem Nachmittag nach der Arbeit ging ich zu ihnen. Ich sagte auch vorher meiner Schwester Bescheid, damit sie auch da war. Sie begrüßten Raulito und mich ganz normal und nahmen auch mal ihren kleinen Enkel in den Arm und verwöhnten ihn sogar ein bisschen mit Schokolade und Streicheleinheiten. Meine Mutter kochte etwas zum Abendessen und in meinem Hals machte sich ein Knoten breit. Irgendwann kam sie aber doch, die Stunde der Wahrheit. Nach dem Essen sagte ich: „Raul und ich heiraten in zwei Wochen." „Du bist ja verrückt geworden, das ist nicht dein Ernst", sagte meine Schwester. „Nach allem was er dir angetan hat, jetzt wo er doch sowieso bald zurückmuss, musst du ihn dann auch noch heiraten? Ich fasse es nicht, du bist wahnsinnig. Und dann was kommt danach? Gehst du etwa mit ihm nach Kuba? Hast du das etwa wirklich vor?" „Ja, wir sind ja eine Familie und in Kuba wird alles anders, ich weiß es, wirklich." Mein Vater sagte: „Dir ist nicht mehr zu helfen, weißt du denn überhaupt, was dich dort erwartet?" „Ja, Raul hat es mir ja erzählt und seine Eltern schreiben auch immer ganz liebe Briefe und freuen sich schon auf uns." „Und das glaubst du ihm? Er kann dir doch sonst was erzählen, ihm würde ich kein einziges Wort glauben. Wahrscheinlich setzt er dich dort dann mittellos auf die Straße." Bei all den Anschuldigungen gegen Raul tat er mir schon richtig leid und ich stellte mich innerlich nur noch mehr auf seine Seite. „Also mit uns brauchst du nicht zu rechnen, denke bloß nicht, dass wir zu deiner Hochzeit kommen werden." Als ich nach Hause kam, war Raul da und ich erzählte ihm von dem Abend. „Das war doch klar, dass sie dagegen sind. Diese Menschen sind nicht gut für dich. Ich habe dir schon immer gesagt, dass die Deutschen kaltherzig sind. Das ist in Kuba ganz anders. Sobald wir geheiratet haben, beantragst du deine Ausreise." Ich sprach nicht mehr darüber, für mich war es ja nun entschieden. Hatte ich A gesagt, so musste ich auch B sagen, so war es dann eben. Ich wollte auch nicht, dass er sich jetzt nur noch mehr wütend redete. Ich dachte nur, irgendwann würde er sicher mit seiner Eifersucht, mit seinem Jähzorn und dem Prügeln aufhören, aber was war dann mit der Liebe, was passierte damit, konnte ich die dann überhaupt noch aufbringen? War es überhaupt Liebe? Wusste ich das so genau? Ich liebte meinen Sohn, aber die Liebe zu Raul war nicht dasselbe, das Gefühl ihm gegenüber, das manchmal da war, war das die Liebe? Was war Liebe? So könnte es sein, zusammen sein, das war Liebe so wie bei anderen Paaren auch, sonst wären sie nicht zusammen. Aber bedingungslose Liebe bekam ich nur von meinem kleinen Sohn. Wir heirateten an einem Samstag. Meine Oma kam und meine Cousine, alles mütterlicherseits. Das waren die einzigen Gäste, die da waren. Meine Eltern kamen nicht, so wie sie es auch angekündigt hatten, auch nicht meine Schwester. Sie wollten nicht dabei sein, es gab für sie keinen Grund zum Feiern. Man konnte hier auch nicht von einer Feier sprechen, auch wenn ich ein Brautkleid anhatte. Viel davon hatte ich nicht, denn wir gingen nur etwas essen und waren am frühen Abend schon wieder daheim. Wir hatten geheiratet und war ein paar Stunden danach schon wieder zur Tagesordnung übergegangen. Meine Oma blieb noch eine Weile bei uns. Sie war sehr lieb und wir besuchten uns auch sonst in größeren Abständen. Sie war immer begeistert von Raul, sie wusste jedoch nichts über unsere Beziehung. Ich wollte sie nicht damit belasten. Sie mochte Raul, sie mochte Kuba und sie mochte Fidel Castro. Kuba war für sie das Land, in dem der Kommunismus funktionierte, und davon war sie begeistert. Niemals hätte ich ihr das Bild von Raul zerstören können, schließlich liebte auch ich sie. Sie war die Einzige, die mich in meinem Vorhaben bestärkte, denn, wenn man sich schließlich für einen Mann entschied, dann blieb man auch bei ihm. Das waren immer ihre Worte. Aber ich war sicher, wenn sie gewusst hätte, wie er wirklich war, dann hätte auch sie mir abgeraten und ihm vor allem mal ordentlich die Meinung gesagt. Die Tage, Wochen und Monate vergingen. Mein Ausreiseantrag lief in vollen Zügen. Der Staat hatte es nun auf mich als republikfeindlichen Bürger abgesehen mit allen dazugehörigen Repressalien, auch wenn ich nur nach Kuba, in das sogenannte sozialistische Ausland ausreisen wollte. Ich hätte ja schließlich von Kuba aus in die ganze Welt reisen können und somit auch in das feindliche, kapitalistische Ausland. Mit dem Tag meiner Antragstellung auf Ausreise wurde mein Arbeitgeber informiert und damit wurde ich sofort degradiert. Meinen gemütlichen Bürostuhl in einer kaufmännischen Abteilung musste ich nun gegen den Paketdienst eintauschen. Ab sofort durfte ich wieder die Pakete vom Fließband nehmen und verteilen und Postautos ein- und ausladen. Alles das, was ich während meiner Ausbildung zwar machen musste, aber immer gehasst hatte, da wir in einer großen unbeheizten Halle arbeiteten und zudem war dies noch ein harter Job: acht Stunden am Tag schwere Pakete schleppen und voll beladene Postkarren durch die Gegend ziehen. Auch da musste ich mich wieder fügen und tun, was man mir auftrug. Von Diskretion hielt hier niemand was, jeder wusste Bescheid, warum ich nun wieder im Paketdienst war, was wiederum einige der Kollegen dazu trieb, über mich zu tratschen. Ich blieb von keinem Gerücht verschont, so bunt und fantasievoll gestalteten sie ihren Tratsch. Wenigstens war es ihnen so nicht langweilig. Zum Glück konnte ich mich aber auf meine, mir erhalten gebliebene Kontaktfreudigkeit verlassen. So gab es ein paar Kolleginnen, mit denen ich mich schnell anfreundete und die mich sogar auch beneideten, den DDR-Staat endlich verlassen zu können. Was man jedoch nie vorher genau wissen konnte, war das Datum der Ausreise. Es konnte lange dauern und es konnte auch ganz schnell gehen. Das Ausreiseamt schickte mich auch wirklich überall hin, um mich und meinen Sohn abzumelden, frei zu kaufen, um Bescheinigung betteln und Leumundszeugnisse einholen. Ich lernte dabei Behörden in der DDR kennen, von denen ich nicht einmal wusste, dass sie existieren, geschweige denn wofür es sie überhaupt gab. Jeder Einzelne von denen, die ach so gönnerhaft hinter ihrem Schreibtisch hockten, würdigte mich nur mit Verachtung. Das ließen sie mich auch spüren und kosteten dies in vollen Zügen aus. Immer wieder bestellen sie mich umsonst hin, ließen mich ewig warten und im Dunkeln tappen. Kein Einziger wollte mir sagen, wann ich denn mit einer Ausreise rechnen könnte. Für Kuba war das jedoch alles kein Problem, denn auf der kubanischen Botschaft würde ich mein Einreisevisum problemlos bekommen, sobald die Ausreise genehmigt war.

Der Zeitpunkt der endgültigen Rückreise von Raul rückte immer näher. Seine Zeit in der DDR war abgelaufen und eine Verlängerung gab es nicht mehr und war im Grunde genommen auch nicht mehr nötig. Dennoch war uns klar, dass er wohl vor mir nach Kuba fliegen würde. Wir beschlossen auch, alles, was wir besaßen, mit nach Kuba zu nehmen. So bestellten wir einen Container, der einen Monat vor Rauls Abreise zu packen war, damit er noch verschifft werden konnte, denn schließlich hatte er einen langen Weg auf dem Ozean vor sich und sollte wenigstens ungefähr zeitgleich mit uns in Kuba sein. Wir organisierten das alles so, dass sobald unsere Einrichtung im Container verstaut war, meine Freundin Sonja, die auch mit einem Kubaner zusammen war, in unsere Wohnung zog. Sie wollte ohnehin aus ihrer feuchten Wohnung raus und da es auf legalem Wege Jahre dauerte, bis jemand in der DDR eine Wohnung bekam, nahm ich sie als Untermieterin zu mir und wenn ich dann nach Kuba ginge, würde der Mietvertrag auf sie umgeschrieben. Das war zwar nicht legal, aber erfüllte den Zweck für uns alle, denn auch zu befürchten hatte sie dadurch später nichts. Auf die Straße konnte man sie schließlich nicht so einfach setzen. Ihr Freund war schon einige Monate wieder in Kuba, nur hatten sie es nicht geschafft, bei all dem Papierkrieg vorher zu heiraten. Sie versuchten es jedoch im Nachhinein, was sich sehr schwierig gestaltete.

Es war eine sehr anstrengende Zeit, denn Raul forderte auch dann noch immer sein Recht als Ehemann und als sich bei mir immer noch keine Tür auftat und er nun bald zurückmusste, ließ er seinen Zorn wie immer an mir aus. Nun war es so weit, an einem Sommertag im August brachte ich Raul nach Berlin zum Flughafen. In diesem Moment spürte ich eine nicht enden wollende Traurigkeit. Plötzlich war es so weit, er musste weg und Raulito und ich mussten zurückbleiben im Ungewissen. Unser Zuhause schwamm in einem Container auf dem Ozean und keiner von uns wusste, wann wir uns wiedersehen würden. Ich wollte nun auch so schnell wie möglich weg und wäre am liebsten gleich mitgeflogen. Raulito war inzwischen vier Jahre alt. Für ihn war sein Papa jetzt mal schnell weg und ich sagte ihm, dass wir ihn bald wiedersehen würden. Raul hatte ihm seine Heimat immer im schönsten Licht beschrieben. „Raulito, Kuba ist ein schönes Land. Dort ist es immer warm, die Sonne scheint den ganzen Tag, du kannst im Meer baden und immer draußen spielen, deine Großeltern und deine Cousins und Cousinen freuen sich auch schon auf dich." Er erzählte ihm dies alles und Raulito freute sich so sehr darauf. Ich war froh darüber, denn das machte ihn glücklich und wenn ich auch nicht wusste, in was für eine ungewisse Zeit ich ging, so wusste ich doch, dass das, was Raul ihm erzählte, die Wahrheit war. Denn so viel hatte ich inzwischen von der Kinderliebe der Kubaner mitbekommen. Daran gab es keinen Zweifel. Das Flugzeug hob ab und nun war Raul weg. Ich steuerte nur noch auf unsere Ausreise hin. Es vergingen Monate und mit Sonja konnte ich sehr gut zusammenleben. Wir halfen uns, wo wir konnten, und verbrachten viel Zeit zusammen, sogar Weihnachten machten wir uns ein schönes gemütliches Fest mit allem, was dazugehört. Leider blieb es mir nicht erspart, meinen kleinen Sohn und mich noch mal mit Wintersachen einzukleiden. Dass es nun doch noch so lange dauern würde und auch noch einen Winter, damit hatten wir nicht gerechnet. Unsere Möbel waren auch inzwischen auf Kuba eingetroffen und bei seinen Eltern verstaut. Maria besuchte ich jetzt auch wieder regelmäßig und ab und zu meine Eltern. Es war stark spürbar, dass die Tage gezählt waren, an denen wir uns noch sehen konnten. Sie wollten mich zwar allesamt dazu überreden, die Ausreise zurückzuziehen, aber sie schafften es nicht. Ich war nun fest entschlossen, ich wollte mit Raulito zu Raul und seiner Familie nach Kuba. Alle meine Vorstellungen über dieses Land, in dem unsere Beziehung sich endlich erholt, sollten doch wahr werden. Das war es doch, was mich die ganzen Jahre zu Raul hat halten lassen. Obwohl auch mich immer wieder, wenn ich bei Maria war, eine Wehmut überkam, denn die

Vorstellung ganz weit weg zu sein, war auch mir manchmal etwas zu viel. Dieses absolut Endgültige war mir zu diesem Zeitpunkt nicht ganz bewusst. Denn niemand wusste, ob ich jemals als Republikfeind zurückkommen könnte, denn die erzwungene Einbürgerung meines Vaters war auf einmal wieder gegenwärtig.

Raul und ich schrieben uns regelmäßig Briefe, sodass wir fast jede Woche voneinander Post bekamen. In seinen Briefen fiel nie ein böses Wort und er verging fast vor Sehnsucht nach uns. Es beschlich ihn auch die Angst, dass wir vielleicht doch nicht mehr kommen würden. Dennoch konnte ich ihm nicht meinen Missmut über unsere Ausreise zum Ausdruck bringen, denn die Briefe wurden gelesen und wenn ich etwas Negatives über die DDR geschrieben hätte, dann hätte Raul meine Briefe nie bekommen. An einem Tag im Februar war es endlich so weit. Ich bekam einen Brief, der mich aufforderte, auf dem Amt zu erscheinen. Endlich bekam ich unsere lang ersehnte Ausreisegenehmigung. Innerhalb von 14 Tagen hatte ich die DDR zu verlassen. Verglichen mit anderen Ausreisenden hatte ich eher noch viel Zeit, denn es gab Leute, die in 24 Stunden weg sein mussten. Aber trotzdem waren auch die 14 Tage nicht viel bei der weiten Reise, da ich noch nach Berlin auf die kubanische Botschaft musste, um das Einreisevisum für uns zu bekommen, was nicht ohne Termin ging, und die Flüge mussten auch noch gebucht werden. Nach dieser langen Zeit des Wartens waren diese zwei Wochen für mich die traurigste Zeit. Die Zeit des Abschiedes, denn unsere Tickets waren One-Way-Tickets.

Ich musste Raul ein Telegramm schicken in der Hoffnung, dass er es auch erhält, denn für einen Brief, der vier Wochen unterwegs war, hätte die Zeit nicht mehr gereicht. Raulito war überglücklich mit der Freude, bald seinen Papa wiederzusehen. Überall erzählte er: „Wir gehen nach Kuba zu meinem Papa." Es war so schön, ihn so glücklich zu sehen, aber ich wusste dennoch, dass er sich sicher nicht vorstellen konnte, wie weit wir weggingen. Unser Gepäck musste ich so zusammenstellen, dass wir die 40 kg nicht überschritten. In der Zwischenzeit hatte sich aber schon wieder so viel an Kleidung angesammelt, dass ich einiges zurücklassen musste. Es war der 22. Februar 1986, der Tag, an dem wir abflogen. Bei meinen Eltern hatte ich mich am Abend zuvor verabschiedet. Meine Mutter war so traurig, dass sie fasst kein Wort herausbrachte. Sie wusste, es gab an dieser Entscheidung nichts mehr zu ändern. Das schien sie fasst ohnmächtig werden zu lassen. In ihren Augen las ich: Eine Mutter bleibt immer die Mutter und ich werde immer ihr Kind bleiben, ganz egal was auch passiert war. Sie tat mir so unendlich leid, sie konnte sich meinem Vater nie widersetzen und nun, wo ich für immer wegging, hoffte ich, dass meine Schwester sich ihrer annahm. Sie sagte: „Wann geht euer Zug morgen früh nach Berlin zum Flughafen?" „Wir müssen den Zug um acht nehmen, da wir sonst den Flieger am Nachmittag nicht schaffen, wenn wir einen Zug später fahren würden." „Lebwohl mein Kind und schreibe bitte sofort, wenn ihr angekommen seid!" Mein Vater behielt die ganze Zeit die Fassung, er verabschiedete sich von uns, wünschte uns alles Gute und gab mir 50 Deutsche Mark. „Man weiß ja nie was passiert und mit dem Geld kannst du überall bezahlen." Am nächsten Morgen begleiteten mich meine Schwester, ihr Sohn Max und Sonja. Ich war so froh, dass sie sich die Mühe machten, uns bis nach Berlin zu bringen, denn schließlich mussten sie ja dann auch noch anschließend zwei Stunden Rückfahrt in Kauf nehmen. So selten wie es bei uns in Leipzig schneite, schneite es ausgerechnet an diesem 22. Februar unentwegt. Es war sehr kalt und wir fuhren alle zusammen schon um sieben Uhr auf den Leipziger Hauptbahnhof. Es war das reinste Caos. Die Züge standen alle auf den Gleisen, die nicht in unseren Tickets angegeben waren. Sicher waren überall die Weichen gefroren und man musste wieder mal improvisieren. Wir rannten zu fünft durch den Bahnhof und suchten unseren Zug. Die Kinder mussten wir auf den Arm nehmen, dazu kam noch mein Gepäck, zwei Koffer, eine Reisetasche, ein Rucksack und die Gitarre von Raulito. Niemand war in der Nähe, den man hätte fragen können – und obwohl wir noch Zeit gehabt hätten, wussten wir intuitiv, dass wir uns beeilen mussten. Irgendetwas trieb uns, da wir uns denken konnten, dass die Deutsche Bahn die Fahrpläne überraschend geändert hatte. Auf die Kälte und den Schnee waren sie nicht vorbereitet und selbst wenn, standen dagegen kaum Mittel zur Verfügung. Also hieß es rennen und irgendwie zusammenbleiben. Endlich fanden wir einen Zug, der unserer zu sein schien. Die Schaffnerin stand schon davor, hielt ihre Kelle nach oben und pfiff. In diesem Moment erst erkannte ich den Ernst der Lage und wusste, wenn der Zug weg war, dann auch unser Flugzeug und damit unser letztes Geld, das ich für die Tickets ausgegeben habe. Ich schrie und schrie und schrie: „Haaaaaalt, stoppen Sie den Zug, sie müssen den Zug stoppen, wir müssen unbedingt mit"! Die Schaffnerin war so erschrocken, dass sie nun nur noch in ihre Pfeife pfiff, die ihr um den Hals hing. Wie sah das wohl aus, drei Erwachsenen beladen mit Gepäck und zwei davon mit einem Kind auf dem Arm, schreiend und rennend auf dem Leipziger Hauptbahnhof. Der Zug stoppte ruckartig, die Schaffnerin riss die Tür auf. „Beeilt euch, das ist heute der letzte Zug, der nach Berlin geht." Diese elenden hohen Treppen in einem Zug, die einem das Einsteigen so schwer machen und das Gefühl hinterließen, dass man daneben tritt. Ich stieg als Letzte ein, aber während dem Einsteigen von Sonja und meiner Schwester hielt ich die ganze Zeit an ihrer Hand, das gab mir das Gefühl, dass ich da auch noch rein muss. Wir standen nun im Zug und flogen erst mal über mein Gepäck, die Schaffnerin rannte neben dem Zug her und schrie: „Schließen Sie die Tür, um Himmels willen schließen Sie die Tür." Obwohl der Zug nur langsam anfuhr, schaffte sie es nicht, von außen die Tür zu schließen, und ich wusste mit meinen 22 Jahren nicht mal, wie man eine Tür im Zug zumachte. Plötzlich glaubte ich, nicht richtig zu sehen, meine Eltern rannten neben dem Zug her. Sie hatten nun die Zugtür erreicht, die immer noch offen stand, und ich streckte meine Hand zu meiner Mutter. Für mich ein unendlich langer Augenblick des nicht Loslassens. „Mein Kind, mein Kind, geh nicht weg!" Sie weinte, ich weinte. Ich schrie: „Mutti lass mich los, der Zug wird schneller, lass mich los." Sie ließ einfach meine Hand nicht los und mein Vater rannte die ganze Zeit hinter ihr und mit ihm die Schaffnerin, die wiederum schrie: „Türen schließen!" Maria zog mich von hinten zurück und schloss endlich mit ihrer ganzen Kraft die Tür. Was für ein Drama, was für ein trauriger Abschied. Meine Eltern waren tatsächlich noch mal zum Bahnhof gekommen. In diesem Moment verzieh ich ihnen alles und erkannte, dass es ihnen wirklich wehtat, dass ich für immer ging. In der Zwischenzeit hatten sich genug Leute im Zug zu einer Menschentraube gebildet, die das ganze Schauspiel beobachteten. Ich konnte nun meine Tränen nicht mehr zurückhalten und schluchzte nur noch. Zum Glück war unseren Kindern nichts passiert, denn ich fragte mich, wo sie die ganze Zeit waren. Gar nicht auszudenken, was hätte passieren können. Die Fahrt verlief länger als geplant, immer wieder waren die Weichen vereist. Wir waren dann gegen Mittag am Flughafen Berlin Schönefeld. Zum ersten Mal in meinem Leben war ich auf einem Flughafen und ich fand es sehr spannend. Die vielen Menschen verschiedener Nationalitäten, das war so aufregend und interessant für mich. Wir erfuhren nun, dass mein Flug drei Stunden Verspätung haben würde. Dreißig Minuten später hieß es, dass wir vor 20 Uhr nicht fliegen können, denn es schneite ununterbrochen. Maria entschied sich, nun doch zurückzufahren, da sie noch einen langen Weg vor sich hatte und auch nicht wusste, was für eine lange Rückreise nun noch vor ihr lag. Sonja war ebenfalls dieser Meinung und uns war allen klar, dass es wohl das Beste war. Wir verabschiedeten uns alle unter Tränen, Maria gab mir ihren Ring und ich gab ihr meinen. „Damit du immer an mich denkst, mein Schwesterchen." Das war wirklich eine gute Idee von ihr. Raulito und Max gaben sich ein Küsschen und wir winkten ihnen so lange zu, bis nichts mehr von ihnen zu sehen war. Ich blieb mit Raulito allein zurück und da stand ich nun mit meinem ganzen Gepäck, das ich mit meinen zwei Händen gar nicht tragen konnte. Ein Gepäckwagen war auch nirgends aufzutreiben, so blieb uns nichts anderes übrig, als uns auf die Bänke zu setzen und zu warten. Nach fünf Minuten dann die Durchsage. Vor morgen früh ging kein einziger Flug mehr, alle Passagiere sollten sich im Flughafenrestaurant einfinden, wo sie mit einem kleinen Imbiss versorgt werden. Ich starte die ganze Zeit den Ring von Maria an und dachte nur, zum Glück waren sie gegangen, und hoffte, dass sie noch einen Zug erwischten, der heute noch zurück nach Leipzig fährt. Aber was sollte ich jetzt hier die ganze Nacht machen und hoffentlich würden Raul so lange auf uns in Havanna warten. Es war eine nicht enden wollende Nacht. Wir versuchten, auf den Bänken zu schlafen. Raulito lag auf meinem Schoß und ich hatte ständig mit einem Auge unser Gepäck im Visier. Schlafen konnten wir nicht recht, da ich auch Angst hatte, den Flug vielleicht noch zu verpassen. Früh um vier Uhr hörten wir endlich die lang ersehnte Durchsage. Es ging endlich los. Wir hatten nun 22 Stunden Verspätung, als das Flugzeug abhob. Müde waren wir nicht, da wir beide viel zu aufgeregt waren, denn es war unser erster Flug im Leben. Im Flugzeug selbst ging es ziemlich laut zu, da eine ganze Gruppe Kubaner mit uns flog. Schnell war auch hier Raulito wieder der Mittelpunkt und fast jeder von ihnen kam zu uns an den Platz, um mit ihm zu spielen oder rumzualbern. Alle interessierten sich für unsere Geschichte, wieso wir nach Kuba auswanderten. Fernando, ein Kubaner, der direkt vor uns saß, war besonders hingerissen von Raulito und von seinen blauen Augen. Er alberte die ganze Zeit mit ihm und sang ihm kubanische Kinderlieder vor. Es war einfach so unterhaltsam, das mit anzusehen und anzuhören. In Kanada hatten wir Zwischenlandung und auch hier schien die Warterei wieder kein Ende zu nehmen. Wir mussten noch einmal drei Stunden bis zum Weiterflug warten, da sich eine Deutsche aus der DDR abgesetzt hatte und den Weiterflug verweigerte. Auf kanadischem Boden war sie frei und plante so anscheinend ihre Ausreise in die BRD. Zwar auf Umwegen, aber wenigstens ohne Repressalien, die mit einer Ausreise aus der DDR zusammenhingen. Nun endlich waren auch diese drei Stunden überstanden und wir konnten endlich unserem Ziel entgegenfliegen.

Kapitel 3

Zum Anflug unserer Landung gerieten alle Kubaner an Bord ins Schwärmen. Sie freuten sich alle auf ihre Heimat. Die Sicht war so klar, dass man das Land mit den Palmen und den Feldern gut sehen konnte. Als wir ausstiegen, war es sehr heiß, etwa 30 Grad und natürlich hatten wir viel zu viel an. Nachdem wir unser Gepäck hatten, gingen wir hinaus. Fernando wich uns nicht mehr von der Seite und half uns, wo er konnte. So schön und hilfreich das auch war von ihm, aber mich überkam schon wieder dieses Gefühl der Angst, wenn mein Mann das sehen würde, wie sollte ich ihm denn so schnell erklären, wer Fernando war. Ich konnte jedoch seine Hilfe nicht ablehnen, hatten wir doch so einen angenehmen Flug mit ihm, so konnte ich ihn jetzt unmöglich einfach ignorieren. Alle Kubaner wurden von ihren Familien empfangen und es herrschten ein enormer Lärm um uns herum. Meine Blicke suchten nach Raul, aber ich konnte ihn nirgendwo sehen. Raulito und ich standen da voll bepackt und rührten uns nicht von der Stelle in der Hoffnung, dass Raul uns in diesem Durcheinander sah. Nach einer halben Stunde leerte sich die Halle etwas und wir gingen hinaus. Fernando stellte uns seiner Familie vor. Wo war nur mein Mann, ich glaubte es nicht, wir standen hier in einem fremden Land, die Sprache verstanden wir nicht und niemand war da, der uns abholte. Ich fühlte mich so elend, diese Hitze, die Sonne, die uns enorm blendete, diese stickige Luft, meine Haare hingen wie Schnittlauch an mir herunter. Wir hatten Jeans an und trugen Turnschuhe und einen langärmligen Pullover. Diese verdammten Hosen, die keinen Luftzug an meine Haut ließen, machten mich fast verrückt. Raulito klammerte sich mit einer Hand an mich und mit der anderen hielt er seine kleine grüne Maus, ein Stofftierchen, fest. Um uns herum nur Kubaner, alles war so fremd und ich bekam Angst. Wir waren nun schon über 48 Stunden unterwegs und ich hatte fast nichts gegessen und überhaupt nicht geschlafen. Jetzt spürte ich meine Erschöpfung. Fernando verabschiedete sich von uns. „Ich muss nun gehen, meine Familie wartet auf mich, was willst du machen? Ist dein Mann noch nicht da?" „Nein er ist nicht da." Mir schossen die Tränen in die Augen und ich sagte. „Ich nehme ein Taxi." „Aber weißt du denn überhaupt, wohin du musst? „Ja, die Adresse habe ich, ich muss nach Santa Clara." „Aber das sind über 300 Kilometer. Das wird schwer, ein Taxi zu finden, das euch so weit fährt und das ist auch nicht ganz ungefährlich." „Kannst du uns nicht noch schnell ein Taxi organisieren. Die Familie meines Mannes wird das dann schon bezahlen." In Gedanken erinnerte ich mich an die 50 Deutsche Mark von meinem Vater. Notfalls zahle ich mit denen. Fernando redete mit einem älteren Mann und kam dann wieder zu uns zurück. „Ich habe euch ein Taxi organisiert. Der Mann dort wird euch nach Santa Clara fahren. Ich habe ihm gesagt, dass er auf euch aufpassen soll und euch heil zu deiner Familie bringt." Nun war der Flughafen endgültig leer und nur noch mein kleiner Sohn und ich und unser Gepäck standen verloren in der heißen Sonne herum. Der Taxifahrer kam auf uns zu, lud unser Gepäck ein und wir nahmen auf dem Rücksitz wortlos und verschüchtert Platz. Er machte jedoch wirklich einen soliden Eindruck. Das Taxi war ein uralter, rotweißer, amerikanischer Schlitten. Nicht gerade vertrauenerweckend aber was soll's. Die Vordersitze waren eine durchgehende Lederbank, was ich noch nie gesehen hatte und es war unsagbar heiß und laut in diesem Auto. Unser Taxifahrer hatte alle Anweisungen von Fernando bekommen und von mir bekam er nur wortlos meinen Kofferanhänger, auf welchem mein Name und die Adresse von meinem Mann in Santa Clara standen, damit er auch wusste, wo er uns hinfahren sollte. Ich selber machte mir kein Bild von der Strecke, die vor uns lag. Was waren schon 300 Kilometer, das hatten wir doch in drei Stunden hinter uns gebracht. So zumindest bei deutschen Straßenverhältnissen und Autobahnen. Nach ungefähr zehn Minuten hielt unser Taxifahrer vor einem großen, alten Haus mit Vorgarten an. Er stieg aus und sagte etwas auf Spanisch zu mir. Ich verstand kein Wort, aber er machte eine Geste mit der Hand, was wahrscheinlich zu bedeuten hatte, dass wir einen Moment warten und im Auto sitzen bleiben sollen. Ich ließ ihn nicht aus den Augen. Er ging auf den Hauseingang zu, wo auch schon eine Frau auf ihn wartete. Sie diskutierten hektisch, was ja bei den Kubanern normal ist und mir kam es wie eine Ewigkeit vor. Plötzlich gingen beide ins Haus und ich sah nichts mehr von ihnen. In meinem Kopf schwirrten mir die Gedanken chaotisch durcheinander. Er würde uns doch wohl nicht hier einfach so sitzen lassen. Ich wusste nur, dass ich das Taxi vor Santa Clara nicht mehr verlassen würde. Er musste zurückkommen, schließlich war es sein wertvolles Auto, auch wenn wir jetzt darinsaßen. Was hatte das nur zu bedeuten, wäre doch nur Fernando noch dagewesen. Nach einer Weile kehrte er zurück, seine Frau stand am Hauseingang und verabschiedete sich von ihm. Endlich kam er zurück. Er stieg ein, sagte etwas, was ich wieder nicht verstand, aber es hatte was Beruhigendes. Sicher hat er nur seiner Familie Bescheid gesagt, dass er länger unterwegs war, da er anscheinend wusste, wie lange diese 300 Kilometer auf kubanischen Straßen dauern würden. In seiner Hand hielt er etwas Essbares, es sah aus wie eine kleine Boulette, er bot es uns an, aber ich nahm nichts. Dann bot er uns aus einer verbeulten Aluminiumkanne Wasser an und ich lehnte wieder mit einer Handbewegung ab. Raulito nahm einen Schluck und das war auch gut so, dass er etwas trank. Nicht dass ich Bedenken hatte, er würde uns etwas unterjubeln, aber ich war wie versteinert und so stark auf alles um uns herum konzentriert, dass ich mich durch nichts ablenken lassen wollte. Wir fuhren nun los und schaukelten erst einmal fast eine Stunde durch Havanna mit einem kurzen Stopp zum Tanken. Bei dieser Hitze waren die Fenster im Taxi alle geöffnet. So blieben mir auch der Fahrtwind und der Lärm von draußen nicht erspart. Aber das war jetzt auch schon egal. Raulito lag zusammengerollt mit dem Kopf auf meinem Schoß und schlief. Er sah so friedlich aus, aber auch erschöpft. Seine Haare klebten förmlich auf seinem kleinen Kopf. Ich schaute die ganze Zeit nach vorne zu unserem Taxifahrer. Wo waren wir hier nur, diese Straßen – fuhren die denn nie auf eine Autobahn. Wo war nur mein Mann, warum war mein Mann nicht zum Flughafen gekommen? Was war passiert? Wieso hatte er uns da alleine stehen lassen? Er wusste doch, dass wir hier völlig fremd waren. Hatte ich ihn vielleicht doch übersehen? Um Himmels willen alles, nur das nicht. Ich wusste es nicht. All diese Gedanken ließen mich nicht mehr los. Kaum, dass wir zehn Minuten auf einer Autobahn fuhren, verließen wir diese auch schon wieder. Nicht weil wir abbiegen mussten, sondern sie hörte eben einfach so auf und die Fahrt ging weiter auf Asphaltstraßen mit riesengroßen Löchern und auf Straßen die nur feste Erde waren. Links und rechts sah ich die wirklich schöne Landschaft mit wunderschönen, großen Palmen und hier und da eine kleine Holzhütte. Ich dachte, was für niedliche, kleine Gartenlauben die Kubaner doch haben. Zu diesem Zeitpunkt wusste ich noch nicht, dass dies ihre Wohnhäuser waren. Allmählich fing es an zu dämmern und schnell wurde es dunkel. Ich sah nun nichts mehr, denn es gab keine Straßenbeleuchtung. Lediglich die Scheinwerfer vom Taxi erhellten dem Fahrer die Straße. Es kam uns auch die ganze Strecke über kein einziges Auto entgegen. Diese Dunkelheit und wir waren immer noch nicht da. Ich konnte kein Auge zu machen, ich blieb wach. Santa Clara hatten wir schon vor einer Weile hinter uns gelassen und hier waren wir in Camajuani, ein kleines Dorf. Es war bereits früh morgens vier Uhr, als das Taxi in einer etwas breiteren Straße aus blanker Erde vor einem kleinen Haus anhielt. Er stieg aus und ich bekam irgendwie nicht mit, warum. Ich sah, wie er an der Tür klopfte und etwas rief, lauter und immer lauter. Plötzlich kam ein alter Mann, verschlafen, auf dem Kopf einen Sombrero, aus dem Haus. Ich hörte, wie der Taxifahrer meinen Namen sagte und der alte Mann ihm antworte. Aus seinen Worten verstand ich nur „No, no" und „Havanna". Aha, wir waren da und ich sah, wie der Taxifahrer dem alten Mann immer wieder meinen Kofferanhänger zeigte. In der Zwischenzeit kamen noch einige Leute aus diesem und aus dem Nachbarhaus. Jetzt erst begriff ich, dass er nach mir fragte, da ja mein Name darauf stand. Ich stieg aus, das erste Mal, seit ich in Havanna eingestiegen war.

„Ich bin Petra, das bin doch ich" Aber niemand verstand mich, na ja aber nun sahen sie mich und ihnen war jetzt auch klar, dass Petra und Raulito aus der DDR da waren, nur ohne Raul. Alle waren hellwach, Rauls Bruder Ricardo war auch dabei und selbst ich hatte im ersten Moment gedacht, es wäre Raul, so eine verblüffende Ähnlichkeit bestand zwischen den beiden. Ich stand immer noch am Taxi und holte nun meinen kleinen allerliebsten Schatz aus dem Auto, der nun auch aufgewacht war. Ich bekam noch am Rande mit, wie Rauls Vater, welcher der alte Mann war, dem Taxifahrer etwas gab und ihn ins Haus brachte. Später erfuhr ich, dass er auch im Haus übernachtet hatte. Raulito rannte auf Ricardo zu und rief Papi, Papi. Es dauerte eine Weile, bis er merkte, dass es nicht sein Papi war. Das war einfach unglaublich. Alle stürmten jetzt auf uns ein, Laura, die Schwester von Raul, mit ihrer Familie, die im Nachbarhaus wohnte, Marisol und Teo, die Eltern von Raul, und überhäuften uns mit Fragen, die wir wieder nicht verstanden. Wir gingen ins Haus und ich sah, dass es sehr bescheiden war. Im Eingang befanden sich nur zwei uralte Schaukelstühle und ein Fernsehapparat. Plötzlich gingen wir alle nach nebenan in das Haus von Laura, ihrem Mann Leonardo und ihren zwei Kindern. Raulito und ich saßen zu zweit auf einem Schaukelstuhl. Er klammerte sich an mich fest und ließ mich nicht mehr los. Er war völlig verschreckt, so viele Leute, die so durcheinanderredeten und in einer Sprache, die wir nicht verstanden. Aber die ganze Familie lachte und war so lieb zu uns. Sie versuchten, herauszufinden, was passiert war, und wieso wir allein ohne Raul da waren. Mit einem Spielflugzeug, was Ricardo brachte, versuchte ich, es zu erklären. Ich begriff nur, dass sie mir damit sagen wollten, dass Raul in Havanna war und auf uns wartete. Aber das alles konnte mir nicht erklären, wieso er nicht am Flughafen war. Raulito weinte und erst als Ricardo ihm das Motorrad seines Vaters zeigte, das er aus der DDR mit nach Kuba verschifft hatte, beruhigte er sich wieder. Hier und da standen einige Dinge aus unserer Wohnung, sodass es ihm nun doch so langsam vertraut vorkam. Ich gab ihnen mit Händen und Füssen zu verstehen, dass ich nicht eher schlafen ginge, bis Raul da wäre. Ich konnte mir das nicht vorstellen, in so einer Fremde allein ins Bett zu gehen. Sie jedoch versuchten, mir klarzumachen, dass das noch Stunden dauern könnte, denn woher sollte Raul denn wissen, wo ich war. Er wäre extra ein paar Tage vorher zu seinem Bruder nach Havanna gefahren. Das wurde mir dann auch klar. Wir gingen dann gegen halb sechs alle schlafen. Raulito und ich wurden in ein kleines Zimmer geführt, wo gerade ein großes und ein kleines Bett Platz hatten.

Raul war inzwischen in Havanna auf dem Flughafen und als er fragte, ob denn nun die Maschine aus der DDR schon gelandet sei, sagte man ihm: „Ja schon vor 14 Stunden." Raul sagte: „Aber ich war doch hier und Sie sagten mir ich, könnte wieder nach Hause gehen. Das Flugzeug hat enorme Verspätung. Wo ist die deutsche Frau mit dem Kind, die mit diesem Flug gelandet ist?" „Da war keine Deutsche dabei", sagte die Frau vom Flughafenpersonal. „Natürlich da muss eine deutsche Frau mit einem Kind dabei gewesen sein, bitte überlegen Sie genau oder sehen Sie sich die Passagierlisten an." „Moment mal, es waren so viele Leute, ich frage meine Kollegin." Die Kollegin kam, „Ja, doch ich erinnere mich, es war eine Deutsche mit einem Kind dabei, sie stand bis zuletzt noch hier, als schon fast alle gegangen waren." „Wie sah sie aus?" „Das weiß ich nicht mehr so genau, aber sie hatte bei ihrem Gepäck eine Gitarre und der Junge hatte ein grünes Stofftier in den Händen." „Das sind sie, ja das sind sie, aber wo sind sie jetzt? Wo um Himmels willen sind sie jetzt hin? Wenn ihnen was passiert ist!" „Ich glaube, sie sind mit einem Taxi weggefahren." „Mit einem Taxi? Das ist doch nicht Ihr Ernst? Wissen Sie, was das bedeutet, wenn der Taxifahrer sie vielleicht unterwegs einfach rausgeschmissen hat oder ihnen sonst was angetan hat. Wie konnten Sie eine Fremde mit einem kleinen Kind einfach so mit einem Taxi wegfahren lassen." „Machen Sie sich keine Gedanken, hier verkehren nur uns bekannte Taxifahrer und so wie es aussah, wird er sie wohl direkt nach Hause gefahren haben." Raul war außer sich, aber er hatte keine andere Wahl, als auf dem schnellsten Weg nach Santa Clara, Camajuani zu fahren in der Hoffnung, dass ich und sein Sohn dort angekommen waren.

Ich konnte kaum schlafen und als es hell wurde, hörte ich immer mehr Stimmen, oe, wie viele Leute wohnten hier in diesem Haus? Ich hörte die Hähne krähen, das Dach lag nur auf dem Haus auf, sodass ich auch die Stimmen vom Hof und von der Straße hören konnte. Es war ungefähr neun Uhr. Ich traute mich nicht, aufzustehen. Wo war ich hier, ich spürte diese Endgültigkeit, die mich erstarren ließ. Ich konnte nicht mehr zurück, es gab kein Zurück mehr. Ich wünschte, ich hätte das alles nur geträumt, aber es war Wirklichkeit. Was hatte ich getan? Niemals zuvor war mir das so bewusst wie jetzt. Wir befanden uns so weit weg von unserer Heimat und mussten das jetzt irgendwie durchstehen. Ich lag da wie gelähmt, Raulito schlief noch. Ich hatte das Gefühl, unter Schock zu stehen. Noch immer wagte ich nicht, aufzustehen. Ich hörte die Familie in der Küche sprechen, denn es trennte uns nur ein Vorhang. Immer wieder merkte ich, wie jemand den Vorhang vorsichtig zur Seite schob, schnell schloss ich wieder die Augen und stellte mich schlafend. Mit einem Mal wurde es lauter, oh mein Gott diese Schockstarre. Auf einmal öffnete sich der andere Vorhang, welcher uns vom Flur trennte und Raul kam rein. Er war außer sich vor Freude und ließ sich direkt aufs Bett fallen und umarmte uns natürlich unter Beobachtung der ganzen Familie, die nun den Vorhang komplett zur Seite geschoben hatte. Ich fühlte eine enorme Erleichterung. Raulito war so glücklich, seinen Papa wiederzusehen. „Raulito mi Amor, gib deinem Papi einen Kuss. Petra, was ist passiert? Wieso hast du nicht auf mich gewartet am Flughafen?" Nach dem ich ihm alles erklärt hatte, erfuhren wir, dass Raul schon zwei Tage vorher zu seinem Bruder nach Havanna gefahren war, um auch dann, wenn wir da waren, mit uns zwei Wochen bei ihm zu verbringen. Er erfuhr am Flughafen, dass das Flugzeug Verspätung hatte und ging deshalb zurück zu seinem Bruder. Nur hatte man ihm eine falsche Ankunftszeit genannt, sodass er dann erst kam, als das Flugzeug längst gelandet war. Endlich konnten wir aufstehen. Ich fühlte mich noch nicht so richtig wohl, aber wenigstens war Raul da er uns jetzt auch bei der Verständigung helfen konnte. Wir wurden nun von allen möglichen herbeigerufenen Familienmitgliedern begutachtet. Sie strahlten alle Glückseligkeit aus. Natürlich waren sie alle neugierig auf uns und sie überhäuften Raulito mit Küssen. Raulito und ich saßen in der ärmlichen Küche am Tisch. Marisol kochte uns Milch und Kaffee, während Raulito mich fragte, „Mama wann gehen wir wieder nach Hause?" Ich war nicht fähig, ihm zu antworten. In dieser Küche standen nur ein Tisch mit zwei Stühlen, ein Kühlschrank und eine betonierte Ablagefläche mit einem eingelassenen Becken und auf der ein Eisengerüst mit zwei Flammen stand, was der Kochherd war. Dieser hatte seitlich einen Tank, der mit Petroleum gefüllt war. Das Haus war nicht sehr groß. Wir hatten ein Zimmer für uns zu dritt, wo nur unsere Betten darin Platz hatten, getrennt mit einem Vorhang zur Küche und zum Flur. Ein Zimmer war von Rauls Eltern und ein Salon für uns alle. Das Bad war nur ein betonierter Raum mit einem WC und einem Becken am Boden aus Beton. Einen Wasserhahn gab es nicht, zum Duschen mussten wir uns einen Trog mit Wasser in das Becken stellen, aus dem wir dann schöpften, uns abseiften und dann das Wasser über uns gossen, wenigstens hatte dieses Becken einen Abfluss. Unsere Möbel hatte Raul in einer Abstellkammer im Haus verstaut, benutzen konnten wir sie jedoch nicht. Unsere Ankunft hatte ein ziemliches Durcheinander verbreitet. Immer wieder kamen die Leute aus der Nachbarschaft, um uns zu begrüßen, und alle brachten uns sehr viel Herzlichkeit entgegen. Da Raul geplant hatte, mit uns nach unserer Ankunft in Havanna zu bleiben, machten wir uns auch am Abend auf diese beschwerliche Reise. Es war ein langer umständlicher Weg erst mal bis nach Santa Clara zur Busstation zu kommen. Ein Busbahnhof gefüllt mit Menschenmengen. Es war dunkel und laut. Wir mussten eine Nummer ziehen, um irgendwann mal mit einem Bus mitkommen zu können. Das könnte noch viele Stunden dauern. Es war sehr heiß und ich merkte nun, dass mir der Schlaf fehlte. Bis auf die paar Stunden am Morgen hatte ich schon über zwei Tage nicht geschlafen. Ich war so erschöpft, dass ich während des Laufes einschlief und immer wieder sackte ich zusammen und fiel einfach hin. Raul entschied nun, dass wir einen der teuren Reisebusse nehmen würden, und so kamen wir dann endlich nach Stunden von diesem Busbahnhof weg und fuhren nach Havanna. Am nächsten Morgen kamen wir an. Sein Bruder Armando lebte mit seiner Frau allein in einem, für kubanische Verhältnisse, schönen modernen Wohnblock. Sie waren sehr herzlich zu uns und versorgten uns mit wunderbaren, kubanischen Köstlichkeiten. Ich wusste da noch nicht, dass dies eine große Seltenheit war und Hunger in der Zukunft zu unserem Alltag gehören würde. Endlich konnte ich mich ausschlafen und nach 14 Stunden Schlaf konnte ich mich nicht mehr bewegen. Ich hatte höllische Rückenschmerzen und konnte alleine nicht aufstehen. Nach einigen Stunden gingen wir dann zum Arzt. Mein erster Arztbesuch auf Kuba. Die ärztliche Versorgung auf Kuba war sehr gut organisiert. Jeder wurde behandelt ohne Bezahlung. Das war eines des Erbes nach der kubanischen Revolution. Die Krankenstation war sehr bescheiden, aber dennoch sauber und ich bekam eine Spritze, die mich glücklicherweise wieder zum Leben erweckte. Nach den zwei Wochen fuhren wir wieder nach Camajuani zurück. Ich dachte, die Zeit wäre gezählt, die wir bei seinen Eltern wohnen würden, und freute mich, schon auch bald so eine schöne Wohnung wie Armando in Havanna zu haben. Wir mussten nun erst mal zur Immigration, um uns anzumelden. Wir fuhren nach Santa Clara, dieses Mal jedoch zu dritt auf dem Motorrad. Als wir eintraten, begrüßte uns ein kubanischer, uniformierter Mann mittleren Alters. Als ich meinen Stempel für den unbefristeten Aufenthalt auf Kuba in meinen Pass bekam, war noch alles in Ordnung. Plötzlich holte er einen kubanischen Pass hervor, der auf meinen Sohn ausgestellt war, und übergab ihn meinem Mann. Ich sagte mit meinen wenigen Spanischkenntnissen: „Das brauchen wir nicht, mein Sohn steht in meinem Pass und er ist deutscher Staatsbürger, er braucht keinen kubanischen Pass." „Ihr Sohn ist das Kind eines Kubaners und sobald er kubanischen Boden betritt, ist er kubanischer Staatsbürger und deshalb bekommt er seinen eigenen kubanischen Pass." „Nein, ich will diesen Pass nicht, behalten Sie ihn, mein Sohn ist Deutscher." Mein Mann sah mich ganz entsetzt an, denn ihm war es sichtlich peinlich und zu meinem Erstaunen zeigte sich seine Unterwürfigkeit gegenüber kubanischen Behörden. So musste ich aussehen, wenn ich bei seinen gewalttätigen Angriffen in Angst und Panik war. Ich hatte ihn so noch nie gesehen. Er wollte mich beruhigen, aber ich begriff nur zu gut, was das für mich für Folgen haben würde. Der Beamte sagte nun: „Nehmen Sie jetzt diesen Pass, denn ohne ihn wird er Kuba nicht mehr verlassen können, so wie alle anderen Kubaner." Ich erstarrte vor Entsetzen und fühlte, wie ich diesem Land ausgeliefert war, auch wenn ich Deutsche war und blieb, aber mein Sohn hatte mit einem Mal alle Rechte von Deutschland verloren, einfach so von einem kubanischen Beamten entschieden. Raul banalisierte das Ganze mir gegenüber und ich merkte, wie er wütend wurde, nur zu gut konnte ich mich noch an seine Wutausbrüche erinnern. Ich versuchte, diesen Pass zu ignorieren, und verbannte die daran geknüpften Umstände vorerst aus meinem Gedächtnis. In der nächsten Zeit fing für uns der kubanische Alltag an. Raulito lernte spielend schnell spanisch mit den anderen Kindern. Bei mir dauerte es etwas länger, aber ich konnte mich nun gut verständigen. Jedes Wort schaute ich in meinen schlauen Büchern nach, um auch die Schreibweise zu lernen. Raul ging jetzt wieder arbeiten und wir wohnten nun mit seinen Eltern zusammen. „Warum hast du es denn nicht geschafft in der ganzen Zeit, die du schon hier bist, für uns eine Wohnung zu suchen. Unser Hausrat steht hier aufeinander gestapelt herum, in Deutschland hatte ich vier Jahre eine eigene Wohnung und jetzt muss ich hier mit deinen Eltern zusammenwohnen", warf ich ihm vor. „Was hast du nur, sei doch froh, dass du nicht den ganzen Tag alleine bist, es ist erst mal besser, bei meinen Eltern zu wohnen. Wir können uns dann immer noch was Eigenes suchen." Ich glaubte mich verhört zu haben. Er hatte mir in Deutschland noch was ganz anderes gesagt. „Aber ich möchte doch nur meinen eigenen Haushalt und endlich wieder selber kochen." „Es bleibt jetzt erst mal so, wie es ist." Ich merkte, dass er auf jedes weitere Wort nur noch gereizter wurde und so ließ ich dieses Thema fürs Erste ruhen. Meine Vorstellung von einer Wohnung wie sein Bruder Armando war gerade geplatzt wie eine Seifenblase. Ich war nun den ganzen Tag mit seinen Eltern zusammen. Sie waren lieb zu mir, aber mir fehlte mein eigenes Zuhause so sehr. Marisol kochte und ich putzte jeden Tag und nach zehn Minuten war das Haus wieder schmutzig. Sie schmiss alles auf den Boden, sie war es von ihrem Dorfleben nicht anders gewohnt. Ihr Haus damals hatte einen Fußboden aus festgetretener Erde. Ich schämte mich jedes Mal, wenn Besuch kam und das kam oft vor. Doch Raulito war sehr glücklich. Er spielte den ganzen Tag draußen mit seinen neuen kubanischen Freunden. Täglich kam Familie zu Besuch, bei den 12 Geschwistern meines Mannes konnte das auch noch ewig so weitergehen. Ich kannte nämlich immer noch nicht alle. An das fremde Essen hatte ich mich immer noch nicht gewöhnt, obwohl es gut schmeckte, wurde ich krank. Ich behielt einfach nichts im Magen. Es ging mir zwar gut, aber nach sechs Wochen dieser Torturen machte mein Körper schlapp und ich fiel einfach um und wurde bewusstlos. Jetzt wurde es Zeit, nach sechs Wochen endlich mal zum Arzt zu gehen, und allmählich wurde es besser. Das Wasser, das ich trank, war unrein und mein Körper hatte es nicht vertragen, bis ich dann irgendwann resistent wurde. Es war immer sehr, sehr heiß. Mittags konnte ich es schon nicht mehr aushalten und ich legte mich immer wieder in Abständen auf den kalten Fußboden. Nachts war es unerträglich, die Luft stand. Wir hatten nur selten Strom und noch seltener fließend Wasser. Jeder Tropfen Wasser wurde in Regentonnen aufgefangen, um Reserven zu haben für die Wäsche, zum Duschen und zum Kochen. Die Nächte waren grauenvoll, es wimmelte nur so von Ungeziefer, hauptsächlich Kakerlaken. Nachts kamen sie hervor und breiteten sich wie ein Teppich aus. Ich konnte sie regelrecht umherschleichen hören. Alle versuchten, mich zu beruhigen, aber ich konnte mich nicht an diese Kakerlaken gewöhnen. Es war schrecklich, sie waren riesig und einige konnten sogar fliegen. Wann auch immer ich meinen Schrank öffnete, jedes Mal krabbelten mir mehrere Kakerlaken entgegen. Ich hatte nun auch eine Phobie entwickelt und stand ganz allein mit diesem Problem da.

Mein Schwiegervater Teo war ein herzlicher und liebevoller Mensch. Er war schon 72 Jahre, aber immer noch rüstig. Sein Umgang mit mir war von so viel Fürsorge geprägt. Er wusste, dass meine Familie weit weg war, und er gab alles, damit ich das nicht spürte. Er stand zu mir, er tröstete mich, wann immer es nötig war, er war immer für mich da. Er fieberte mit mir, wenn ich auf Post wartete. Er freute sich mit mir, wenn ich endlich einen Brief aus Deutschland in der Hand hielt, und er weinte mit mir, wenn die Briefe mich zum Weinen brachten und ich Heimweh hatte. Wenn ich Hunger hatte, versuchte er, irgendwo in einer Bodega etwas zum Essen für mich aufzutreiben. Ich liebte ihn wirklich. Laura, Rauls Schwester, meine Schwägerin wohnte nebenan. Sie war für mich wie eine Schwester. Wir standen uns sehr nah. Sie arbeitete in einem Büro einer Zuckerfabrik und ich freute mich so sehr, wenn sie von der Arbeit kam. Sie kam immer erst zu uns, blieb eine Weile und dann ging ich mit zu ihr rüber, wir rauchten eine Zigarette, tranken Kaffee, wenn wir welchen hatten, und wir redeten über alles. Ich konnte ihr alles über mein Befinden erzählen genauso wie sie mir. Lauras Söhne waren auch verliebt in die neue Deutsche. Es war einfach großartig, diese bedingungslose Liebe zu bekommen. Ihr Sohn José kam immer nach der Schule zu mir. Er war 12 Jahre alt und für mich wie eine Freundin. Wir lachten zusammen, heckten Geschäfte aus, um an was Essbares zu kommen und halfen uns in allem gegenseitig. Er wollte alles über Deutschland wissen und ich erzählte ihm darüber von der allerschönsten Seite Deutschlands. Deutschland als Schlaraffenland. Welchen Unfug er auch anstellte, ich nahm ihn immer in Schutz. Er kümmerte sich auch liebevoll um Raulito. Josés kleiner Bruder war 2,5 Jahre alt und er klebte an mir wie eine Klette. Ich hatte jetzt sozusagen drei Kinder. Geballte Liebe, einfach wunderschön, das gab mir Halt. Hatte ich jemals so viel Liebe oder überhaupt Liebe bekommen? Was hatte ich für ein Glück, in so eine herzliche und liebevolle Familie zu kommen. Ihre Liebe war absolut echt, bedingungslos und ohne Erwartungen.

Wir lebten von nur sehr wenig Nahrungsmitteln. Was wir kaufen konnten, gab es nur auf Zuteilung auf Lebensmittelmarken. Die Rationen reichten nicht aus und meistens hatten wir in der Hälfte des Monats kaum noch was übrig. Es gab ein Stück Seife für zwei Personen im Monat und ein Stück Seife für die Wäsche für eine Familie mit einem Kind. Wollte ich Wäsche waschen, zündete ich im Garten zwischen aufgebauten Ziegelsteinen ein Feuer an. Darauf stellte ich einen großen Trog und rieb die Seife wie kleine Parmesanstückchen hinein. Darin kochte ich dann die Handtücher. Den Rest dieser Seifenlauge goss ich in die Waschmaschine und wusch unsere restlichen Sachen. Doch das war auch Glückssache, denn es ging nur, wenn wir Strom hatten. Zum Spülen brauchte ich dann eine Menge Wasser. Wäsche waschen war jede Woche ein kräftezehrender Akt für mich. Es gab einfach von allem zu wenig: zu wenig Reis, zu wenig Bohnen, zu wenig Kaffee, zu wenig Milch, Fleisch gab es nur alle neun Tage, ja sogar die Zigaretten waren auf Zuteilung. Alle Nichtraucher kauften ihre Rationen Zigaretten, um sie dann bei den Rauchern gegen etwas Essbares einzutauschen. In einem Land, wo Tabak angebaut wurde, das konnte ich kaum glauben. Von all diesen Entbehrungen hatte mir mein Mann nie etwas erzählt. Nach einiger Zeit sagte ich zu ihm: „Ich halte das nicht mehr aus. Wieso haben wir denn so wenig zu essen und warum hast du mir das nie zuvor gesagt?" „Das ist jetzt nun mal so und es reicht ja auch, wenn man will", antwortete er. „Nein, es reicht nicht. Wir hatten doch in Deutschland alles und jetzt müssen wir hier mit so wenig klarkommen. Du hast mir das einfach nicht gesagt, genauso wie das mit der Wohnung, dass wir hier bei deinen Eltern leben müssen. Warum hast du mich so angelogen?" Er wurde so wütend, schrie mich an und schüttelte mich. Solange seine Familie da war, blieb er gewaltfrei und es blieb beim Durchschütteln. Die Familie beschütze mich auch da, ohne es zu wissen. Sein Unverständnis war nicht zum Aushalten, aber wie immer kapitulierte ich. Diese Ohnmacht ergriff in dem Moment wieder Besitz von mir, ihm und dieser Situation vollständig ausgeliefert zu sein, denn es gab kein Zurück mehr. Von da an sagte ich nie mehr etwas über den Versorgungsmangel.

Die Tage vergingen, er ging arbeiten und ich war zu Hause mit meinen Schwiegereltern und den Kindern. Eines Tages sagte mein Mann zu mir: „Wir sind verabredet mit meinem Arbeitskollegen und seiner Frau. Sie kommen am Samstag und mal schauen, was wir dann machen." Ich freute mich auf diese Abwechslung. Der Samstag kam und der Kollege Alberto und seine Frau Marina kamen zu uns. Wir begrüßten uns und es war gleich von Anfang an sehr herzlich und unkompliziert. Marina und ich verstanden uns auf Anhieb. Marisol machte Kaffee, wir saßen alle zusammen im Salon und unterhielten uns über alles Mögliche. Nach einer Weile sagte Marina zu mir: „Lass uns doch zusammen jetzt zu uns nach Hause fahren. Dann weißt du auch gleich, wo wir wohnen, und wenn du Lust hast, kommst du einfach mal spontan vorbei." Das war eine super Idee, obwohl ich wusste, dass ich niemals alleine einfach so zu ihr gehen dürfte. „Gerne, los, lass uns zu euch fahren. Raul komm, wir können doch das kurze Stück mit dem Motorrad fahren. Haben wir noch genug Benzin?" Denn auch das war immer rar und tagelang gab es kein Benzin zu kaufen. Es war nicht weit von unserem Zuhause entfernt. Wir kamen an und ich sah diese wunderschöne alte Villa mit einem riesigen Vorgarten. Der war allerdings sehr verwildert. Als wir ins Haus eintraten, ging es durch eine riesige Empfangshalle. Es war alles alt und kaputt. Der Putz bröckelte teilweise von den Wänden und die Fliesen am Boden waren zum größten Teil gerissen. Über eine Treppe nach unten ging es in einen großen Raum, von welchem es links in die Küche ging. Die Küche war groß und fast vollständig ausgestattet. Von diesem Zimmer aus ging es dann in den hinteren Garten, der auch verwildert war. Für kubanische Verhältnisse war dennoch alles schön. Diese Villa war früher mal eine Herrschaftsvilla. Jetzt aber hatte sie was Ehrfürchtiges und Unheimliches. Es fühlte sich kalt an, die Decken waren hoch. Es hing ein großer verstaubter Ventilator an der Decke. Ich hatte das Gefühl, er würde gleich herunterfallen. Die Männer und unser Sohn gingen in den Garten und holten einige Früchte. Marina und ich waren in der Küche. Sie kochte uns Kaffee und wir unterhielten uns. Sie sagte: „Was machst du so den ganzen Tag, wenn Raul arbeitet?" „Ich bin zu Hause mit den Schwiegereltern und helfe hier und da im Haushalt. Ab und zu nähe ich, ich mache aus unsere Bettwäsche Kleider oder Unterhosen für die Kinder." „Hast du nicht Lust, zu arbeiten? Ich arbeite in einer Nähfabrik, du kannst bestimmt auch dort anfangen. Soll ich einen Termin mit der Meisterin machen?" „Ich kann nicht so gut nähen." „Ach was, du hast doch gesagt, dass du Kleider nähst. Das bekommst du hin. Du bekommst dort alles zugeschnitten mit nach Hause und dann bringst du es fertig genäht wieder zurück. Ich kann dir dabei auch noch helfen." Das war ein schöner Gedanke, so einen Job zu haben. Ich hätte eine Aufgabe und eigenes Geld. Aber ich musste Raul fragen, ich war nicht sicher, ob er mir das erlaubt. Marina war so selbstbewusst und wirkte auf mich so eigenständig. So wie ich gerne wäre. Die Männer kamen wieder zurück. Wir tranken zusammen Kaffee und währenddessen sagte Marina: „Raul, deine Frau kann bei uns in der Nähfabrik arbeiten, sie kann doch nähen. Ich werde mit der Meisterin sprechen. Das wäre doch super." Das war meine Rettung. Raul musste ja wieder sein Gesicht wahren und im Beisein der anderen gab er sein Einverständnis. Als wir nach Hause kamen, erzählte ich Laura und Teo von meinem vielleicht neuen Job. Sie hatten sich so sehr mit mir gefreut. Teo sagte: „Da kannst du mir ja die eine oder andere Unterhose, die du nähst, dalassen" und er lachte dabei so verschmitzt.

Montag kam Marina: „Hola Petra, ich habe für jetzt einen Termin bei der Meisterin bekommen. Wir sollen kommen. Los, mach dich fertig." Mein Herz raste vor Aufregung. „Jetzt schon? Ich kann das nicht, ich muss erst noch ein bisschen üben und ich muss dann die Kinder von der Schule abholen." „Die Nähfabrik ist genau gegenüber der Schule. Du kannst die Kinder direkt danach abholen, passt doch perfekt." Ich wusste, dass sie recht hatte. „Ja aber …" Kein Aber, ich bin bei dir und helfe dir, wenn es nötig ist." Es gab jetzt kein Zurück mehr und so liefen wir in der heißen Sonne bei 40 Grad los. Marina machte auf dem Weg einen Plan. „Lass mich zuerst reden. Ich stelle dich vor, erzähle etwas über dich und sage ihr, dass du nähen kannst und was du alles so nähst, was für eine Nähmaschine du hast und du wirst sehen, dass sie einverstanden ist und dir auch gleich die ersten Pakete mit nach Hause gibt." „Hört sich gut an, wenn es so einfach ist, dann haben wir es schnell hinter uns." Und ich wusste, dass die Kubaner in solchen Sachen sehr unkompliziert waren und dass es reichte, wenn man einen Fürsprecher hatte. In diesem Fall war es Marina für mich. Jetzt hatte ich wieder Mut. Wir kamen an und blieben erstmal vor dieser großen Theke stehen, wo die Bündel mit zugeschnittenen Sachen rausgegeben wurden. Hinter der Theke waren die Näherinnen und Marinas Augen suchten die Meisterin. „Da ist sie, Marta", rief Marina, „Marta hier sind wir." Marta machte eine Handbewegung und zeigte uns damit, über den linken Eingang hereinzukommen. „Hey Marta, das ist Petra, ich hatte dir von ihr erzählt. Sie ist Deutsche und mit einem Kubaner verheiratet und lebt jetzt hier. Sie möchte auch gerne hier in der Näherei arbeiten. Sie kann auch gut nähen und hat zu Hause eine Singer Nähmaschine. Kannst du ihr auch schon heute was zum Nähen mitgeben?" Marina kam ja direkt zur Sache, das gefiel mir. Marta begrüßte mich, ich stellte mich nochmal kurz vor, dann schaute sie zu Marina und sagte: „So einfach geht das nicht, sie muss zuerst eine Prüfung machen, dann kann ich was mitgeben." Ich schluckte, oh Gott eine Prüfung, das war dann wohl nichts. Marta schaute mich an uns sagte, „Na dann komm gleich mal mit, dahinten die freie Nähmaschine, da kannst du dich schon mal hinsetzen. Ich komme gleich und bringe dir das Material." Ich schaute hilfesuchend zu Marina. Sie ging mit mir mit. „Das schaffst du schon, es ist alles schon zugeschnitten, du musst es nur zusammennähen." „Kannst du nicht bei mir bleiben und mir über die Schulter schauen?" „Ich bleibe bei dir." Erst mal Erleichterung. Marta kam und brachte ein Poloshirt. Es war zugeschnitten, aber es musste noch ein Bund an den Ärmeln und eine aufgesetzte Tasche extra angebracht werden. Zudem kam noch der Kragen. Sowas hatte ich noch nie genäht. Selbst wenn es zugeschnitten war, musste ich so aufpassen, ordentliche und gerade Nähte hinzubekommen. „Du gehst bitte wieder raus", wandte sie sich zu Marina. „Das muss sie schon alleine machen." Marina schaute auf das Poloshirt und sagte noch schnell zu mir: „Näh erstmal die Seitenteile zusammen, Ärmel auch kein Problem und dann geht es ruckzuck." Ach was ruckzuck, schön wäre es. All mein Mut entwich mir. Da saß ich nun und Marta entpuppte sich als streng. Ich saß jetzt hier alleine an dieser Nähmaschine. Marta ging wieder zu den anderen Näherinnen. Ich dachte: „Hoffentlich beobachtet mich niemand und sieht, wie hilflos ich mich anstelle." Die Nähmaschine war vorbereitet. Das Garn war schon mal drin. So fing ich an, die Seitenteile zusammenzunähen. Das lief schon mal ganz gut. Schwieriger wurde es erstmal bei den Ärmeln. Das war nie meine Stärke. Wenn ich selber Kleidung zuschnitt, machte ich die Ärmel so weit, dass ich nach dem Annähen ein Stück an der Naht wieder abschneiden musste. Das auch nur, weil ich die Ärmel am Anfang immer zu knapp geschnitten hatte. Hier jedoch war alles auf das Genaueste zugeschnitten, also bloß keinen Fehler beim Annähen machen. Doch das war eine knappe Sache, egal geschafft. Ich fühlte mich wieder etwas sicherer. Nähte noch den Saum und das Poloshirt nahm endlich etwas Gestalt an. Jetzt kam jedoch der Kragen. Der war doppelt und musste erst einmal zusammengenäht, mit einer zweiten Naht versehen und dann an das Poloshirt angenäht werden, jedoch so, dass das Shirt im Kragen verschwand und der Kragen selbst auf rechts war. Ich hatte keine Ahnung, wie ich das machen sollte, und schaute auf den Kragen, aber von allein kam der jetzt nicht an das Shirt. Das war es dann jetzt, ich musste Marta fragen und dann konnte ich es vergessen, hier zu arbeiten. Ich saß völlig verzweifelt da und tat weiterhin so als wäre ich immer noch beim Nähen, da ich nicht wusste, ob mich jemand beobachtete. Hinter mir war ein reges Treiben. Die Näherinnen saßen an ihren Maschinen. Ich hörte das Treten der Pedale und wie schnell es ihnen von der Hand ging. Sie unterhielten sich, lachten und sangen. Das war eine wunderschöne und heitere Stimmung. „Ich möchte das auch, ich möchte auch in so einer unterhaltsamen Atmosphäre arbeiten." Ich hing meinen Gedanken nach und plötzlich hörte ich ein Geräusch und sah, wie Marina über die Theke kletterte und dann stand sie auch schon direkt neben. Mir. „Gib mir schnell den Kragen, das ist doch ganz einfach, stell dich nicht so an. Ich stecke dir das Ding schnell am Shirt fest." „Ich habe das doch noch nie gemacht." „Das ist jetzt auch egal, los gib mir das Shirt, bevor Marta kommt." Sie steckte den Kragen mit Nadeln fest, ich sah ihr zu und es schien so einfach. Hoffentlich würde sich das dann nicht verschieben, wenn ich es zusammennähte. „Schnell beeil dich, Marta schaut zu uns, oje sie kommt." Marina schaute zu ihr, lachte sie an und so wie sie gekommen war, war sie auch ganz schnell wieder hinter der Theke verschwunden. Marta sagte: „Bist du fertig? Zeig mal her." „Nein noch nicht ganz, gleich habe ich es." Sie sah es sich sehr genau an und sagte dann: „Ich habe euch zusammen gesehen!" „Oh Gott, wie peinlich", dachte ich. Dann sah ich sie verschüchtert an und sie drückte ein Auge zu. „Okay, du kannst für uns arbeiten. Geh an die Theke und hol dir gleich ein Paket zum Nähen für zu Hause." Freude herrschte in meinem Herzen, ich umarmte sie und bedankte mich bei ihr. Marina stand draußen. Ich ging zu ihr. „Danke, danke, es hat geklappt, du hast mir echt geholfen." Ich holte meine ersten zwei Pakete mit jeweils zehn Unterhemden. Das war für den Anfang schon nicht schlecht. Es gab 32 Centavos pro Stück. „Am Anfang gibt sie dir die weniger rentablen Sachen. Später bekommst du dann größere Teile wie Hosen. Da gibt es 1,50 Peso pro Stück, aber du musst immer rechtzeitig hier sein, sonst sind die guten Teile schon weg." Wir holten die Kinder aus der Schule und gingen glücklich wieder nach Hause. Marina begleitete mich noch bis zu mir nach Hause. Teo stand auf dem Portal mit seiner Zigarre und seinem Sombrero und er sah uns von Weitem kommen und rief.:„Petranaja (so nannte er mich) hey, super es hat geklappt. Das wusste ich doch." Er freute sich so sehr für mich. Gleichzeitig überkam mich mein schlechtes Gewissen, weil ich jetzt auf die Nähmaschine meiner Schwiegermutter angewiesen war. Obwohl sie nie darauf nähte. Ich sagte zu ihr: „Marisol, ist es in Ordnung für dich, wenn ich jetzt öfters deine Nähmaschine benutze?" „Ich kann sowieso nicht nähen, dann wird sie wenigstens gebraucht." Sie war auch ein herzensguter Mensch, nur konnte sie es nicht so zeigen. Wir tranken noch zusammen Kaffee und dann ging Marina. Ich war so glücklich, sie zu kennen. Sie hatte sich so herzlich und mit voller Überzeugung für mich eingesetzt. Laura kam von der Arbeit. „Und hat es geklappt?," fragte sie gleich als Erstes. „Ja, es hat geklappt." „Dann bist du ja jetzt eine kubanische Näherin. Komm wir gehen rüber zu mir und rauchen erstmal eine." Ich liebte es, mit ihr zusammen zu sein. Später kam Raul von der Arbeit zurück. Er konnte sich nicht mit mir freuen. Es hatte ihn eher genervt, dass alle so begeistert waren. Er wusste einfach, dass ich jetzt öfters unterwegs sein würde, wenn auch nur auf dem Weg zur Nähfabrik und dann wieder nach Hause. Das ging gegen seine krankhafte Eifersucht. Ich ließ das Thema unter den Tisch fallen, damit er sich nicht unnötig in etwas hineinsteigerte. Irgendwann nach dem Essen war auch dieser Abend vorbei und wir gingen alle zu Bett. Raul verlangte jeden Abend sein Recht. Jeden Tag wollte er Sex, auch wenn ich nicht wollte und auch nicht dazu bereit war und sogar, wenn ich meine Periode hatte. Er musste seiner sogenannten Männlichkeit nachgeben. Ich war so angewidert und verabscheute Sex zutiefst. Für mich war es schon lange zur Pflicht geworden und es gab Abende, an denen ich einfach nicht zu Bett wollte, weil ich wusste, was mich wieder erwartete. Ich konnte noch so müde sein und auch wenn ich ihn darum bat, mal darauf zu verzichten. Das kostete mich mehr Anstrengung als der eigentliche Akt überhaupt. Wenn er merkte, dass ich überhaupt keine Lust hatte, fing er an, zu diskutieren. Wie konnte es sein, dass ich keine Lust hatte, ich war doch jung. Ja wie konnte es denn sein, dass ich keine Lust hatte, verdammt nochmal. Er war einfach gnadenlos rücksichtslos, dachte nur an sich, mit liebevollem Sex hatte das nichts zu tun. Hinzu kam, dass ich überhaupt keinen Vergleich hatte. Er war kein Mann, dem ich mich hingeben wollte. Zu viel war schon passiert. Und wenn ich schon dieser verdammten Pflicht nachkommen musste, dann wollte ich es ganz schnell hinter mich bringen. Wenn es vorbei war, konnte ich endlich schlafen. Ich verstand nicht, wie Menschen an Sex Spaß haben konnten. Für mich war es etwas, auf das ich für immer freiwillig verzichten wollte. Es war doch nur etwas, um Kinder zu zeugen, und ich wollte keine Kinder mehr mit ihm. Das war immer wieder Thema bei uns. Raul wollte unbedingt noch mehr Kinder und ich hielt ihn damit hin, soweit mir das gelang. Wenn er das wieder mal ansprach, sagte ich: „Wir haben hier in Kuba noch nicht mal eine eigene Wohnung. Wir wohnen hier in einem Zimmer zu dritt, das muss warten, bis wir eine eigene Wohnung haben." Dabei dachte ich, dass ich zwar gerne wieder ein eigenes Zuhause hätte, aber wenn ich dabei noch mehr Kinder mit ihm haben musste, dann verzichtete ich lieber auf das eigene Heim. Dennoch, wie lange konnte ich ihn damit noch hinhalten. Ich nahm die Pille und hatte mich bei meiner Abreise aus Deutschland ausreichend damit eingedeckt. Doch langsam ging mein Vorrat zu Ende. Zuerst sprach ich jedoch mit Laura darüber. Sie sagte: „Petranaja du brauchst die Spirale." „Was ist das?" „Kennt ihr das denn nicht aus Deutschland?" „Nein, ich habe noch nie davon gehört." „Das kommt aus Amerika und das wird der Frau in den Unterleib eingelegt." „Und das soll verhüten? Sieht das aus wie eine Spirale?" „Nein, das ist ein T, wie der Buchstabe T." Ich verstand nichts. Sie sagte: „Wir müssen Ramón fragen, er hat gute Kontakte zu Doktoren." Ramón war der älteste Bruder und er wohnte in Sancti Spiritus. Nun blieb mir nichts anderes übrig, als mit Raul zu sprechen. „Meine Pille reicht nicht mehr lange und ich brauche Ersatz." „Dann ist sie eben aufgebraucht, du brauchst keine Pille mehr. Wenn du schwanger wirst und bis das Kind geboren ist, wohnen wir längst allein." Er bestimmte wieder alles alleine, wie immer. Ich fühlte mich wie kurz vor einer Ohnmacht und wusste nicht, was ich dem entgegensetzen sollte, aber ich musste jetzt was sagen, nur was. „Laura hat mir von einer Spirale erzählt und Ramón könnte uns diese besorgen. Das kommt aus den USA und man kommt nur mit Beziehung daran. Das ist eine sichere Verhütungsmethode." Plötzlich in dem Moment wurde mir bewusst, wenn er doch jetzt zustimmen würde. So ein Teil, das war dann in mir drin. Das kann er mir nicht einfach raus oder wegnehmen wie die Pille. Das lag dann ganz allein in meiner Hand. Oh Gott, bitte, ich wollte diese Spirale, unbedingt. Schon nur, dass ich mit Laura vorher gesprochen hatte, machte ihn wieder so wütend. „Warum hast du schon mit Laura darüber gesprochen? Sie hängt sich in alles rein. Das ist meine Sache." Ich sagte: „Wenn schon, dann ist es wohl unsere Sache." Er antwortete: „Ich entscheide das und nicht Laura." Er entschied wieder mal für mich. Ich merkte dennoch, dass es für mich gut ausgehen würde. Wenn Laura schon Bescheid wusste, würde es schwer für ihn, sich dagegenzustellen. Ich ließ ihn toben, ich gönnte ihm seinen jähzornigen Anfall geradezu. Denn in all den Jahren hatte ich gelernt, mich dem anzupassen, auszuharren und mich auf das Ergebnis zu konzentrieren. Auch wenn es für mich jedes Mal ein großer Umweg mit enormer Anstrengung war, ich musste dafür einiges in Kauf nehmen. Ich erzählte Laura von unserem Gespräch. Ich musste sie vorwarnen. Sie konnte mich mit seinem Gehabe nur zum Lachen bringen. Das war wunderbar mit anzuschauen, wie sie ihn dabei immer nachäffte. Sie nahm ihn nicht ernst. „Die Zeit läuft mir langsam davon. Ich kann nicht mehr lange warten, bis es zu spät ist. Außerdem, wie sollen wir Ramón erreichen? Ich muss Raul dazu bewegen, zu ihm zu fahren." „Das machen wir schon. Überlasse das mir. Ich werde das am Abend ansprechen, sodass alle dabei sind. Er wird mit dir zu ihm fahren." Ich kannte Ramón schon. Er hatte mich nach meiner Ankunft auf Kuba nach drei Wochen besucht. Er wollte unbedingt sehen, wie die Deutsche aussah, und genau mit diesen Worten begrüßte er mich auch. Ramón war so alt wie mein Vater. Sogar Marisol war dem Charme ihres Sohnes erlegen. Als er kam, löcherte er mich mit Fragen. Zu dem Zeitpunkt konnte ich kaum spanisch. „Ich lerne dir jetzt spanisch, versuche, zu antworten, ich helfe dir, nur so lernst du es", sagte er. Mit Händen und Füssen hatte ich versucht, ihm zu antworten. Er war auch derjenige, der mich fragte, ob ich mir das gut überlegt hatte, nach Kuba zu kommen, und ob ich wüsste, dass das Leben in Kuba anders ist als in Deutschland und dass ich wohl meine Familie sehr lange nicht mehr wiedersehen würde. All das, was Raul mir nie zuvor gesagt hatte. Er sagte: „Na, da muss die Liebe ja groß sein." Diese Worte werde ich nie vergessen.

Am Abend nach dem Essen waren wir wieder alle zusammen. Die ganze Familie, die Kinder, Laura, Teo, Marisol, Raul und ich. Lauras Mann war in ihrem Haus nebenan und spülte das Geschirr. Wie hatte Laura das nur geschafft, dass ihr Mann den Haushalt machte. Sie war so stark und selbstbewusst. Das hatte sie sich hart erkämpft. Sie wollte einfach ihren Kindern die Gleichberechtigung vorleben. Es war ihr ein großes Anliegen, ihren Kindern den Wert der Frauen zu vermitteln und sie nicht zu Machos zu erziehen. Ich liebte diese Frau. Mein Herz ging auf, wenn ich sie sah. Laura sagte: „Hey Raul, wann fahrt ihr zu Ramón?" Oje, das war sehr direkt. „Wieso zu Ramón?", antwortete er. „Tue nicht so, fang jetzt nicht an, zu spielen. Ihr habt doch darüber gesprochen, dass Petra die Spirale braucht, und Ramón kann sie besorgen. Ihr müsst nur zu ihm fahren und das mit ihm besprechen." Alle waren dabei und hörten zu. Er konnte gar nicht anders als nachgeben und ich wusste, dass ich das dann wieder ausbaden musste. Aber es war für mich so wichtig. Damit konnte ich sehr gut mein Hirn überlisten und alles würde nur halb so schlimm sein. Ich sagte gar nichts, nicht einen einzigen Ton. Ich war auch nicht in der Lage dazu. Gespannt schaute ich zu Raul, um seine Reaktion einzuordnen. Laura hatte alles in die Hand genommen. Plötzlich meldete sich Marisol zu Wort. „Ramón macht das schon und sei doch froh, dass es sowas heutzutage gibt. Kinder bekommen ist das eine, aber du musst sie auch ernähren können. Wir hatten 16 Kinder, auch wenn davon drei gestorben waren, aber es gab viele Nächte, an denen die Kinder ohne genug zu essen ins Bett gingen. Oder willst du etwa auch so viele Kinder?" Ich war so erstaunt. Marisol, wenn sie etwas sagte, dann aber richtig. Das war immer so. Diese kleine Frau hatte so viel durchgemacht in ihrem Leben. Hart auf den Feldern gearbeitet und nebenbei die 16 Kinder bekommen und großgezogen. Auch wenn sie nie eine Schule besucht hatte, sie war so gescheit und weise. Sie hatte die Lebensschule gemacht. Ihr Wort hatten so viel Gewicht. Raul verehrte seine Eltern und erst recht seine Mutter. Die Mütter waren das absolut Heiligste für alle Kubaner. Sie hatte sie geboren und ohne sie wären sie nicht da. Die Mütter hatten ihnen das Leben geschenkt. Marisol war immer Mutter. Sie wollte am liebsten immer alle um sich rumhaben, deshalb lebte nun auch ihre Enkeltochter Yana bei ihr. Yana war genauso alt wie Raulito und sie gingen auch zusammen zur Schule. Das letzte Wort hatte nun noch Raul. „Wir fahren am Samstag zu ihm und werden sehen, was er dazu sagt und was er machen kann." Mein Herz klopfte im Hals. Für mich würde endlich ein Stück meiner Selbstbestimmung zurückkehren, sobald ich diese Spirale hatte. Der Samstag kam und wir fuhren früh am Morgen mit dem Motorrad nach Sancti Spiritus zu Ramón und hofften, ihn auch anzutreffen. Als wir nach zwei Stunden ankamen, war die Freude riesengroß bei Ramón. Nie hätte er mit einem spontanen Besuch von uns gerechnet. Er hörte schon das Motorrad kommen und stand aus Neugier auf seinem Portal. Als er sah, dass wir es waren, war er außer sich und rief ganz laut: „Hey, la Alemana." Ein breites Grinsen überzog sein Gesicht. „Was für eine Freude, euch zu sehen und dass ihr uns besucht. Wo ist der Kleine, warum habt ihr ihn nicht mitgebracht? Was macht ihr hier?" Seine Frau und sein Sohn kamen raus und umarmten uns herzlich. Ramón sprach mich sofort an und ich wusste, er wollte sehen, ob ich inzwischen besser Spanisch spreche. „Erzähl, Alemana, wie geht's dir in Kuba?" „Mir geht's gut und ich habe mich inzwischen eingelebt, ich habe sogar Arbeit in einer Nähfabrik." Ich erzählte und erzählte von meinem Dasein und auch von meinem Heimweh, als er sagte: „Ich kann es kaum glauben, wie gut du jetzt Spanisch kannst. Hey Isolde, hast du das gehört? Sie spricht wie eine Kubanerin. Ihr bleibt natürlich zum Essen." „Oh ja", dachte ich, „gerne, etwas Feines zu Essen. Sie hatten ein wirklich schönes Haus." Ein großer Eingangsbereich bestückt mit Schaukelstühlen, einem Fernseher und einem Tisch. Seitlich ging es in die Zimmer und ganz hinten war die Küche. Isolde hatte inzwischen Kaffee gekocht. Ohne Kaffee ging es in Kuba nicht und er wurde bei jedem Besuch immer angeboten.

Wir tranken zusammen den kleinen, starken Kaffee, el cortado. Ich sagte, „Wir konnten Raulito nicht mitnehmen, die Fahrt ist zu lange und alle drei auf dem Motorrad ist zu gefährlich. Wenn uns die Polizei anhält, müssen wir Strafe zahlen." „Warum seid ihr denn gekommen? Sicher nicht einfach so." Raul fing an zu reden und sagte: „Laura hat uns gesagt, du könntest uns für Petra die Spirale besorgen, weil du Kontakte zu einigen Ärzten aus dem Krankenhaus hast." „Ja das stimmt, aber das Ding kommt aus den USA. Ich müsste klären, ob jemand diese Spirale hat oder besorgen kann. Das kann aber noch eine Weile dauern." Meine Ängste meldeten sich sofort zurück. Ich hoffte, dass es schnell ging und ich bis dahin mit meiner Pille auskam und falls nicht, ich hoffentlich nicht schwanger werden würde. „Ich werde das gleich am Montag mal nachfragen." Wir blieben noch bis Nachmittag bei ihnen. Das Essen war reichlich und einfach nur köstlich. Es war ein wunderschöner Tag. Ramón hatte mir wieder viel über Kuba erzählt, über die Revolution und wie auch er als junger Mann gekämpft hatte. Er zeigte mir seine Auszeichnungen und war sehr stolz darauf. Ramón sagte zum Abschied noch: „Ich werde Laura in ihrem Büro anrufen und Bescheid geben, ob es klappt und wann ihr kommen könnt." Wir verabschiedeten uns und fuhren nach Hause. Während der Fahrt hing ich meinen Gedanken nach. Wie schön und liebevoll es immer bei und mit den anderen war. Alle, wirklich alle machten mir das Leben auf Kuba leicht, nur mein Mann erschwerte mir alles. Seine Bestimmung und seine Kontrolle über mich waren wie Gift und vergiftete auch alles. Laura freute sich über die guten Nachrichten und ich war so glücklich, dass sie das alles in die Wege brachte. Die Tage vergingen, ich brachte die Kinder zur Schule und holte mir gleich meine Pakete mit der Kleidung zum Nähen aus der Nähfabrik. Wenn ich kam, waren die guten Sachen meistens schon weg. Oft hatte ich nur die Geschirrtücher, die zwar einfach zu nähen waren, aber nur 11 Centavos pro Stück einbrachten. Davon konnte man auch genug Pakete mitnehmen. Gab es Unterhemden oder Unterhosen oder auch T-Shirts, bekam man maximal zwei Pakete. Ab und zu hatte ich Glück. Ich war trotzdem einfach froh, diesen Job zu haben, und ich bekam so viel Nähgarn und Nadeln, dass auch noch was für mich selbst übrigblieb. Meistens brachte ich Mittag die Sachen wieder zurück, bekam meinen Lohn und holte dann die Kinder von der Schule ab. Bereits nach acht Monaten, in denen wir auf Kuba lebten, kam Raulito in die Schule. Er hatte sich in der Zeit gut eingelebt und konnte auch sehr gut Spanisch sprechen. Er sprach nur mit mir Deutsch, was leider dazu führte, dass sein Spanisch inzwischen besser war als sein Deutsch. Wenn er etwas wollte, fiel es ihm leichter, in Spanisch zu fragen, und fragte dann auch lieber seinen Vater oder seinen Opa oder seine Oma. Das hatte mich zutiefst getroffen und ich wusste nicht, wie ich das verhindern sollte. Ich wollte doch nur, dass er weiterhin Deutsch spricht und die Sprache nicht verlernt. Noch weniger wollte ich, dass mein Sohn nicht mehr mit mir spricht. So kam es dazu, dass ich ihm aus seinen Kinderbüchern vorlas, was ihn leider sehr langweilte. Wir fanden einen Mittelweg. Ich sprach mit ihm Deutsch und er antwortete in Spanisch und umgekehrt.

In Kuba trugen alle Kinder in der Schule eine Uniform. Das machte es den Kubanern auch viel leichter. Die Uniform gab es von der Schule und für jedes Kind gab es eine zweifache Ausstattung. Raulito freute sich auf die Schule und war stolz, die Uniform zu tragen, so wie alle kubanischen Kinder. Das Erbe der kubanischen Revolution. Alle Kinder hatten jetzt ein Recht auf Schulbildung und die Kosten trug der Staat. Alle hatten die gleiche Chance. Der Tag der Einschulung wurde sehr groß zelebriert. Alle Kinder und Eltern gingen zusammen zur Schule. Vor der Schule gab es einen Appell zu Ehren Fidel und Che Guevara. Sie sangen Friedenshymnen und die Nationalhymne. Die älteren Schüler machten eine Begrüßungszeremonie für die neuen Schüler und gingen anschließend mit ihnen in das Schulgebäude hinein und zeigten ihnen alles. Vor der Schule war ein großer Innenhof und im hinteren Gebäude waren die Klassenzimmer. Stolz liefen die großen Schüler voraus und die Kleinen friedlich hinterher. Als alles vorbei war, gingen wir wieder nach Hause. Montagmorgen ging es dann los. Der erste Schultag von meinem Raulito. Die Aufregung war groß, dennoch spürte ich, dass Raulito überfordert war. Ich sah ihm an, dass er sich nicht wohlfühlte, er trödelte und die ganze Freude vom Samstag, der Tag der Einschulung, war weg. Ich als Mutter, und wie jede andere Mutter auch, spürte dieses Unwohlsein. Ich musste gar nicht lange überlegen, denn auch ich konnte mich nur noch zu gut an meinen ersten Schultag erinnern. Genau genommen war der ja erst 16 Jahre her. Es war furchtbar für mich und ich wollte nicht in die Schule. Alles, was fremd war, wollte ich vermeiden. So fühlte sich jetzt auch mein kleiner Schatz. „Raulito, komm' beeil dich doch, wir müssen los, Yana ist schon fertig und wartet auf uns. Freu' dich doch, du wirst so viele neue Freunde finden und Schule macht Spaß. Du siehst so schön aus in deiner neuen Uniform." Ich wollte ihn ermutigen, wusste jedoch, dass das einfach nur leere Worte für ihn waren. Endlich konnten wir los. Als wir ankamen, standen alle Schüler schon draußen vor der Schule und warteten auf den morgendlichen Appell. Es wurde wieder gesungen, sich bei Che und Fidel bedankt, den Lehrern alle Ehre erwiesen und anschließend gingen alle in die Klassenzimmer. „Mami, bitte komm' mit", sagte Raulito und fing an zu weinen. „Ich kann doch nicht mitkommen, mein Schatz. Alle Kinder gehen jetzt in die Klassenzimmer, der Unterricht beginnt und da sind die Eltern nicht mit dabei." Die Lehrerin kam auf mich zu und sagte, „Komm' doch einfach noch mit ins Zimmer und dann kannst du noch einen Moment dableiben und dann leise das Zimmer verlassen. Er wird das nicht merken, sobald der Unterricht beginnt, ist er abgelenkt." Also gut, ich ging mit. Im Klassenzimmer setzte sich Raulito ganz hinten hin an den letzten Tisch. In der Ecke links von der Tür stand ein Stuhl, auf dem ich mich setzte. Ziemlich nah am letzten Tisch im Zimmer. Die Tür blieb offen, um den Schülern genug Luftzug zu lassen. So saß ich da nun und alle 30 Sekunden schaute Raulito zu mir nach hinten. Wie sollte ich es schaffen, mich hier leise rauszuschleichen, ohne dass er das merkte? Ich gestikulierte ihm zu, er solle doch nach vorne schauen. Ich fühlte mich nun auch nicht mehr wohl und wusste nicht, ob ich gehen sollte oder bleiben. Nach einer halben Stunde schlich ich mich dann raus. Ich war kaum draußen, da kam schon Raulito hinter mir hergerannt und schrie. „Mami, Mami bitte geh nicht weg, nimm mich mit, lass mich hier nicht alleine." Oh mein Gott, was war nur mit ihm los, warum war er so verzweifelt? Ich konnte das kaum ertragen. So viel Leid war in seiner Stimme, in seinen Augen, in seinen Tränen und in seinem ganzen kleinen Körper. Er schrie, zitterte und weinte, das hielt ich nicht aus. Ich nahm ihn in den Arm. „Mein Schatz, was ist denn los, ich bin ja da, ich gehe nicht weg. Ich hole dich Mittag wieder ab." Nein, Mami, ich will hier nicht bleiben, nimm mich mit." Vor lauter Weinen war es kaum zu verstehen, was er sagte. Es zerriss mir das Herz. Die Lehrerin kam raus und wollte ihn holen. „Du musst in die Schule, komm jetzt wieder mit rein!" Als sie das sagte, zog sie an seiner Hand. Dann war es bei mir vorbei. „Lass' ihn los!" Mein Herz klopfte mir wieder mal bis in den Hals. „Ich nehme ihn wieder mit nach Hause. Unter diesen Umständen wird er eben nicht in die Schule gehen. Das ist mir jetzt auch egal." „Du kannst ihn nicht mitnehmen, er muss in die Schule." Von wegen ich konnte ihn nicht mitnehmen. Jetzt erst recht. „Und ob ich ihn mitnehmen konnte. Komm, mein Schatz, wir gehen." Ich drehte mich um und lief davon. Die Lehrerin rief mir noch etwas hinterher, was ich aber nicht mehr verstand. Ich hatte ihn gerettet, ich hatte meinen kleinen Schatz gerettet. Er war so erleichtert. Das war das, was erstmal für mich zählte. Auch wenn es sich anfühlte, als hätte ich nur von der Tapete bis zur Wand gedacht. Denn was jetzt? Dieser kleine Mensch hatte schon so viel erlebt. Ich war mir sicher, dass ihn Verlustängste plagten. Wir kamen zusammen wieder zurück nach Hause. „Raulito, was ist los, wieso bist du nicht in der Schule?", sagte Teo und sah mich dabei an. Teo konnte ich alles sagen, meinem Zieh-Vater, meinem Opa, meinem Schwiegervater, meinem Vertrauten, meinem Beistand, meinem Helfer in einer Person. Als ich fertig war mit Erzählen, sagte er: „Du hast zu schnell nachgegeben, du hättest es versuchen sollen, denn der Tag morgen kommt und was machst du dann? Er wird nicht drumherum kommen." „Teo, ich konnte nicht anders, wenn du dein Kind so verzweifelt, schreiend und zitternd siehst, da musste ich ihn einfach wieder mitnehmen." „Das verstehe ich, aber das ist keine Lösung. Wenn du 16 Kinder hast wie wir, dann hättest du sicher anders entschieden." „Ich weiß, dass du recht hast, aber ich habe im Moment keine Lösung." Teo sagte das alles, sodass auch Raulito zuhören konnte. So langsam realisierte auch er, dass er sich vielleicht doch wie ein Baby verhalten hatte. Ich jedoch verstand seinen ersten Impuls und der schrie einfach und wollte weg. Marisol lachte nur und sagte „Ach Raulito, lass sie reden, das wird schon, es eilt ja auch nicht. Komm' mein Kleiner, ich mache dir erstmal einen Kinderkaffee." „Ja Oma danke." Und auch er strahlte nun wieder. Die Angst war erstmal verflogen. Marisol rief noch: „Teo überleg dir lieber schon mal, was ihr Raul sagt, wenn er nach Hause kommt." Sie hatte recht, obwohl ich davon ausging, dass Raul genauso gehandelt hätte wie ich. Erst kam José nach Hause. Ich erzählte ihm alles. Er sprach Raulito Mut zu, damit er es am nächsten Tag nochmal versuchte. Dann kam Laura, sie hatte wie immer Verständnis für mich, sagte aber gleich: „Das wird Raul nicht gefallen." Langsam bekam ich Angst. „Was soll ich ihm sagen? Ich kann es doch nur genau so erzählen, wie es war." „Ich unterstütze dich, wenn er blöd tut." Ich wusste, ich konnte mich auf sie verlassen. Inzwischen sprachen alle Raulito Mut zu außer Yana. Sie hatte ich inzwischen von der Schule wieder abgeholt und sie lachte Raulito nur aus. Sie konnte sehr gemein sein. Ich hoffte, dass das nun eine einmalige Sache für Raulito blieb und er morgen in der Schule blieb. Raul kam von der Arbeit nach Hause. Er hatte es wie immer schon von den Nachbarn auf dem Heimweg erfahren. Das hatte auch schon wieder großen Einfluss auf ihn und seine Begrüßung genommen. Teo stand wie immer draußen auf dem Portal. „Wo ist Petra?", rief Raul. Ich hörte ihn schon. „Junge, beruhig dich!'", sagte Teo. „Es ist nichts passiert, alles nicht so schlimm, jetzt mach' kein Drama draus." Ich saß bei Marisol in der Küche und war froh, bei ihr zu sein, als er Sekunden später dastand. „Was muss ich da schon auf der Straße hören? Raulito war nicht in der Schule, weil du ihn wieder mitgenommen hast. Hast du sie noch alle beisammen? Das Kind muss in die Schule und du kannst ihn nicht so einfach wieder mitnehmen. Warum hast du das gemacht? Wie stehen wir denn jetzt da?" Wie er das sagte, gleich würde er auf mich losgehen. Laura kam rein, „Hey Raul, beruhige dich, mach sie jetzt nicht auch noch fertig. Du hättest doch das Gleiche getan." „Halt dich da raus, das geht dich nichts an", fauchte er sie an. „Sicher geht mich das was an, wenn du auf Petra losgehst. Ich habe Verantwortung, genau wie Papi und Mami. Komm' mal wieder runter und lass' sie in Ruhe." Am liebsten hätte ich ihn angeschrien, sagte aber gar nichts, keinen Ton. Wie immer stand er nicht hinter mir und ich erstickte an meinen Gefühlen, die alles andere als Liebe waren. Im Stillen dachte ich: „Danke, Laura!" Da kam Raulito von Hintereingang ins Haus. Auch er durfte sich eine Standpauke anhören. „Das machst du nicht noch einmal!", sagte Raul zu ihm. „Morgen gehst du in die Schule und du bleibst dort, bis du wieder abgeholt wirst und wehe, wenn nicht!" Alles was Laura sagte, hatte immer eine große Wirkung. Könnte ich doch so sein wie sie. Aber vielleicht musste ich einfach nur noch ein paar Jahre warten und dann hatte ich die nötige Reife dazu. Am nächsten Tag gingen wir wieder zur Schule. Raulito zeigte sich mutig, aber ich merkte schon wieder, das war nur Fassade. In der Schule angekommen nahm mich die Lehrerin beiseite. „Er muss heute hierbleiben." „Ich weiß, ich möchte aber bitte wieder mit ins Zimmer." Sie willigte ein. Der Schultag begann genauso wie am Vortag, dieselbe morgendliche Zeremonie. In Raulitos Augen sah ich pure Angst. Er hielt meine Hand und ließ sie nicht mehr los. Yana lief vor uns und drehte sich dauernd um und lachte ihn aus. Ich sagte zu ihr auf Deutsch: „Du blöde verwöhnte Göre, halt doch einfach deine Klappe." Sie verstand das nicht, wusste jedoch, dass es nichts Nettes war. Dann hatte ich mein Ziel in dem Moment auch nicht verfehlt, was sie betraf. Nur wenn ich mit ihr alleine war, hatten wir es gut zusammen. Sobald jemand aus der Familie dabei war, benahm sie sich schlecht und war vorlaut und frech. Ihr Verhalten bereitete mir viel Mühe. Da Kinder sich alles voneinander abschauen und ich wollte um alles auf der Welt verhindern, dass Raulito ihre Frechheiten und ihr Verhalten übernahm. Im Klassenzimmer setzte ich mich wieder in die Ecke und Raulito an den letzten Tisch im Zimmer. Es ergab sich für mich keine Möglichkeit, den Raum zu verlassen. So blieb ich bis zum Schluss in der Schule. Auch das war niemandem recht in der Schule, aber ich sah jetzt keine andere Lösung. Teo konnte sich das schon denken, als ich nicht nach Hause kam. Er sagte zu mir, „Kind, mach' es so, bis er freiwillig von alleine dableibt. Irgendwann wird dieser Tag schon kommen." Die nächsten Tage blieb ich immer mit in der Schule. Raulito fühlte sich immer sicherer und das war gut so. Seine Leistungen waren nicht sehr gut und es fiel ihm schwer. Aber er war erst fünf Jahre alt. Yana hatte keine Probleme und war gut in der Schule. Sie hänselte ihn dauernd und ich konnte das nicht verhindern. José half ihm, wo er konnte. An einem Morgen sagte Raulito zu mir, „Mami, du kannst heute wieder nach Hause gehen." „Bist du sicher? Ich bleibe noch am Anfang und gehe dann nach Hause." „Das brauchst du nicht, wirklich nicht." Als alle Kinder in das Schulgebäude hineingingen, winkte er mir zu und rief, „Tschüss Mami, bis nachher." Wie niedlich er das sagte und jetzt war ich fast sauer, dass er ohne mich in die Schule wollte. Er hatte es geschafft, oh Gott, wie froh ich war. Es war alles richtig so, wie ich es gemacht hatte. Ich hatte keine Sekunde davon bereut. In diesem Moment wusste ich jedoch noch nicht, dass ich dies noch einmal erleben würde.

Laura kam eines Tages nach der Arbeit nach Hause. „Petranaja, Ramón hat angerufen, ihr sollt am Freitag zu ihm kommen. Er hat einen Termin für dich im Krankenhaus abgemacht. Du bekommst endlich die Spirale." Was für eine Freude, ich hatte keine Pille mehr und einfach nur Glück gehabt in den letzten Wochen. „Oje, ich habe Angst, so schnell." „Sei froh, du hast keine Pille mehr. Das wird schon nicht so schlimm und geht sicher ganz schnell." Ach könnte ich doch mit ihr dahinfahren. Als Raul von der Arbeit kam, erzählte ich es ihm und er willigte nur widerwillig ein. Sicher hatte er nicht so schnell damit gerechnet und hoffte, ich würde bis dahin doch noch schwanger werden.

Wir fuhren zu Ramón. Wie immer gab es eine große Wiedersehensfreude. Raul war immer wie ausgewechselt, wenn seine älteren Geschwister zugegen waren. Auch mir gegenüber verhielt er sich dann ziemlich fürsorglich. Bei Weitem noch nicht in der Vollkommenheit, jedoch tausendmal besser als sonst. Wenn er doch nur immer so wäre. „Ihr müsst um elf Uhr im Krankenhaus sein", sagte Ramón. Er erklärte Raul den Weg und nannte uns noch den Namen des Arztes. Im Krankenhaus angekommen, fragten wir nach dem Arzt. Wir wurden zu ihm geschickt und er erklärte mir im Beisein von Raul den Ablauf. Anschließend nahm er mich alleine mit, Raul musste draußen warten. Ich musste mich im Vorraum ausziehen. Das Behandlungszimmer war bescheiden, es fehlte jedoch an nichts. Fünf Personen standen da und warteten auf mich. „Oh Gott, Laura, was passiert hier mit mir?", dachte ich. „Wärst du doch jetzt hier. Ich wusste nicht, wer von den fünf Personen ein Arzt oder Ärztin war und wer die Krankenschwester. Ich nahm Platz auf dem gynäkologischen Stuhl. Alle standen um mich herum und sprachen miteinander. Dann kam eine Schwester mit einer großen Kanne Wasser und schüttete mir diese über meinen Bauch, sodass mir das Wasser zwischen den Beinen runterlief. Ich erschrak, denn es war kalt. Was war denn das, was sollte das denn? Ich war sauber. Das war für mich so fremd und es war mir unangenehm. Plötzlich spürte ich einen stechenden Schmerz, links in meinem Unterleib. Ich gab das zu verstehen und jetzt wurde mir klar, warum so viele Personen da waren. An jeder Seite hielt mich jemand fest, damit ich mich nicht bewegen konnte. Es durfte nichts schiefgehen und die Spirale musste an den Ort platziert werden, wo sie nützlich war. Als es vorbei war, durfte ich wieder aufstehen. Mir war unglaublich schwindelig, konnte mich kaum auf den Beinen halten. Sie ließen mich gehen und sagten noch, ich sollte mich jetzt besser hinlegen. Draußen stand Raul und wartete. „Es ist vorbei, wir können gehen. Nur schnell weg hier, mir ist total schwindelig und ich glaube, ich muss mich übergeben." „Du kannst doch jetzt so nicht laufen." „Doch, doch, das geht." Wir kamen zu einer Treppe, da wurde mir so schlecht, dass ich mich hinsetzen musste. Ich hatte Schmerzen. Was war das nur? Ich hatte keine Ahnung was da jetzt mit mir los war. „Bleib hier sitzen, ich hole einen Arzt", sagte Raul. Ich wollte nicht alleine dort sitzen bleiben, aber da war er schon weg. Er kam mit einem Arzt zurück und sagte ihm, was mit mir los war. Der Arzt sagte: „Das ist ganz normal, dass sie sich noch schlecht fühlt. Der Körper muss das fremde Ding erstmal akzeptieren. Das geht wieder vorbei." Nach einer ganzen Weile auf der Treppe gingen wir. Wir fuhren mit dem Motorrad erstmal zu Ramón. Ich saß nur seitlich auf dem Motorrad. Die Schmerzen wurden immer schlimmer. Es war, als hätte ich ohne Unterbrechung Wehen. „Raul, bring sie in das erste Zimmer. Leg sie hin, ich bringe gleich was gegen die Schmerzen." Ramón gab mir eine Tablette und ich schlief sofort ein. Nach drei Stunden wachte ich wieder auf. Ich hatte so tief geschlafen wie schon lange nicht mehr. Aber es ging mir besser. Ich hatte keine Schmerzen mehr und hoffte nur zu sehr, dass es auch so blieb. Alle saßen in der Küche, als ich aufstand. „Na, endlich bist du wach, du hast drei Stunden geschlafen. Wie geht's dir jetzt?", sagte Raul und Ramón fragte gleich hinterher. „Mir geht es gut jetzt, ich habe nur etwas Hunger." Isolde stellte mir sofort was zu essen hin und es war wie immer köstlich. „Wir müssen dann losfahren", sagte Raul. „Wollt ihr nicht lieber eine Nacht hierbleiben?", antwortete Ramón. „Ihr wisst nicht, ob die Schmerzen unterwegs wieder anfangen. Hier seid ihr in der Nähe des Krankenhauses." Gerne wäre ich geblieben, aber ich wollte nach Hause zu Raulito. Er wartet auf uns und er könnte sonst denken, dass was passiert wäre. Zu dieser Zeit gab es keine Möglichkeiten, ihn zu informieren, dass wir erst morgen kämen. Es gab kein Telefon, Handy oder Internet. Die einzige Quelle, um Informationen auszutauschen, war Briefe schreiben. „Wir müssen wieder nach Hause, Raulito wartet und ich möchte ihn nicht alleine lassen. Ich werde das schon schaffen. Raul muss einfach langsamer fahren." Mir war nicht sehr wohl dabei, jetzt noch so lange Motorrad zu fahren. Aber es half nichts. Während der Fahrt war ich unglaublich müde. Raul wusste das und sprach mich deshalb alle paar Minuten an. Das war auch gut so, denn ich war tatsächlich zweimal kurz eingeschlafen. Die Tablette wirkte anscheinend immer noch. Ich versuchte, mich über meine Gedanken wach zu halten. Ich konnte mir nicht vorstellen, dass ich da jetzt etwas in mir drin hatte, was eine Schwangerschaft verhinderte. Ich hatte es jetzt alleine in der Hand, ob und wann ich schwanger werde. Ein Gefühl der Selbstbestimmung überkam mich. Das war ein gutes Gefühl. Wir kamen zum Glück gut und ohne Probleme zu Hause an. „Mami, Mami, da seid ihr ja endlich." Mein kleiner Schatz kam uns entgegengerannt und ich war froh, dass wir nicht geblieben waren. „Hey Petranaja, erzähl mal, wie war es?", kam Laura fragend zu uns. Ich erzählte ihr alles und wir waren froh, dass das überstanden war. „Ich hoffe, jetzt kehrt erst mal wieder Ruhe ein und Raul findet nicht schon wieder was Neues, um dir das Leben schwer zu machen." „Er wird etwas finden", dachte ich nur.

Raulito machte mir immer wieder Sorgen, da er immer wieder krank wurde. Er fühlte sich zwar gesund und munter, aber er hatte immer einen nässenden Ausschlag auf dem Kopf. Wir gingen mit ihm zu einer Heilerin. Die Symptome konnte sie immer wieder mit einem Gebräu, mit dem wir ihm den Kopf waschen mussten, lindern. Aber lange hielt das nie an. Beim Arzt waren wir auch, der gab uns eine Salbe, die auch keine lange Heilung brachte. Jedes Mal, wenn die Kopfhaut wieder normal wurde, dauerte es nicht lange und der Ausschlag kam wieder. Laura erzählte mir von einem bestimmten Strand. „Der Meeresboden ist wie Schlamm, grauer Schlamm und hat eine heilende Wirkung auf die Haut. Viele Leute fahren dorthin, um sich ihre Haut damit einzuschmieren. Sie lassen dann den ganzen Tag Schlamm auf der Haut. Das soll wirklich gut sein." „Dann lass uns doch dorthin fahren, wenn es nicht zu weit ist." „Raul!", rief Laura. „Was meinst du dazu, können wir am Sonntag an diesen Strand fahren?" Er willigte sofort ein, was ich kaum glauben konnte. Es war ein weiter Weg und wir fuhren zusammen mit dem Bus. Laura und José kamen mit uns. Darüber war ich sehr glücklich. Am Strand angekommen, sahen wir schon sehr viele Leute im Wasser. Wir gingen alle hinein. Das Wasser war sehr warm und flach und der Boden war tatsächlich wie grauer Schlamm. Es war einfach himmlisch. Raulito hatte seine wahre Freude. „Los, komm wir schmieren ihm den Kopf ein", sagte Laura. Das liebte er, endlich konnte er sich einmal im Schlamm wälzen. Wir taten das Gleiche und schmierten uns überall mit dem Schlamm ein. Das war ein unbeschreibliches, schönes Gefühl auf der Haut. Immer wieder spülten wir den Schlamm ab und rieben uns gleich aufs Neue wieder ein. Ich massierte ein wenig mit dem Schlamm Raulitos Kopf. Das tat ihm gut und ich hoffte, dass dies jetzt wirklich Heilung brachte. Bevor wir gingen, sagte Laura: „Ich habe eine Idee, wir lassen ihm den Schlamm auf dem Kopf, so kann das Ganze über Nacht wirken und morgen waschen wir ihn raus." Das hörte sich gut an. Der Tag war so wunderschön und endlich wieder mal was anderes. Raulito war glücklich, er konnte den ganzen Tag baden. Meine liebe Laura, meine Fast-Schwester und José, mein Freund und Freundin, war bei mir. Als wir nach Hause kamen, stand Julio, Lauras jüngster Sohn an der Tür. Er liebte mich so sehr, er vermisste mich, wenn ich nicht da war, er rief immer nach mir, wenn er mich nicht sehen konnte, er war ein wahrer Schatz. „Tante Petra, Tante Petra, wo warst du den ganzen Tag. Ich habe dich vermisst. Warum hast du mich nicht mitgenommen? Schau mal, ich habe deine Hosen an, die du mir genäht hast." All das sagte dieser kleine Schatz zu mir mit seinen gerade mal zweieinhalb Jahren. Ich liebte ihn auch und nahm ihn gleich in den Arm. Er war wie immer ganz klebrig vor Wärme. Seine Nase war ziemlich groß und alle lachten ihn aus deswegen und auch genau deshalb, wegen dieser sogenannten Unzulänglichkeit, liebte ich ihn so sehr. Ich war mit dieser Familie immer von offenen Herzensmenschen umgeben. Das war einfach wunderbar. Wenn ich nur meinen Mann noch lieben könnte, dann wäre alles perfekt. Aber das war es nicht. Inzwischen war unsere Ehe für mich ein Zwang. Ich wollte seine Nähe nicht, ich wollte seine Meinung nicht wissen und hören, ich wollte keinen Aufpasser mehr, ich wollte meine Freiheit, meine Selbstbestimmung, die ich schon vor vielen Jahren verloren hatte, zurück. Ich wollte meine Eigenverantwortung zurück und mein eigenes Leben wieder leben und vor allem ohne ihn leben. Meine Abneigung ihm gegenüber wurde immer größer und ich sah ihn lieber gehen als kommen. Ohne ihn gab es keine Kontrolle, ich war frei. Da war keine Liebe mehr. Nach all den Jahren konnte es kaum anders kommen. Das war mir jetzt auch klar. Es ist niemals Liebe, wenn ein anderer Mensch dir nicht den Raum für dein eigenes Leben gibt. Alles war für mich nur noch etwas, was ich ertragen musste. Ich hatte kein eigenes Leben, kein privates Leben für mich. Ich richtete mich nur nach ihm, gab ihm die Antworten, die er hören wollte, um jeden Ärger zu vermeiden. Raul las meine Briefe, die ich aus meiner Heimat von meinen Eltern, meiner Schwester und meinen Freunden bekam. Er wollte alles kontrollieren und sehen, ob etwas gegen ihn geschrieben war. Ich habe keine Erinnerung mehr an irgendeinen liebevollen Umgang von ihm mit mir. Raul war jähzornig, wütend, fordernd und gewalttätig. Auch wenn ich im Beisein seiner Familie von seiner Gewalt verschont blieb, wusste ich immer, wenn wir alleine wohnen würden, dann wäre ich ihm wieder ausgeliefert. Zu gut kannte ich seine rasende Eifersucht. Ich wollte einfach nur weg von ihm. Weg von ihm hieß zurück nach Deutschland, zurück in meine Heimat. Niemals würde er einwilligen, mit meinem Sohn alleine nach Deutschland zurückzukehren. Fidel Castro hatte meinen Sohn zu einem Kubaner gemacht, obwohl er in Deutschland geboren war. Ich hatte kein Recht mehr auf meinen Sohn. Er durfte das Land nicht verlassen und ohne ihn würde ich niemals gehen. Ich steckte fest, ich steckte in unserer Ehe, die für mich mehr und mehr zum Gefängnis wurde, fest. Die Lösung lag so nahe, jedoch für mich Lichtjahre entfernt weit weg. So oft hatte ich versucht, mich von ihm zu lösen, und wusste noch zu gut, wie ich jedes Mal kapituliert hatte und aufgeben musste. Seine Drohungen machten mir Angst. Diese Angst, die immer die Oberhand in mir hatte. Wie sollte ich das jemals schaffen, mich von ihm zu trennen, hier in diesem fremden Land. Es war aussichtslos.

Am nächsten Morgen standen wir wieder früh auf. Die Kinder mussten auch wieder zur Schule. „Raulito steh auf und trödle nicht so, ich muss dir noch den Schlamm aus den Haaren waschen." Ich sah ihn an, fasste auf seinen Kopf und stellte fest, dass sich alles wie Beton anfühlte. Oh mein Gott, als würde ich auf einen Stein fassen. Raulito merkte mein Unwohlsein. „Mami, was ist los, warum schaust du so komisch?" „Nichts mein Schatz, schon gut. Ich hoffe, wir bekommen das wieder raus." Wir hatten kein fließendes Wasser, so nahm ich Krug für Krug das Wasser aus der Regentonne. Der Schlamm auf dem Kopf blieb hart. Oh mein Gott, was machte ich bloß. „Mami, das Wasser ist kalt und das tut weh, nicht so fest reiben." Oje, der Arme. Wenn doch nur das Wasser warm wäre. Ich musste ein Feuer im Hof machen, um das Wasser zu wärmen, das würde dauern. Ich stand mit Raulito im Garten am Hinterausgang des Hauses. Laura kam aus ihrem Haus raus. Sie hatte sein Weinen gehört. „Petranaja, was ist los, was machst du da?" „Ich kriege den verdammten Schlamm nicht raus, er ist hart wie Beton und klebt fest. Die Haare bleiben dran kleben. Ich weiß nicht was ich machen soll. Es ist die Hölle." Mami, hör bitte auf, das tut so weh." Raulito weinte und ich schwitzte wie verrückt und weinte vor Verzweiflung. Was habe ich da meinem Kind angetan. Laura kam mir zu Hilfe. „Geh mal weg, du tust ihm ja weh. Ich mache das." Sie beruhigte ihn und sagte: „Raulito, wir haben es gleich. Die Mama kann das nicht. Komm her, wir machen das jetzt ganz langsam." Stück für Stück löste sie ihm den Beton vom Kopf und inzwischen wurde es durch das Wasser etwas weicher. Ich war so froh, dass Laura das übernahm. Sie konnte ihn beruhigen und hatte die nötige Geduld. Ich war so panisch, dass ich nichts mehr hinbekommen hatte. Laura tauchte ihm wie eine Friseurin den Kopf ins Wasser und ließ ihn eine ganze Weile drin und massierte immer wieder darüber, bis der Schlamm sich aufgeweicht hatte. Während sein Kopf in der Regentonne von hinten im Wasser war, küsste ich ihn immer wieder und Laura machte dabei ihre Scherze und brachte ihn zum Lachen. Endlich nach einer halben Stunde war sie fertig und der feste Schlamm war weg. Er hatte einige Haare verloren, aber das war nicht so schlimm. Was für eine Aktion! Niemals wieder würde ich so etwas tun.

Es dauerte nicht lange und ich musste wieder mit ihm zum Arzt. Das konnte so nicht weitergehen und ich war sicher, dass das mit dem Klima zusammenhing. Dieses Mal muss ich mit dem Arzt darüber reden, nahm ich mir vor. Ich wollte von ihm eine Bescheinigung, dass mein Sohn das Klima nicht vertrug. Denn auch er hatte das schon erwähnt. Damit könnte ich es schaffen, Raul davon zu überzeugen, uns nach Deutschland zurückgehen zu lassen und nicht nur Raul, sondern auch den Staat, damit sie meinen Sohn mit mir ausreisen lassen, ohne dass der Vater das erst genehmigen musste. Keiner hier im Land konnte uns dann noch zurückhalten. Es ging um die Gesundheit meines Sohnes. Das war die Lösung, so schien es mir zumindest. Jetzt war die Gelegenheit zum Greifen nah. Ich brauchte ein Attest, und zwar schriftlich. „Sie schon wieder", sagte er, als er uns sah. „Ja wir schon wieder, es hört nicht auf. Immer wieder kommt der Ausschlag zurück. Ich bin überzeugt, dass das mit dem kubanischen Klima zusammen-hängt und Sie haben das beim letzten Mal auch schon gesagt. In Deutschland hatte er sowas nie und seit wir hier sind, bekommt er es ständig." „Ja das könnte schon sein, dass das mit dem Klima zu tun hat. Wir haben in Kuba eine hohe Luftfeuchtigkeit und es ist sehr heiß." „Können Sie mir das bitte auch schriftlich geben, dass mein Sohn das Klima nicht verträgt." „Das habe ich so nicht gesagt." „Doch das haben Sie." „Nein, ich sagte, es könnte die Ursache sein und nicht, dass es so ist." „Sie sind doch Arzt und Sie werden es wissen, dass ich recht habe. Bitte geben Sie mir das doch in einem kurzen Schreiben schriftlich. Es ist sehr wichtig für uns. Er kann doch unter diesen Umständen nicht länger in Kuba leben." Ich wollte unbedingt dieses Dokument, das war meine Chance. Er wurde sichtlich nervös und sagte: „Ich kann Ihnen da nicht helfen." Was war das, was ihn zurückhielt, fragte ich mich. Er hatte scheinbar Angst vor der Regierung. Wenn er das bestä-tigte, würde man ihn vielleicht befragen und er könnte seine Stel-lung verlieren. Das war die einzige Erklärung für mich. Ich ging und wusste schon jetzt, ich würde wiederkommen, nicht aufgeben.

Es vergingen nur wenige Tage nach unserem Arztbesuch, da wachte Raulito mit geschwollenen Augen auf. Der Ausschlag auf dem Kopf hatte nun auch seine Augen angegriffen. Ich konnte es nicht fassen, es war tatsächlich noch schlimmer, als ich dachte. Jetzt bekam ich wieder Panik. Mein Kind verlor vielleicht sein Augenlicht und der Arzt stellte sich quer. Ich konnte dabei zusehen, wie die Schwellung zunahm und die Augen verschleimten. Es war genau derselbe Schleim wie auf seinem Kopf. Seine Augen waren unten und oben geschwollen. Marisol machte uns ein Gebräu aus verschiedenen Kräutern. „Hier nimm das, warte noch kurz, bis es sich etwas abgekühlt hat, und dann wasche ihm seine Augen aus damit", sagte sie. „Mami was ist los? Was habe ich da?" „Mein Schatz, das wird wieder vorbeigehen. Deine Augen sind geschwollen und ich wasche dir sie jetzt leicht aus. Danach wird es sicher besser!" Ich saß auf dem Bett und nahm seinen Kopf auf meinen Schoß. Mit einem Tuch tunkte ich in das Gebräu und versuchte, ihm so sanft wie möglich die Augen zu reinigen. „Mami, das tut weh!" Er weinte und trotz der Brühe sah ich seine Tränen. Es war zum Verzweifeln, jetzt war es wirklich ernst. Ich sah, dass es nichts brachte. Immer wieder verschleimten seine Augen. Teo stand bei uns und redete auf Raulito ein. Er wollte ihn beruhigen und erzählte ihm eine Geschichte von Fidel Castro und Che Guevara. „El Comandante war in den Bergen und kämpfte mit den Guerillas gegen Batista. Er hat uns befreit. Jetzt werden wir alle gleichbehandelt." Noch bevor seine Geschichte zu Ende war, schlief Raulito ein. Ich hatte Angst, dass seine Augen noch geschwollener wären, wenn er aufwachte. „Wir müssen zum Arzt", sagte ich. Teo sagte: „Aber am besten gleich nach Santa Clara. Du musst warten, bis Raul von der Arbeit kommt, und dann fahrt ihr gleich los." Raul kam am Nachmittag und wir fuhren zu dritt mit dem Motorrad nach Santa Clara ins Krankenhaus. Dort angekommen bekamen wir auch sofort Hilfe. Es war ja auch nicht zu übersehen, dass es akut war. Nachdem eine Krankenschwester unsere Daten aufgenommen hatte, brachte sie uns in ein Behandlungszimmer. Raul musste draußen warten. Er durfte nicht mitkommen. Ein Arzt kam und sah sich ihn an, während ich ihm die Situation schilderte. „Er muss hierbleiben und in Quarantäne und

Sie auch gleich mit. Sie dürfen jetzt die Klinik nicht mehr verlassen. Zu groß ist eine Ansteckungsgefahr." „In Quarantäne?", frage ich. „Ja, kommen Sie mit, ich werde Ihrem Mann Bescheid sagen. Er darf nicht mehr zu Ihnen." „Was ist denn hier los", dachte ich und hoffte, dass es nicht so schlimm kommt. Er brachte uns auf eine Station. Wir kamen in ein Krankenzimmer, in dem schon drei Mütter mit ihren Kindern waren. Uns teilte man das kleine Kinderbett zu. Daneben stand ein Stuhl für mich. Die anderen drei Kinder hatten alle ein großes Bett und ihre Mütter saßen auf dem Stuhl. Die Begrüßung war herzlich und liebevoll, wie das so bei den Kubanern üblich ist. Wir stellten uns alle kurz vor und kamen auch gleich ins Gespräch. Raulito war gelassener als vorher und freute sich über die anderen Kinder. Klar, dass ihm diese Klassenfahrtidylle gefallen hatte. Der Arzt kam und gab Raulito Tropfen für die Augen und ein Medikament zum Einnehmen. Kurze Zeit später stand Raul hinter der Glasescheibe seitlich des Zimmers. Es waren zwei Scheiben übereinander, sodass wir uns unterhalten konnten. „Der Arzt hat mir alles gesagt. Hoffentlich ist es nichts Schlimmes." „Du musst uns Sachen bringen, wir brauchen unbedingt Wechselwäsche." „Ich komme morgen wieder und bringe alles, was ihr braucht." Dann ging er und ich saß jetzt hier fest und wusste nichts. Was hatte mein Sohn und wie lange würden wir hier sein? Es war schon spät, wir hatten nichts gegessen. Irgendwann so gegen 19 Uhr bekamen wir etwas zu essen. Es war etwas Reis mit Ei. „Besser als nichts", dachte ich. Ich fragte die Frauen: „Wo schlafen wir?" Eine antwortete: „Na hier, auf dem Stuhl." „Auf dem Stuhl?", rief ich erschrocken. „Ja, die ganze Nacht auf dem Stuhl. Wir können uns auch ab und zu mit ins Bett legen, aber es ist nicht erlaubt. Du darfst dich nicht erwischen lassen." „Wie soll ich mich hier mit in das Kinderbett legen? Es hat ein Gitter davor und es lässt sich nicht ganz runtermachen." Gegen 21 Uhr kam die Schwester und machte das Licht aus. „Jetzt wird geschlafen", sagte sie. „Und unterstehen Sie sich, sich mit ins Bett zu legen. Das ist verboten." Das war eine Ansage, ein Befehl und flößte mir Ehrfurcht ein. Die Kinder waren noch lange nicht müde. Ich fühlte mich schmutzig. Ich hatte nichts dabei und konnte mir nicht mal die Zähne putzen. Hoffentlich würde mir Raul alles bringen, was wir brauchten, und hoffentlich auch Zahnpasta, denn das war eine Rarität und wir teilten uns alle zusammen eine Tube. Da saß ich nun auf diesem harten Stuhl. Wie sollte ich hier schlafen, es war unbequem und hart. Ich legte meinen Kopf aufs Bett und versuchte, nach dem langen Tag zu schlafen. Das Gitter drückte sich mir von unten auf meine Brust. Es war kaum möglich, eine schmerzfreie Stellung zu finden. „Mami, komm doch mit rein." „Das geht nicht, mein Schatz, das Bett ist zu klein. Ich kann nur den Kopf ablegen." Ich umarmte ihn und wir kuschelten die Köpfe zusammen und dann schlief er ein. Die anderen Mütter legten sich mit ins Bett zu ihren Kindern. Warum habe ich nicht so ein großes Bett, verdammt. Es war unmöglich für mich, so zu schlafen. Ab und zu döste ich ein und wurde immer wieder wach. Nachts kam die Schwester und brüllte uns an. „Raus aus den Betten!" Am nächsten Morgen war ich so müde und fühlte mich, als hätte ich in einer Flasche geschlafen und nur der Kopf rausgeschaut. Wir wurden um sechs Uhr geweckt. Raulito sah besser aus, die Augen waren noch geschwollen, aber er wirkte erholter. Am Mittag kam Raul, er kam mit Laura. Die Freude war riesengroß. Raulito fühlte sich wie etwas Besonderes. Es drehte sich jetzt alles um ihn. „Raulito mi Amor", rief Laura, „was machst du für Sachen? Wann kommst du nach Hause? Oje Petranaja, ihn hat es jetzt erwischt. Das kubanische Klima ist nichts für ihn!" „Ach was, so ein Blödsinn!", rief Raul ihr entgegen. „Also Raul, darüber müssen wir noch reden, nur nicht hier und jetzt." Ich stand hinter der Scheibe und war froh darüber, dass ich dahinter war und ich war umso glücklicher, dass Laura Raul darauf ansprach. „Ich habe eure Sachen der Schwester gegeben. Sie wird sie dir dann geben!", sagte Raul. „Hast du auch Zahnpasta dabei?" Laura übernahm die Antwort, „Ich habe dir meine Zahnpasta mit eingepackt. Das geht schon in Ordnung." „Danke, meine Liebe, du bist ein Schatz", sagte ich. Raulito genoss dieses Gespräch über die Scheibe, er fand das spannend. „Frag doch mal den Arzt, wie lange ihr noch hierbleiben müsst." „Vermutlich mal so lange, bis er geheilt ist", war meine Antwort und ich war froh, dass ich trotz der Schlafumstände mal ein paar Tage ohne Raul war. Ich war froh, dass ich, solange ich hier war, nicht mit ihm ins Bett musste und vor allem nicht mit ihm schlafen musste. Nach einer halben Stunde mussten sie wieder gehen. Am nächsten Tag besuchte,uns Rauls Bruder Osvaldo und seine Frau Magda. Sie wohnten in Santa Clara und waren sehr herzlich so wie die ganze Familie. Osvaldo war der drittälteste Bruder und für mich auch schon fast wie ein Vater. Wir hatten jetzt jeden Tag Besuch. Das war eine willkommene Abwechslung. Die andere Zeit verbrachten wir ununterbrochen im Zimmer. Es waren zähe und lange Tage und die Nächte waren zum größten Teil für mich schlaflos. Für mich fühlte es sich an, als wäre ich ohne einen Funken Lebensenergie. Nach einer Woche durften wir raus. Raulito war wieder gesund. Hoffentlich blieb das jetzt so. Raul wusste nicht, dass man uns entlassen hatte. Die Klinik hat uns eine Bescheinigung gegeben, damit wir bei der Busstation in Santa Clara nicht warten mussten und gleich als Erste mitgenommen werden. Wir fuhren von der Klinik mit dem Bus bis zur zentralen Busstation. Als wir ankamen, sah ich schon den Bus nach Camajuani. Ich ging zum Busfahrer und zeigte ihm die Bescheinigung und wir wurden prompt in den Bus gelassen. Die Sitzbank im Bus war für mich reinster Luxus. Die Fahrt dauerte ungefähr eine Stunde. Als wir ankamen, waren es nur noch knapp fünf Minuten zu Fuß bis nach Hause. Schon auf dem Weg dahin begrüßten uns die Leute. Sie riefen uns zu und freuten sich, dass wir wieder da waren. Alle wussten natürlich, dass wir im Krankenhaus waren. Zu Hause angekommen, wurden wir voller Freude empfangen. Raulito sah seinen Opa schon draußen stehen, rannte ihm entgegen und rief: „Opa, Opa! Hallo, wir sind wieder da." Die Freude war groß. Teo lachte, ohne seine Zigarre dabei aus dem Mund zu nehmen. Wie er da stand mit seinem Sombrero und sich wie immer über alles, was so passiert, im Ort informierte. Das tat er nur alleine mit seiner Aufmerksamkeit. Er war sehr dünn, seine Hosen und sein Hemd hingen wie drei Nummern zu groß an seinem Körper.

Seine Haut war braun und runzlig und seine braunen Augen hatten diese Tiefe, diese liebvolle Güte und Wärme. Niemals hörte ich ein lautes oder böses Wort von ihm. Er nahm alles, wie es kam, die Wärme, die Trockenheit, die Zeiten ohne was zu essen, das Schimpfen von Marisol, einfach alles. So ist es wohl, wenn man ein langes Leben gelebt und 16 Kinder großgezogen hat. „Endlich bist du wieder da, mein Kind, und du bist ja wieder gesund. Komm, was willst du essen?" Ich umarmte ihn, gab Raulito in seine Obhut und fiel aufs Bett und schlief sofort ein. Gegen Abend wurde ich wach und fast die ganze Familie war gekommen, um zu erfahren, wie es uns ging. Es war ein lauter und turbulenter Abend.

Teo und Marisol fuhren immer wieder auf das Dorf, in welchem sie jahrelang mit ihren Kindern wohnten. Teo fragte mich an einem Montagabend, „Kommst du auch mit? Wir müssen den Mais ernten." Er lachte dabei und ich sagte: „Ja, ich komme mit." „Das war ein Scherz. Du musst nicht mitkommen. Das ist harte Arbeit und die Hitze ist für dich sicher unerträglich." „Jetzt erst recht", dachte ich. „Natürlich komme ich mit, das schaffe ich schon." Er glaubte mir nicht, auch noch nicht am nächsten Morgen. „Teo, wann fahren wir los?" Wir fahren am Nachmittag, wenn die große Hitze vorbei ist. Willst du jetzt wirklich mitkommen?" „Ja, na klar, das war ernst gemeint." „Na dann komm erstmal mit, du kannst dort immer noch entscheiden, ob du mit aufs Feld gehst oder nicht." Auch Marisol sagte: „Lass das doch die Männer machen." Ich holte die Kinder aus der Schule und Raulito freute sich, mit aufs Dorf zu fahren und dort mit den anderen Kindern zu spielen. Carlos, Rauls Bruder, der noch immer auf dem Dorf wohnte, holte uns mit einem kleinen Camion ab. Er lachte nur, als er hörte, dass ich mitkommen möchte. „Also los, dann alle mal auf die Ladefläche steigen", sagte er. Teo, Raulito, Yana und ich saßen auf der Ladefläche und Marisol vorne bei Carlos. Als wir ankamen, kam ein Mann auf einem Pferd zum Camion und wollte mir von der Rampe runterhelfen. Ich erschrak und lehnte ab. Der Gedanke, dass Raul das erfahren würde, machte mir sofort Angst. Irgendjemand würde es ihm sicher erzählen, dass seine Frau von einem anderen Mann runtergehoben wurde und er sie dabei angefasst hatte. Ich stieg alleine runter, während der Mann mich erschrocken ansah. Immer wieder kam ich in solche unangenehmen Situationen. Wir gingen alle erstmal zu Danilo, das war ein weiterer Bruder von Raul. Er wartete schon auf uns. „Du willst wirklich mit aufs Feld?", sagte er. „Ja das will ich." „Dann nimm das hier und zieh es an." Er warf mir eine lange Hose und ein langes Hemd hin und gab mir noch Gummistiefel und einen Hut. „Es sind fast 40 Grad, wieso soll ich das jetzt anziehen?" „Du stehst in der Sonne und da musst du dich schützen und die Stiefel sind dazu da, damit dir nichts von unten in die Hose reinkrabbelt. Oder hast du etwa Lust auf Schlangen oder Vogelspinnen?" Oh mein Gott, auf was hatte ich mich da eingelassen? Ich wollte jedoch nicht hinschmeißen. Wir gingen ein paar Meter ums Haus und da war auch schon das Maisfeld. Wir waren zu viert, Teo, Carlos, Danilo und ich. Die Männer schnitten den Mais mit der Machete und ich löste die Maiskolben aus den Blättern. Dabei musste ich sehr vorsichtig sein, um die Blätter nicht kaputtzumachen, da wir auch diese zum Kochen verwendeten. Teo lachte und lachte die ganze Zeit und rief mir zu: „Wenn das deine Eltern sehen könnten." Es war so heiß. Die Kleidung tat ihr Übriges dazu. Aber es war wohl besser so, vor allem die Stiefel. Die ganze Zeit dachte ich, dass mir eine Riesenspinne von unten die Schuhe hochkrabbeln könnte, und schaute auch ständig auf den Boden. Nach einer Stunde wurde ich abgelöst. Ich war so erhitzt und rot, aber ich war froh und stolz, dass ich das durchgestanden hatte. „Du hättest das wirklich nicht tun müssen", sagten die Frauen zu mir. Ich bekam erstmal Kaffee. Wir sammelten dann alle zusammen die Ernte ein und jeder bekam seinen Anteil. Anschließend fuhr uns Carlos wieder zurück. Laura kam rüber zu uns und mit ihr ihre Söhne José und Julio. Sie brachte gekochte schwarze Bohnen mit und Marisol kochte uns Maisfladen und es war für uns alle seit Langem ein richtiges Festessen.

Nach einigen Wochen war es wieder so weit, Raulito bekam wieder Ausschlag auf dem Kopf. Dieses Mal wollte ich gleich mit ihm zum Arzt, bevor es schlimmer wird, keine Wunderheilerin mehr. Ich wusste, dass ich mich nicht mehr von dem Arzt abwimmeln ließ. Ich würde seine Praxis nicht eher verlassen, bis er mir ein Attest geschrieben hatte. Mit diesem Vorsatz traf ich bei ihm ein. „Guten Tag!", sagte ich. „Die Deutsche ist wieder mal da." „Guten Tag", sagte er nett, „Setzen Sie sich. Hat er wieder diesen Ausschlag?" „Ja, genau deshalb sind wir hier. Vor einiger Zeit war er sogar im Krankenhaus und wir verbrachten dort eine Woche in Quarantäne. Es war so schlimm, dass seine Augen blau, verschleimt und geschwollen waren. Denn dieser Ausschlag auf dem Kopf hatte nun auch schon seine Augen mit angegriffen. „Das ist wirklich schlimm", sagte er. „Ja das ist es und wir können es ihm zukünftig ersparen, wenn Sie mir das Attest schreiben, um welches ich sie schon die letzten Male gebeten hatte: Er verträgt das Klima nicht, soviel ist ja wohl jetzt klar." „Ich habe so etwas wirklich noch nie gesehen und kann deshalb auch nicht sagen, ob es am Klima liegt. Das ist nicht so einfach." Ich war genervt von seinen ewigen Ausreden. „Was ist schon dabei, wenn Sie mir das schriftlich geben. Warum ist das denn so ein Problem für sie?" „Das verstehen Sie nicht, ich bin Arzt und kein Klimaforscher." „Was soll es denn sonst sein. Da muss man kein Klimaforscher sein. Er hat das in Deutschland nie gehabt und hier in Kuba hat er den Ausschlag alle paar Wochen." „Das mag ja sein, aber ich kann die Ursache nicht ärztlich feststellen. Es kann verschiedene Ursachen haben." „Nein, es gibt nur diese eine Ursache und das ist das Klima. Ich werde jetzt nicht eher nach Hause gehen, bis Sie mir ein schriftliches Dokument geben, dass mein Sohn das Klima nicht verträgt." Ich fühlte mich leicht unwohl bei dieser Aussage. Er tat mir leid, er konnte auch nichts dafür und ich kannte nicht den Grund für seine Ängste, mir das Dokument auszustellen. Aber ich wollte wieder zurück nach Deutschland und das war das Einzige, was mir Hoffnung gab, mit meinem Sohn zurückkehren zu können. Das war jetzt viel wichtiger als seine Angst. Dieser kleine Hoffnungsschimmer, auch wenn ich noch nicht wusste, wie ich es einsetzen könnte oder was ich damit machen würde, wie es mir helfen könnte. „Bitte gehen Sie, es wird bestimmt irgendwann heilen. Das Beste ist, wenn Sie ihm die Haare abrasieren. So kommt immer genügend Luft ran und der Ausschlag geht zurück." „Die Haare abrasieren? Das soll die Lösung sein? Es tut mir leid, aber die Lösung ist, dass wir wieder nach Deutschland zurückkehren können, und dazu brauche ich das Attest." Es war absurd, mein Sohn konnte nicht mehr in seine Heimat zurück. Ja, er war glücklich in Kuba, er wurde geliebt. Aber dennoch, ich fühlte mich so schuldig. Ich hatte die Ursache dafür gesetzt, dass er jetzt Kubaner war und ich würde die Ursache sein, wenn er sich von unserer geliebten Familie und seinen Freunden trennen musste. Meine Beine wurden ganz wackelig bei all diesen Gedanken, denn ich stand, um meinen Worten mehr Nachdruck zu geben. Ich setzte mich wieder hin. „Bitte schreiben Sie mir jetzt das Attest und ich bleibe jetzt so lange hier, bis Sie es mir geben." Raulito saß auf meinem Schoß er verstand zum Glück nichts. Er schaute hin und her und erfreute sich an dem klimatisierten Raum. „Mami, können wir gehen?" Er sagte es auf Spanisch und ich antwortete ihm auf Deutsch. Ich redete weiter mit Raulito, um die Leere im Raum zu füllen, denn die schweigenden Minuten kamen mir vor wie Stunden. Der Arzt telefonierte zwischendurch, es war eher belanglos, aber ich hatte Bedenken, dass man mich hier mit Unterstützung raustransportieren würde. „Wissen Sie", sagte ich, „es ist nicht meine Art und es ist mir wirklich unangenehm, aber wir können das Ganze verkürzen, wenn Sie mir das Attest geben. Glauben Sie mir, ich werde geduldig hier sitzen bleiben und warten." Es vergingen noch ungefähr 15 Minuten und dann kam die Erlösung. „Ich verstehe Sie ja, Sie sind die Mutter und als Mutter tut man alles für die Kinder. Ich werde Ihnen jetzt ein Dokument mitgeben, dass das Klima in Kuba die Ursache für seine Erkrankung sein könnte." Er tippte auf seiner Schreibmaschine auf einem ganz offiziellen Briefkopf und schrieb in drei Zeilen seine Worte. Inhaltlich stand da, dass er der behandelnde Arzt ist und die Erkrankung sehr oft schon mit denselben Symptomen vorkam und die Ursache dafür eventuell am Klima liegen könnte. Mit Stempel und

Unterschrift versehen überreichte er mir nun das Schreiben. Ich las es und verstand auch jedes Wort. Dieses Schreiben hatte für mich so eine Ernsthaftigkeit, die Feststellung einer Krankheit. Gleichzeitig war ich erlöst und so froh, dieses Schreiben in meinen Händen zu halten. „Vielen, vielen Dank, es hat eine große Bedeutung für mich." „Ja, ja schon gut, gehen Sie jetzt, aber rasieren Sie ihm wirklich die Haare. Er kann sie ja in Deutschland wieder wachsen lassen", sagte er und lachte dabei. Ich entschuldigte mich nochmal für meine Hartnäckigkeit und ging, bevor er es sich vielleicht noch anders überlegt.

„Das hat aber lang gedauert", sagte Laura, als wir zurückkamen. „Ich habe mit dem Arzt gesprochen, dass es so nicht weitergeht, und darauf bestanden, dass er mir ein Attest gibt." „Was für ein Attest?" „Ein Dokument, dass Raulito das Klima nicht verträgt." „Ach so, und was macht man mit sowas?" „Du weißt doch, dass es die einzige Möglichkeit ist, dass wir vielleicht wieder zurück nach Deutschland können." „Aber wem willst du es denn zeigen. Beim Amt, nur bei welchem Amt?" „Ich weiß es auch noch nicht, ich habe keine Ahnung." „Petranaja, du bist hier in Kuba, da kannst du nicht einfach so zum Amt gehen und sagen, lasst mich hier raus, ich habe ein Dokument." „Dann schreibe ich eben Fidel Castro einen Brief." Ich merkte, dass sie das traurig machte. Es war nicht das Attest, sondern das Vorhaben, was damit verbunden war. „Ich liebe dich doch auch!", sagte ich zu ihr. „Bis es so weit ist, wird noch viel Zeit vergehen." „Wenn du mal weg bist, dann wirst du nie mehr wiederkommen und wir werden uns nie mehr wiedersehen." Mir steckte ein Kloß im Hals, ich brachte kein Wort mehr raus und wir umarmten uns nur noch. „Ich werde wiederkommen", sagte ich und fühlte, dass ich das wohl nie schaffen würde, wenn ich einmal weg war. Aber an dieses Versprechen erinnerte ich mich immer wieder.

So langsam war nun der Tag gekommen, an dem ich Raul von dem Attest erzählen musste. Denn ich wollte schließlich, dass es mir was nützt und ich konnte nicht zu viel Zeit nach dem Arztbesuch verstreichen lassen. Am Abend nach dem Essen nahm ich es mir vor. Wir saßen alle draußen auf dem Portal. Ich konnte es nicht länger vor mir herschieben, auch wenn ich wusste, dass er wieder wütend wird. Das war auch der Grund, warum ich es auf den Abend verschob. Sollte er doch wütend werden, spätestens, wenn wir ins Bett gingen, holte er sich wieder bei mir, was er brauchte, und dann war sein Hirn ausgeschaltet. „Ich habe übrigens das Dokument bekommen, als ich diese Woche beim Arzt war mit Raulito", sagte ich auf Deutsch. Er wusste, wenn ich Deutsch redete, brauchte ich etwas von ihm. „Was für ein Dokument? Wovon sprichst du?", war seine misstrauische, forsche Antwort. An seinem Gesicht konnte nun auch jeder aus der Familie erkennen, dass es um etwas ging und er dabei wie immer den Macho raushängen ließ. Warum nur war er so, wie er war, und die anderen nicht? Ich verstand das nicht. Nie hatte ich Teo ein böses Wort gegenüber Marisol sagen hören. „Na das Attest, dass Raulito das Klima nicht verträgt. Er ist ja immer krank, seit wir hier sind, und in Deutschland hatte er den Ausschlag nie. Außerdem waren wir sogar deshalb im Krankenhaus", sagte ich so schnell damit ich es endlich hinter mir hatte. Ich wollte keinen seiner Wutausbrüche, um ihn dann wieder beschwichtigen zu müssen und das so, dass ich nicht vor allen in die Rolle der Unterwürfigen schlüpfen muss. „Was willst du mit dem Attest? Wozu brauchst du das überhaupt und warum sagst du mir das erst heute? Du warst schon vor ein paar Tagen beim Arzt." „Ich habe es vergessen und wenn schon der Arzt schriftlich bestätigt, dass Raulito das Klima nicht verträgt, dann kann er nicht hier in Kuba bleiben, dann muss er wieder zurück", sagte ich leise. „Dir werde ich schon zeigen, was dir dieses Attest nützt, es nützt dir gar nichts. Raulito bleibt hier. Er wird den Ausschlag nicht ewig haben. Und von was redest du überhaupt. Es ist ein Ausschlag. Du weißt doch, dass hier viele Leute auf ihn eifersüchtig sind, weil er blaue Augen hat. Deshalb war es auch so schlimm mit seinen Augen. Er wurde nur verhext von irgendeiner Hexe. Sag Mami, sie soll dir ein Gebräu machen, dann wird er das nie mehr bekommen. Wenn du gehen willst, kannst du gehen, aber das Kind bleibt hier." Ich fühlte mich so machtlos und er dachte, unser Kind wurde verhext. „Dann schreibe ich eben Fidel einen Brief. Soll er das entscheiden." Er wurde immer wütender und sagte: „Wenn er hier nicht leben kann, dann gehen wir alle zusammen. Wir sind schließlich eine Familie. Dann muss man mich auch mit weglassen." Ich musste die Tränen unterdrücken, um meine große Enttäuschung darüber nicht zu zeigen, dass er mit uns kommen wollte. Er hatte alle Rechte auf unseren Sohn. Ich konnte nicht riskieren, dass er merkte, dass ich anderes vorhatte. Ich wollte frei sein, ich wollte einfach nur mit meinem Kind wieder nach Deutschland, ohne ihn – und mir war es sogar egal, wenn die Ehe nie geschieden werden könnte. Hauptsache weit weg von ihm. „Zeig mir das Attest!", schrie er mich jetzt an. „Dann komm mit ins Zimmer, es ist dort." Ich hoffte, dass er es mir nicht wegnahm und sagte: „Hör doch mit dem Gebrüll auf, es müssen doch nicht wieder alle mitbekommen. Der Arzt hat es mir gegeben dann habe ich es natürlich genommen", log ich ihn an und wusste, er würde den Arzt nicht fragen. Er las es und schmiss es aufs Bett. „So ein Blödsinn, das wird dir gar nichts nützen." Der Abend war gelaufen. Zumindest war es jetzt raus, ich hatte es hinter mir. Ich ging wieder nach draußen und rauchte eine Zigarette.

Schon wieder ein Tag, an welchem ich eine Entscheidung treffen musste. „Petra", rief Teo mir zu, „hat der Arzt nicht gesagt, du sollst Raulito die Haare abrasieren?" „Ja, hat er, aber es ist doch noch alles in Ordnung." Seine schönen Haare, ich konnte mich nicht dazu durchringen, ihm einen Kahlkopf zu rasieren. „Du willst doch nicht warten, bis es wieder zu spät ist. Lass es uns versuchen." „Dann wird er gehänselt und ausgelacht. Das will ich ihm nicht antun. Ich schaffe das nicht. Er wird traurig sein." „Wenn du willst, gehe ich mit ihm zum Friseur", antwortete Teo. „Moment mal, ich habe nicht gesagt, dass ich einverstanden bin. Können wir nicht noch warten?" Teo sah mich an, „Also ich will nur mit ihm zum Friseur und nicht in die Folterkammer. Es ist das Beste, glaub mir, meine Tochter. Er wird nicht gehänselt, sonst bekommen sie es mit mir zu tun." Marisol rief aus der Küche, „Teo, lass sie das doch entscheiden, was mischst du dich da ein?" Oje, jetzt wollte sie mich unterstützen und gleichzeitig musste ich Teos Angebot ablehnen. „Ist schon gut, Marisol, er hat ja recht", rief ich zurück. Am Abend nach dem Essen ging Teo mit Raulito zum Friseur. Der Friseur hieß Juan Carlo und war ein sehr schöner afrikanischer Mann. Er bat mich immer, wenn ich jemals wieder nach Deutschland gehe, ihm eine gute Friseurschere mitzubringen. Er bediente seine Kunden zu Hause in seinem Salon oder im Garten. Ich nahm Raulito in meine Arme und sagte: „Mein Schatz, wir müssen dir jetzt leider die Haare abrasieren, damit du nicht mehr krank wirst. Aber du wirst ganz hübsch aussehen." „Tut das weh, Mami?" „Nein überhaupt nicht." „Kommst du mit, Mami?" „Nein, Opa, geht mit dir, du weißt doch, er ist gerne mit dir zusammen." Er lachte und freute sich und ich war so froh darüber. Hoffentlich war es dann immer noch so, wenn er zurückkam. Wir saßen alle auf dem Portal, Laura, ihre Kinder, Marisol, Yana, Raul und ich, da kam Raulito um die Ecke gerannt und stand plötzlich vor mir und lachte. Ich war so erschrocken. Er sah so verändert aus. Ich küsste ihn und streichelte ihm mehrmals über den Kopf. Ich brauchte eine ganze Weile, um mich damit anzufreunden. Alle riefen: „Oh wie schön du aussiehst!", damit er sich freut, außer Yana, sie lachte ihn aus, dieser kleine Giftzwerg. Dann kam Teo um die Ecke, er konnte natürlich nicht so schnell rennen. Er lachte auch und ich wusste, dass Juan Carlo sicher eine schöne Geschichte erzählt hatte, damit Raulito nicht traurig war. Wahrscheinlich ging es in der Geschichte um einen Helden, der immer einen rasierten Kopf hatte.

Raul kam an einem Abend nach Hause und sagt: „Stell dir vor, ich habe heute erfahren, wo Corinna und Jorge wohnen." Wir kannten die beiden aus Deutschland. Sie war Deutsche und er Kubaner. Sie hatten sich auch in Deutschland kennengelernt, geheiratet und waren wie wir nach Kuba ausgereist. Ihre Ausreise erfolgte um einige Monate nach meiner, deshalb hatten wir auch den Kontakt verloren. „Oh bitte, lass uns sie doch am Samstag besuchen", fragte ich ihn sofort. „Das wäre so schön, sie wiederzusehen." Der Samstag kam und ich war voller Freude. Sie wohnten in Remedios, etwa 45 Minuten von uns entfernt. Wir fuhren wieder alle drei zusammen auf dem Motorrad. Es war verboten und wir mussten aufpassen. Raulito versteckten wir zwischen uns. Zwar war es verboten, aber genau deshalb genoss ich es. Ich hoffte, dass sie zu Hause waren und wir nicht umsonst dahingefahren waren. Als wir ankamen, kam Corinna raus, weil sie das Motorrad hörte und das kam nicht so oft vor. Ich sah sie und sie sah mich. Mein Herz machte Sprünge vor Glück. Sie schrie vor Freude ganz laut und rief, „Hey Petra, das gibt's ja nicht, was macht ihr denn hier? Jorge komm mal raus, schau mal, wer hier ist." Sie lachte und hörte nicht auf, dabei zu kreischen. Die Begrüßung war so herzlich, laut und einfach nur herrlich. Ihr Sohn kam auch gleich angerannt. er war mehr als ein Jahr jünger als Raulito. Es war, als würde ich meine Familie besuchen, diese Vertrautheit und Verbundenheit. Das war Balsam für meine Seele. Corinna rief nach ihrer Schwiegermutter und sagte. „Mach' bitte Kaffee für uns!" Mich erschrak dieser raue Ton. Sie erzählte mir später, dass sie mit ihrer Schwiegermutter überhaupt nicht klarkam und sie verlor kein gutes Wort über sie. Endlich konnte ich mich mal so richtig auf Deutsch austauschen. Ich wollte alles von Corinna wissen. Wie es ihr ging in Kuba, ob sie Heimweh hatte, wie sie mit der Armut klarkam, so oft ohne Wasser und ohne Strom und all die gesamten Lebensumstände. Sie wollte auch alles von mir wissen. Raul verfolgte fasst jedes Wort von uns und ich musste aufpassen, dass er nicht alles hörte, was ich sagte. Corinna erzählte: „Es ist alles scheiße hier und es kotzt mich so an. Das Essen reicht hinten und vorne nicht, wir müssen hier bei seiner Mutter wohnen und Jorge hat keine Arbeit. Was sind denn das für Zustände, ein halbes Stück Seife im Monat auf Zuteilung. Wie soll das denn reichen? Ich will so schnell wie möglich wieder zurück nach Deutschland und das Geld dafür werden wir schon auftreiben." Mich erstaunte ihre Offenheit. Ihr Mann hörte alles mit und bestätigte das sogar noch. Ich hätte nie gewagt, so vor Raul zu sprechen. Das hätte für mich in der Zweisamkeit schreckliche Konsequenzen gehabt. Am Ende stellten wir fest, dass es ihr ähnlich ging wie mir. Ich sagte zu ihr in einem leisen Ton: „Du hast das Glück, dass Jorge hinter dir steht und du so offen reden kannst. Ich habe keinen Bock mehr auf Raul. Ich will nicht mehr mit ihm zusammen sein. Aber ich weiß, ich stecke hier fest." „Wie willst du das denn anstellen, dich hier in Kuba von ihm zu trennen? Du weißt ja, unsere Kinder sind Kubaner. Er wird dir nie die Einwilligung geben, dass du mit Raulito zurück nach Deutschland gehst. Ich habe mich immer gefragt, was du mit ihm machst. Er war schon in Deutschland ein Arschloch und ein Macho obendrein." Meine Blicke wirrten umher, ich hatte Angst, dass Raul was hören könnte. Leise sagte ich: „Ich habe vom Arzt ein Attest, dass Raulito das Klima nicht verträgt, da er ständig diesen Ausschlag hat. Das ist meine Hoffnung, mit diesem Attest wieder zurückzukönnen. Er kann unmöglich in Kuba bleiben, wenn er das Klima nicht verträgt." „Hört sich trotzdem schwierig an, es damit durchzuziehen", war ihre Antwort. Dann sagte sie: „Habt ihr noch nicht davon gehört, dass Fidel die Kubaner, die mit einer Deutschen verheiratet sind, gehen lassen will. Das scheint jetzt so eine kurze Ausreisewelle zu sein und danach macht er wahrscheinlich wieder alles dicht." Raul mischte sich ein und sagte: „Das glaube ich nicht. Das gab es noch nie und wird auch nicht so sein." „Ja, ja immer seine Rechthaberei", dachte ich. Jorge sagte: „Wir werden das auf jeden Fall machen, hier ist es doch aussichtslos ein normales Leben zu führen. Keine Arbeit, kein Geld, keine Wohnung. Ein Kubaner, der auch mit einer Deutschen verheiratet ist, hat es mir erzählt." Ich hoffte so sehr, dass er recht hatte – nur, was hieß das für mich? Angst beschlich mich, ich müsste mit Raul zurück nach Deutschland. Das Attest hatte ich, aber auch dazu brauchte ich seine Erlaubnis, dass ich meinen Sohn mitnehmen kann. Er sagte ja bereits, wenn dann würden wir zusammen als Familie gehen. Nie würde er sich das bieten lassen, dass ich ihn hier als meinen Ehemann zurücklasse. Was nützte mir denn das Attest? Schon der Gedanke, das Thema zu Hause nochmal aufgreifen zu müssen. Ich musste wieder einen richtigen Moment abwarten. Ich hasste diese Gespräche mit ihm. Wir blieben noch eine ganze Weile und es überkam mich eine Traurigkeit, als wir uns verabschiedeten. „Es war so schön, dass ihr da wart. Das nächste Mal kommen wir zu euch."

Ich hatte mich nun schweren Herzens mit dem Gedanken abgefunden, dass ich nur mit Raul zurückgehen konnte. In Deutschland würde ich dann sehen, wie es weiterging und was ich dann machen würde. Hauptsache erstmal zurück, dann hätte ich eine bessere Ausgangssituation und vor allem, alle Rechte auf meinen Sohn. Ich wusste nicht, wie ich das meinen Eltern beibringen sollte und vor allem, wie ich das begründen würde, dass wir zu dritt kommen werden. Ob sie mir noch glauben würden? Denn sie wussten von meinem Plan und ich hatte ja auch schon viel erreicht. Ich hatte Fidel Castro einen Brief geschrieben. In diesem Brief lobte ich sein Land und wie schön es war, dass Kuba endlich frei ist. Gleichzeitig schrieb ich über die Umstände, die mich nach Kuba geführt hatten. Doch leider vertrug mein Sohn das Klima nicht und der Arzt hatte uns das bescheinigt. Deshalb bat ich ihn, meinem Sohn die Ausreise aus Kuba zu genehmigen. Absichtlich bat ich dies nur für meinen Sohn und hoffte auf eine Genehmigung, die meinen Ehemann davon ausschloss. Ich hatte meinen Eltern auch davon berichtet, bat sie jedoch, nie etwas in den Briefen an mich darüber zu erwähnen. Sie wussten auch, dass Raul meine Briefe las. Fidel ließ leider mit seiner Antwort auf sich warten.

„Wollen wir mal zur Immigration nach Santa Clara fahren?", fragte ich Raul eines Abends. Wir können fragen, ob das stimmt mit der Ausreise und notfalls kann ich ja das Attest mitnehmen, damit es nicht ganz so staatsfeindlich aussieht. Du willst doch auch gerne wieder nach Deutschland, das hattest du jedenfalls gesagt." Kannst du nicht erstmal alleine hingehen und fragen?", war seine Antwort. Nichts lieber als das, dachte ich. „Klar, das kann ich machen. Ich nehme Raulito mit. Dann sehen sie auch gleich, dass er keine Haare mehr hat und das Attest begründet ist." Ich sah mich schon siegessicher zurückkommen und war voller Enthusiasmus. Wenn ich alleine war, konnte ich sagen, was ich wollte. Sie würden mir alles verzeihen, weil ich Deutsche war, und ich konnte alles auf ein Unverständnis der Sprache schieben. Inzwischen kannte ich mich gut aus und konnte auch überall hin alleine reisen, wenn ich wollte, besser gesagt, wenn ich durfte. In meinem Kopf sah ich den Ablauf vor mir. Ich wollte gleich am nächsten Tag los, obwohl es sein konnte, dass geschlossen war. In der Früh packte ich alles ein, alle notwendigen Dokumente, die ich brauchen würde, ging zum Bus und fuhr nach Santa Clara und an meiner Seite mein kleiner Schatz. Es war sieben Uhr. Wir mussten noch ein ganzes Stück zu Fuß bis zur Immigration laufen. Wir kamen an und ich sah Leute draußen sitzen. Das war schon sehr beruhigend. Sie hatten also geöffnet. Wobei es war jetzt kurz nach acht und geöffnet wurde um neun Uhr. Ich fragte, wer der Letzte war, um so zu erfahren, wann ich drankommen würde. So waren hier nun mal die Regeln. Es war wie immer sehr unterhaltsam unter den Kubanern. Alle unterhielten sich angeregt, als würden wir uns Jahre kennen. Ein Kubaner war vor mir an der Reihe. Sein Name war Alfredo. Er erzählte mir, dass er seine deutsche Freundin nach Kuba holen wollte, doch er brauchte dazu viel Geld. Sie hatten es wegen fehlender Dokumente nicht mehr geschafft, in Deutschland zu heiraten. Das war genau die Situation, welche ich mir damals gewünscht hatte, bevor wir heirateten. Alfredo war voller Hoffnung, er hatte im Gegensatz zu mir, keine Zweifel, dass es klappt. Um neun Uhr öffnete sich die Tür. Ein in Militär Uniform gekleideter ernster Mann in Stiefeln kam nach draußen und rief herrisch: „Zur Anmeldung bitte." Wir alle liefen nun der Reihe nach zur Anmeldung, jeder nach der Person, nach welcher er gekommen war. Bei der Anmeldung musste ich unsere Pässe abgeben und erfuhr: „Sie werden aufgerufen." Jetzt saßen wir da, Weggehen ausgeschlossen, die Pässe waren abgegeben. Immer wieder kam der ernste Mann und rief die Person, die nun dran war, auf. Nach drei Stunden rief er meinen Namen, zweimal und ganz laut. Ich erschrak und wusste, jetzt musste ich reingehen. Ich war so froh, dass ich Raulito bei mir hatte. Er konnte jedes Cowboy-Herz erweichen, so auch den ernsten Mann in Uniform. Wir wurden in ein Büro geführt. Dort saß ein weiterer Beamter, der freundlicher aussah, auch wenn er seine Autorität wahrte. Auf seinem Schreibtisch stand ein Schild mit seinem Namen, er hieß Eduardo.

„Guten Tag und vielen Dank für den Empfang. Ich bin Deutsche und ich lebe hier in Kuba seit einem Jahr mit meinem Mann und meinem Sohn. Mein Mann ist Kubaner und mein Sohn ist in Deutschland geboren. Wir haben gehört, dass es jetzt möglich sein soll, einen Ausreiseantrag nach Deutschland zu stellen." Sein Gesicht verdunkelte sich. „Wer hat Ihnen denn das erzählt?" fragte er forsch und ich wurde plötzlich unsicher. Ich konnte ihm doch keinen Namen nennen, dachte ich und antwortete: „Wir haben es von einem Kubaner erfahren der auch mit einer deutschen Frau verheiratet ist und für einige Jahre in Deutschland war wie mein Ehemann auch. Ich weiß leider seinen Namen nicht." „Warum sind Sie denn dann erst nach Kuba gekommen, wenn Sie jetzt wieder zurückwollen." „Ist es denn jetzt möglich, dass wir einen Ausreiseantrag stellen können?", hakte ich nach. „Sie haben meine Frage nicht beantwortet", erwiderte er. „Ich möchte wieder in meine Heimat zurück, was ist daran so schlimm und außerdem verträgt mein Sohn das Klima nicht. Ich habe das auch vom Arzt schriftlich bekommen." Ich musste ihm gegenüber das jetzt leider erwähnen. „Zeigen Sie mal das Dokument." So langsam wurde mir mulmig und mir war unangenehm heiß. „Hier bitte schön." Er las das Dokument, legte es mir wieder hin, ohne mich dabei anzuschauen oder was dazu zu sagen, und fing an zu reden. „Das ist nicht so einfach mit der Ausreise. Es kann sein, dass es möglich ist, aber da gibt es noch einiges vorher zu klären und das kann sehr lange dauern, das kann ich Ihnen gleich sagen. Ich gebe Ihnen die Anträge für Ihren Mann und Ihren Sohn mit. Sie wissen ja, dass Ihr Sohn Kubaner ist, auch für ihn müssen Sie einen Ausreiseantrag stellen. Kommen Sie das nächste Mal mit den ausgefüllten Anträgen und allen erforderlichen Unterlagen wieder und auch dann heißt es noch nicht, dass es genehmigt wird. Es wird alles geprüft. Sie brauchen ein Ausreisevisum und ein Einreisevisum nach Deutschland. Das Einreisevisum bekommen Sie nur auf dem deutschen Konsulat in Havanna." Er gab mir die seitenlangen Anträge und zählte noch alles auf, was ich benötigte. Es war so viel, einfach so viel Information. „Kommen Sie wieder, wenn Sie alles ausgefüllt haben. Auf Wiedersehen." „Vielen Dank und auf Wiedersehen", erwiderte ich und ging. Gemischte Gefühle überkamen mich, Scham, Angst, Wut, Heimweh – alles kam hoch. Trotzdem fühlte ich, wie sich eine kleine Tür anfing zu öffnen. Im Moment schaute ich gerade mal durchs Schlüsselloch. Wenn ich alles so machen würde, wie er das wollte, dann gab es einen Weg nach draußen, da war ich sicher. Ich würde es Raul gegenüber verharmlosen müssen, sonst wurde es ihm zu unangenehm und er würde alles hinschmeißen, bevor es begonnen hatte. Auf jeden Fall wollte ich keine Zeit verlieren und so schnell wie möglich alles abgeben. Im Bus las ich die Anträge, soweit ich das konnte. Es waren unglaublich viele Informationen, die gefordert wurden. Ein Satz stieß mir besonders ins Auge, er lautete, dass Kuba die Möglichkeit hatte, eine neue Einreise meines Mannes, sollte er denn je wieder zurückwollen, abzulehnen. Dieser eine Satz könnte jetzt alles zunichtemachen. Was würde das dann auch für mich bedeuten? Bei einer Trennung wäre ich für immer schuld, wenn Raul nicht mehr in seine Heimat zurückkehren konnte. Mich zu trennen, würde umso schwerer werden. Es würde mir gehen wie meiner Mutter, die für ewig mit meinem Vater aus Schuldgefühlen zusammenblieb, weil er wegen ihr 1958 vom Westen in den Osten ging. Ich wollte jetzt nicht darüber nachdenken und ich war nicht meine Mutter. Diese Gedanken mussten jetzt aus meinem Kopf. Ich hoffte, Raul würden diesen Satz überlesen oder ihn aus irgendeinem Grund nicht wahrnehmen. Ich würde alles versuchen, damit er diesem Satz nicht als bedeutend erachtete. Ohne ihn konnte ich nicht zurück, das stand fest. Die Freiheit und die Rechte auf meinen Sohn, die ich in Deutschland hatte, hatte ich hier in Kuba nicht. Es führte kein Weg daran vorbei, mit Raul zurückzugehen. Mein Glaube, dass wir zurückkehren, war nun unerschütterlich. „Und, was hast du erreicht?", fragte Raul am Abend als er nach Hause kam. „Ja, es ist möglich, auszureise,n und ich habe die Anträge für dich und Raulito erhalten. Wir müssen sie nur ausfüllen, dann fahre ich wieder hin und gebe sie ab. Ich werde dazu deinen Pass brauchen. Wir müssen unsere Geburtsurkunde, Eheurkunde und die Geburtsurkunden von Teo und Marisol abgeben. Ich muss auch meine Eltern kontaktieren. Sie müssen in Deutschland prüfen lassen, ob wir einreisen dürfen. Ich muss sie anrufen. Das geht am schnellsten." „Moment mal, das geht mir alles zu schnell, zeig mir mal die Anträge!" Er las sie durch, es mussten so viele Angaben gemacht werden und wir mussten eine Begründung für die Ausreise schreiben. Raul las und las. Ich sah ihm an, dass es ihn nervte. Er kniff seinen Mund zusammen und seine Augen. „Was soll das denn alles. Das ist zu viel. Vergiss es. Ich habe keine Lust, das alles auszufüllen." „Was denkst du, was ich alles ausfüllen musste, als ich die Ausreise nach Kuba beantragt hatte", war meine hilflose Reaktion. „Jetzt lass uns das einfach in Ruhe ausfüllen." Dann kam der Moment, als Raul den Satz las. „Hast du das gelesen was hier steht?" „Was meinst du?", sagte ich. „Na diesen Satz hier, in dem steht, dass ich nie mehr zurück nach Kuba kann. Jetzt kannst du es erst recht vergessen." Zeig mal, was meinst du?" Ich tat so, als würde ich lesen, doch ich wusste ja, was geschrieben stand. „Da steht doch nur, dass sie das entscheiden könnten, es aber nicht unbedingt so sein muss", versuchte ich, ihn zu beschwichtigen. „Du hattest doch entschieden, dass wir alle zurück ehen und dass du auch lieber in Deutschland leben willst." Laura kam mir zur Hilfe, sie kam einfach rüber wie fast jeden Abend. „Raul, was ist los, warum schaust du so wütend?" „Schau dir das mal an, was die da alles wissen wollen", sagte er und gab ihr die Anträge. Laura schaute und dann fing sie an zu lachen. „Nimm das doch nicht so ernst. Du weißt doch, wie wir Kubaner sind. Na klar wollen sie nicht, dass du gehst, aber sie würden dich jederzeit wieder zurücknehmen. Das hier dient nur zur Abschreckung und bei dir hat es ja wohl funktioniert." Raul kam sich jetzt ziemlich blöd vor und ich war Laura so dankbar. Sie kam im richtigen Moment. Raul war einsichtig, es war ja auch seine große Schwester. Ich merkte, dass er das irgendwie von Anfang an genauso gesehen hatte, sonst hätte er nie so schnell nachgegeben. Er wollte nur wieder vor mir alles dramatisieren und mir Schuldgefühle suggerieren. Ich musste erst mal mit Laura raus und wir rauchten zusammen eine Zigarette.

„Warum brauchst du meinen Pass?", war plötzlich seine Frage. „Wenn wir den Antrag abgeben, müssen wir auch deinen und Raulitos Pass abgeben. Er sagte, dass dann da Eintragungen vorgenommen werden, vermutlich das Visum." „Das nächste Mal komme ich mit. Ich will selber hören, was sie uns sagen." Endlich war er bereit, die Formulare mit mir auszufüllen. Wir waren mehrere Abende damit beschäftigt. Ein Punkt sah vor, über unser Vermögen zu dokumentieren. Diese Angaben erschienen mir so paradox. Wir hatten nicht mal ein Bankkonto. Unseren Lohn bekamen wir beide in bar ausgezahlt. Es waren nun zwei Wochen vergangen und wir hatten alles, was wir brauchten, zusammen. Die Urkunden mussten alle beglaubigt sein. Wir fuhren nun zu dritt nach Santa Clara zur Immigration und kamen kurz nach acht Uhr dort an. Nach der üblichen Anmeldung wurden wir nach drei Stunden aufgerufen. Raul war schon jetzt genervt, zeigte sich jedoch von seiner besten Seite, die ich an ihm nicht kannte. Er war plötzlich so voller Hochachtung und Respekt gegenüber dem Beamten, fast schon unterwürfig. Eduardo saß wieder in dem Büro, in welches wir hineingebeten wurden. „Guten Tag", übernahm ich den Anfang, „ich war vor zwei Wochen hier wegen des Ausreiseantrages." „Wir haben alles ausgefüllt und alle erforderlichen Dokumente mitgebracht", unterbrach mich Raul. Eduardo nahm alles entgegen und las in aller Ruhe die Anträge durch. „Warum wollen Sie denn nach Deutschland, haben sie sich das gut überlegt?", fragte er Raul. Damit hatte er nicht gerechnet und fing an zu stocken und sprach in Wortfetzen, dass es mir peinlich war. Ich ging dazwischen. „Entschuldigen Sie, aber wir haben erfahren, dass es die Möglichkeit gibt, und beim letzten Mal hatte ich Ihnen das Attest vom Arzt für unseren Sohn gezeigt, dass er das Klima nicht verträgt." „Ach Sie sind das", war seine Antwort. Raul schaute mich ganz giftig an. Es passte ihm nicht, dass ich geantwortet hatte. Das war so unglaublich peinlich, denn das entging auch Eduardo nicht. „Wie schon beim ersten Mal gesagt", übernahm nun wieder Eduardo das Gespräch. „Wir werden alles prüfen. Ihren Pass und den Ihres Sohnes behalten wir hier. Alle Dokumente müssen zusammen mit den Pässen eingereicht werden." Die Pässe zu behalten, erschien mir wie eine Entmündigung, doch genau genommen brauchten wir nie einen Pass, da man das Land ohnehin nicht einfach so verlassen konnte. „Das kann jetzt eine ganze Zeit dauern, bis eine Entscheidung von der Regierung getroffen ist. Wenn eine Genehmigung erteilt wird, bekommen sie ein Ausreisevisum. Das ist drei Monate gültig. Sollte es ablaufen, besteht keine Möglichkeit mehr, auszureisen. Erst wenn Sie das Ausreisevisum haben, können Sie ein Einreisevisum bei dem deutschen Konsulat in Havanna beantragen, vorher nicht. Hoffen Sie einfach, dass denen die drei Monate zur Erteilung eines Einreisevisums nach Deutschland ausreichen." Diese Aussage hatte gesessen. Er hatte sichtlich Freude daran, uns diese Mitteilung zu machen und dabei zuzusehen, wie erschrocken ich darüber war. „Drei Monate sind doch eine lange Zeit. In der Zeit wird es doch möglich sein, ein Einreisevisum zu bekommen", sagte ich voller Hoffnung. „Ich weiß, wovon ich rede, und ich kenne die Arbeitsweise des deutschen Konsulats." Sagte er das jetzt nur, um uns Angst zu machen? Ich wusste es einfach nicht. Es belastete mich sofort. Wir verabschiedeten uns und gingen raus. „Warum bist du mir ins Wort gefallen", brüllte mich Raul draußen angekommen vorwurfsvoll an, dass alle Leute sein Macho-Dasein sehen konnten. Ich wusste, dass er das nicht unter den Tisch fallen lassen würde. Das war ihm jetzt wichtiger, als die Einzelheiten zu besprechen und sich zu freuen, dass was vorwärtsgeht. Er war einfach so ein Tyrann. Oft überkam mich so eine innere Lust, ihn einfach nur stehen zu lassen, ihn zu ignorieren und einiges mehr. „Wenn das so weitergeht, kannst du alleine zurückgehen." Seine verdammten Drohungen. Was es auch war, er drohte mir ständig. Jegliche Tätigkeiten, die ich nicht auszuführen hatte, wenn ich es denn doch tat, dann drohte er mir Konsequenzen unterschiedlicher Art an. Ich sagte nichts dazu und lief wortlos weiter. Wir musste ohnehin erstmal warten. Es konnte sehr lange dauern, wie der Beamte sagte. Bis dahin hatte er sich wieder beruhigt und längst andere Drohungen ausgesprochen. Mein Verhalten und meine Reaktionen waren so extrem auf alle Eventualitäten ausgerichtet. Ich war immer programmiert, um in jedem Fall reagieren zu können. Wir kamen zu Hause an, die Familie konnte mich wieder auffangen, ohne dass sie es wussten. Ich kam wieder in meinen Überlebensmodus und Aushaltemodus zurück. Teo fragte mich: „Und meine Tochter, wie ist es gelaufen?" „Wir müssen warten, jetzt wird erstmal alles geprüft und irgendwann müssen wir dann auch noch zum deutschen Konsulat." „Das hat noch Zeit", rief Raul aus dem Garten ins Haus. Ich hing meinen Gedanken nach. Für mich hatte das jetzt keine Zeit mehr. Am liebsten würde ich sofort nach Havanna fahren, um schon mal zu wissen, ob der Beamte recht hatte. Irgendwie musste ich nach Havanna und zwar schnell. „Kann ich denn mal meine Eltern anrufen? Ich könnte so alles mit ihnen besprechen und sie könnten schon mal bei den deutschen Behörden nachfragen. Wenn ich einen Brief schreibe, dauert es zu lange, bis ich Antwort habe. Ich könnte schon jetzt so viele Sachen in Erfahrung bringen." „Wie willst du denn anrufen?" rief er aus dem Garten zurück und kam dabei ins Haus gelaufen. „Es gibt niemanden der hier ein Telefon hat, außerdem haben wir Zeitverschiebung. Das ist schwer, in Deutschland jemanden anzurufen." Ja klar, wenn es nach ihm ging, dann war alles schwierig und schon bevor man es versucht getan hatte. „Ich werde ihnen vorher ein Telegramm schicken müssen und den Tag und Uhrzeit mitteilen, wann ich anrufe. Dann sind sie auch zu Hause." Teo kam auf mich zu und sagte: „Ich kenne keinen, der hier ein Telefon hat, aber frag Laura, sie kennt sicher jemanden." Er sagte es mir so, dass Raul es nicht hörte.

An diesem Abend wartete ich mit Ungeduld auf Laura. Ihr Sohn kam rübergerannt zu uns, wenn er da war, dann war auch Laura da. „Tante, Tante, komm mal schnell mit rüber. Mama braucht deine Hilfe." „Das trifft sich sehr gut für mich", waren meine Gedanken. Ich ging sofort mit ihm rüber und Raulito kam auch gleich mit hinterher. Die zwei sahen sich so ähnlich bis auf Julios größere Nase, aber sie hätten wirklich Brüder sein können. „Hey Petranaja", rief Laura, „ich habe hier eine Riesenmelone. Ich schneide sie nur schnell in eine Hälfte, dann

kannst du sie mit rübernehmen." „Oh Mami, Melone, komm
wir gehen gleich wieder rüber." „Warte schnell, mein Schatz, ich
will kurz noch mit Laura sprechen. Gib ihm schnell ein kleines
Stück, damit er sich geduldet." Laura schnitt zwei ganz kleine
Teile für die Jungs, sie setzten sich am Hinterausgang des Hauses auf die Stufe zum Garten und waren jetzt erst mal beschäftigt. „Was gibt's?", fragte Laura. „Ich würde gerne meine Eltern
mal anrufen. Es gibt so vieles zu klären, was über die Briefpost
zu lange dauert. Teo sagte, dass du vielleicht jemand kennst, der
ein Telefon hat." Sie überlegte kurz und sagte: „Ja, ich glaube,
zu wissen, wer ein Telefon hat, aber sicher bin ich nicht. Ich komme nach dem Essen rüber und wir reden dann weiter." Ich war
sicher, sie würde jemanden kennen. Das musste einfach klappen.
Laura, kam wie versprochen, am Abend zu uns. Wir waren alle
wieder draußen auf dem Portal. „Die Frau oben bei der Post,
hinter der Schule, sie hat Telefon", sagte Laura. „Wir können
morgen mal zu ihr gehen und fragen, ob es möglich wäre." „Was
wollt ihr dort?", rief Raul schon leicht gereizt. „Petra will ihre
Eltern anrufen", antwortete Laura ihm. „Wozu denn das? Du
musst da nicht anrufen. Es dauert, so lange es eben dauert mit
den Anträgen", sagte er zu mir. Meine Antwort war: „Ich habe
dir doch gesagt, dass es besser ist, schon jetzt mal nachzufragen,
was alles zu tun ist. Sie könnten schon vieles klären und wenn
wir dann das Einreisevisum beantragen müssen, haben wir vielleicht schon alle wichtigen Informationen. Deswegen sollten wir
auch schon mal zum Konsulat nach Havanna fahren." Es nervte
mich immer so sehr, wenn ich ihm gegenüber alles im Konjunk-
tiv aussprechen musste, damit er es entscheiden konnte. „Was
hast du denn dagegen, wenn sie mal ihre Eltern anruft. Sie hat
sie lange nicht gesehen, das ist doch schön, wenn Petra einfach
mal mit ihrer Mutter und ihrem Vater sprechen kann", fügte
Laura alledem hinzu. „Von mir aus, dann ruf an, aber nicht so
lange, das könnte teuer werden, von Kuba nach Deutschland zu
telefonieren", ergab Raul sich. Heute war Dienstag und ich musste meinen Eltern vorher ein Telegramm schicken, damit sie wusste, dass ich anrufe. „Können wir morgen zusammen zu der Frau

gehen? Wir könnten schon sagen, dass wir Samstag kommen", fragte ich Laura. „Ja, wir fragen gleich morgen, ob es möglich ist." Ich freute mich so und hatte schon wieder Kopfkino. Ich sah mich schon mit meinen Eltern sprechen, nach so langer Zeit. Das beflügelte meine Seele. Laura und ich gingen am nächsten Abend zu dieser Frau, Raulito nahmen wir auch mit. Das gab mir zusätzlich Sicherheit, dass es klappt. Er konnte so zuckersüß die Leute in seinen Bann ziehen und erweichen. Der kleine Deutsche, der so gut Spanisch sprach. Ihr Name war Josefa. „Hallo Josefa, wie geht'?s", begrüßte sie Laura. „Hallo Laura, was führt dich zu mir und wen hast du mir denn da mitgebracht? Kommt rein, ich mache uns Kaffee." „Nei,n vielen Dank, das ist wirklich nicht nötig", sagte ich aus Höflichkeit. Sie überhörte es gekonnt. Josefa war eine kleine Frau und sie war vielleicht um die 50 Jahre alt und lebte allein. Ihr Mann war schon gestorben. Ihr Haus war sehr gemütlich und gepflegt. Vom Eingang stand man wie überall auch gleich in ihrem Salon und dieser war nach hinten zur Küche offen. Der Raum wurde zur Küche breiter. Die Küche war links und rechts war nochmal eine gemütliche Ecke, wo auch das Telefon stand. Von da aus ging es in ihren wunderschönen Garten mit vielen Kräutern und Blumen. „Hallo Kleiner, du hast ja schöne blaue Augen", sagte sie zu Raulito und er schaute ganz verlegen und schon hatte er sie in seinen Bann gezogen und bekam eine Limonade. „Petra ist Deutsche, sie ist mit meinem Bruder verheiratet und lebt bei uns. Sie möchte gerne mal ihre Eltern in Deutschland anrufen. Wir dachten, weil du doch Telefon hast, wäre es möglich, bei dir zu telefonieren?", fing Laura an zu reden. „Selbstverständlich bezahle ich das auch. Ich würde danach auch sofort die Vermittlungszentrale anrufen und nach den Kosten fragen", fügte ich gleich noch hinzu. „Aber natürlich!", antwortete sie. „Wann wollt ihr denn kommen?" „Gleich diesen Samstag, wenn es dir passt", antwortete ich sofort. Wir unterhielten uns noch eine ganze Weile und ich beantwortete ihr viele Fragen über Deutschland. „Es ist sehr mutig, in ein fremdes Land zu gehen", sagte sie noch, als wir uns verabschiedeten. „Bin ich mutig?", fragte ich mich, war es Mut, der mich nach Kuba brachte und schon waren wieder tausend Bilder und tausend Fragen in meinem Kopf. Am nächsten Morgen ging ich nach der Schule direkt zur Post und gab das Telegramm auf. „Rufe Samstag, 16 Uhr deutsche Zeit an" Nach kubanischer Zeit war es da erst zehn Uhr morgens. Ein Auslandstelegramm wurde damals innerhalb von sechs Stunden zugestellt. Das wusste ich auch noch aus meiner Zeit bei der Deutschen Post. Freitag erhielt ich per Telegramm Antwort von meinen Eltern. „Sind da!" Oh Gott, war ich aufgeregt. Hoffentlich klappte das. Ich konnte es kaum noch abwarten. Samstagmorgen halb zehn rief ich zu Laura rüber: „Kommst du?" „Komme gleich, wir sind doch in fünf Minuten dort." Raulito und José, Lauras größerer Sohn, kamen mit uns. Ich war froh, dass ich nicht alleine gehen musste. Vielleicht gab es doch etwas, wenn wir die Vermittlung anriefen, was ich nicht verstehen würde. Josefa kannte die Nummer der Vermittlungszentrale, da alle Telefonate in Kuba über diese Nummer vermittelt wurden. Ich rief diese Nummer an. „Guten Tag, ich möchte gerne ein Telefonat nach Deutschland anmelden." „Moment bitte, ich verbinde Sie zur Auslandsvermittlung." Ich wurde direkt verbunden und es meldete sich wieder eine Frau. „Geben Sie mir die Telefonnummer des Empfängers und Ihre Nummer und dann legen Sie bitte auf, Sie werden wieder angerufen, sobald eine Verbindung hergestellt ist. Es kann eine Weile dauern." Mein Herz raste im Hals, ich konnte sie kaum hören. Ich wollte noch nachfragen,wie lange es denn dauern könnte, aber sie hatte schon aufgelegt. Josefa machte uns wieder Kaffee und mir war das so unangenehm. Jetzt gibt sie uns noch Kaffee von ihrer kleinen Ration. Sie war so freundlich und liebevoll. Wir saßen nun schon eine halbe Stunde, als Laura aufstand und sagte: „Ich gehe wieder nach Hause. Das kann noch eine Weile dauern." José tat es ihr gleich, „Ich gehe auch Tante, aber ich komme nachher nochmal wieder." Raulito hatte auch keine Lust mehr, zu warten. „Nimm mich mit, José!", rief er und schon waren sie weg. Da saß ich jetzt nun alleine bei Josefa und fühlte mich so störend, was natürlich unbegründet war. Wir unterhielten uns die ganze Zeit. Sie wollte so vieles wissen und sagte, dass sie nie ihre Heimat verlassen hätte. Sie könne es sich nicht vorstellen, ohne ihre Familie zu sein. Sie war sehr weise und sprach mir aus der Seele. Gleichzeitig nagte dies wieder an meinem Selbstwertgefühl und ich spürte schmerzlich, dass es nicht meine eigene Entscheidung war. Es war meine eingeengte Psyche, die mich zu dieser Entscheidung gedrängt hatte und jetzt musste ich irgendwie mein Schicksal bewältigen. José kam nach einer halben Stunde zurück, mein lieber Neffe, Freund und Freundin. Er hatte so viel Einfühlungsvermögen. Ich war froh, dass er zurückkam. Es vergingen noch zehn Minuten und dann klingelte das Telefon. Ich spürte meine Aufregung in jeder Zelle meines Körpers. Josefa rief mir zu: „Schnell geh ran!" Ich stand auf und ging sofort zum Telefon, nahm den Hörer in die Hand und sage meinen Namen. „Hallo, Hallo!", rief ich mehrmals, aber ich hörte nichts. Dann legte ich enttäuscht auf. Was war das, habe ich was falsch gemacht? „Warte kurz, die rufen gleich wieder an", sagte Josefa und prompt läutete das Telefon ein zweites Mal. „Bleiben Sie am Apparat, legen Sie nicht auf, ich verbinde Sie jetzt", sagte sofort eine Frauenstimme am Telefon. Ich tat dem so, doch jetzt Stille, absolute Stille in der Leitung, meine Hand zitterte. „Hallo!", rief ich mehrmals, bis ich plötzlich meinen Vater sprechen hörte. Er rief ebenfalls nur Hallo. Jetzt begriff ich, das Telefonat war wie zeitversetzt. Es konnte nur immer einer von uns reden. Dann dauerte es ein paar Zehntelsekunden, bis es beim Teilnehmer ankam und dann erst kam eine Antwort zurück. Ich war außer mir, als ich seine Stimme hörte, es war, als stünde mein Vater neben mir, obwohl das Telefonat sehr leise war. Aber es war wohl die lange Zeit, die nun schon vergangen war, in der ich gar nichts hörte von ihm, die mir einen Streich spielte und meine Wahrnehmung verfälschte. Ich fing an zu weinen und brachte kein Wort raus. José rief mir zu: „Tante, Tante bitte sprich, hör doch bitte auf zu weinen, sag was, bitte sag was." „Wir haben die Ausreise beantragt, damit wir alle wieder zurückkommen können. Wenn es klappt, bekommen wir ein Ausreisevisum. Aber dann müssen wir noch ein Einreisevisum beantragen. Wir müssen dafür jedoch eine Unterkunft und Arbeit in Deutschland nachweisen, wenn wir zurückkommen." Ich wartete kurz, dann kam die Antwort: „Wieso kommt ihr alle drei? Kommt Raul auch mit?" „Es geht nicht anders, es geht nur als Familie", sagte ich und ich sagte kein Wort, dass Raul mir Raulito nicht mitgibt. Es war schon schwer für mich, meinen Eltern zu schreiben, dass Raulito jetzt einen kubanischen Pass hatte. Sie waren immer der Meinung, ich hätte das verhindern sollen und müssen. Aber ich konnte es nicht verhindern. Es war das Gesetz. Ich konnte ihnen nicht auch noch sagen, dass ich zwar zurückgehen konnte, aber Raul mir nicht erlaubte, Raulito mitzunehmen. „Könnt ihr euch schon jetzt mal erkundigen, was alles nötig ist, wenn es so weit ist und ob Raul wieder in seiner alten Firma arbeiten kann." „Wann kommt ihr denn zurück?" „Das wissen wir noch nicht, es kann noch lange dauern, vielleicht Monate oder Jahre. Das hängt von der Genehmigung ab, aber vielleicht dauert es nicht allzu lange." „Wir werden uns da mal erkundigen", sagte mein Vater. „Mutti will dich noch sprechen, warte ich gebe sie dir." „Mutti!", rief ich mehrmals. „Mein Kind", sagte sie weinend, „wie geht es dir?" Es war so schlimm, meine Mutter weinen zu hören. Ich hörte ihr Leid, ihre Sorge, ihre Sehnsucht, ihre Traurigkeit, den Verlust ihres Kindes, ihre Verzweiflung, ihre Angst. Ich sah sie vor mir, ich sah genau, wo sie jetzt saß. Ich kannte ihr Wohnzimmer und wusste auch, wo das Telefon stand. Dieses grüne Telefon, das Sofa, der Tisch, ich sah alles vor mir, jede Einzelheit, meine Mutter, die jetzt ihre Hände vor ihrem Gesicht hatte, was sie immer tat, wenn sie weinte. Es zerriss mir das Herz und ich lag in Tränen und konnte kaum noch Luft holen. José umarmte mich inzwischen von hinten, sein Kopf lag auf meinem Rücken und auch er weinte. Ich hörte meinen Vater zu ihr sagen: „Sag doch endlich was zu ihr." „Hast du genug zu essen?", fragte meine Mutter nun mit zitternder Stimme. „Ja, Mutti, habe ich, es geht mir gut", antwortete ich unter Tränen und hörte meine Schwester im Hintergrund zu meiner Mutter sagen: „Gib mir jetzt den Hörer!" „Schwester, hörst du mich!" „Ja, ich höre dich." „Wir vermissen dich, egal wie lange es dauert, Hauptsache, du kommst zurück. Mache alles so, wie du geplant hast. Wir kümmern uns hier um Wohnung und Arbeit." So war sie, zielgerichtet und sachlich, sie hatte jetzt keine Zeit für Gefühlsduselei. Sie erkannte immer den Ernst der Lage und die Dringlichkeit, die jetzt hier in dem Telefonat lag. Sie wollte nur wissen, was zu tun war und nicht noch tausend Mal nach dem Warum fragen. „Ja, das werde ich, ich vermisse euch auch", sagte ich abschließend noch und dann kam der kurze und traurige Abschied: „Mach's gut und bis bald, tschüss." „Tschüss!", kam gerade so noch aus mir heraus und dann Stille. Ich legte den Hörer auf, blieb für Sekunden so stehen und nahm meine Hände vor mein Gesicht und brach schluchzend zusammen. Dieses abrupte Ende des Telefonats hatte eine so große, spürbare Leere in mir hinterlassen, dass ich innerlich schrie. „Oh Tante, bitte beruhige dich wieder. Geht es deiner Familie gut? Ist alles in Ordnung?" „Ja, es geht ihnen gut, es geht gleich wieder vorbei." Obwohl ich immer lernen musste, meine Gefühle unter Kontrolle zu haben, Gefühle nicht zu zeigen und Liebe nicht zu zeigen, fiel es mir hier unendlich schwer, wieder Fassung zu erlangen. Es gab keine Liebe in meiner Kindheit und Gefühle wurden unterdrückt. Ich hatte die Liebe in Kuba gesehen. Ich hatte gesehen, wie bedingungslos diese Menschen Liebe geben, indem sie einfach lieben. Diese mitfühlende, warmherzige, echte Liebe. Meine kubanische Familie liebte mich und sie ließen mich die Liebe spüren ganz ohne Gegenleistung und ohne diese Angst, die Liebende haben, dass die Liebe nicht erwidert werden könnte, ohne die Angst, von mir nicht geliebt zu werden. Liebe, die keiner Worte bedarf, um ihr Ausdruck zu verleihen, weil sie einfach nur spürbar da ist, wie ein warmes, weiches umhüllendes Gefühl, weil das Gefühl die Sprache der Liebe ist. Die reinste Wahrheit, die wir mit Worten nicht auszudrücken vermögen. Ja, ich hatte die Liebe in Kuba gesehen und gefühlt. Das war diese Liebe, die für immer bleibt. Liebe ging nicht einfach weg. Liebe war da, füllte und erfüllte mein Herz und dort blieb sie für immer, ob aus der Nähe oder aus der Ferne, sie blieb da und ganz nah bei uns. Josefa kam auf mich zu, „Liebes Kind, setz dich erstmal hin, ich bringe dir eine Limonade." „Danke, es geht schon wieder. Es ist nur, weil ich meine Eltern lange nicht gehört hab. Meine Mutter hat geweint, es macht mich so traurig, sie so zu hören." José saß schniefend neben mir und versuchte, mich zu trösten. „Ich muss auch noch die Vermittlung anrufen wegen der Kosten." „Lass mal, ich mache das gleich." Josefa ging zum Telefon und rief an. Als sie fertig war, sagte sie: „Es kostet sechs Peso." „So wenig?", antwortete ich ihr. „Stimmt das, oder haben die sich vielleicht verrechnet?" Ich hatte das Gefühl, dass Josefa mir nicht den richtigen Preis gesagt hat. Sie wollte mir anscheinend einfach nur was Gutes tun. Laura kam mit Raulito zurück. „Wartest du immer noch auf das Telefonat?" „Nein, Mami!", übernahm José die Antwort, „Es ist schon vorbei, es war sehr traurig." Raulito kam in meine Arme gerannt und ich erzählte Laura jede Einzelheit und sagte: „Ich bin froh, dass du nicht dabei warst, sonst hätten wir alle nur noch geweint." Sie umarmte mich und wir verabschiedeten uns von Josefa. Ich versprach ihr, auch wiederzukommen, einfach so, um sie zu besuchen.

Auf dem Weg nach Hause war ich noch ganz benommen. Auch wenn das Telefonat sehr emotional war, wusste ich jedoch, dass meine Eltern und meine Schwester sich kümmern würden, um alle wichtigen Informationen zu bekommen. Sie würden alles tun, um uns zurückzuholen. „Das hat ja lange gedauert", sagte Raul. „Ja, ich musste warten, bis die Vermittlung das Gespräch durchgestellt hatte." „Und, wie geht's deinen Eltern?" „Es geht ihnen gut, sie werden sich jetzt mal erkundigen, was zu tun ist, und auch in deiner Firma nachfragen, ob du wieder dort arbeiten kannst." Mehr darüber erzählte ich ihm nicht, ich wollte meine Emotionen nicht mit ihm teilen und auch keinen Trost von ihm. Wahrscheinlich hätte er es ohnehin nur belächelt. Ich hatte José bei mir, Laura und Raulito. Bessere Anteilnahme gab es nicht.

Der Alltag nahm seinen Lauf. Ich wartete fieberhaft auf einen Brief meiner Eltern. Eine Nachricht der Immigration war nicht zu erwarten. Sie würden uns nicht schriftlich informieren. Deshalb mussten wir regelmäßig hinfahren und nachfragen. Die Gefahr war, dass das Visum für die Ausreise erteilt wurde und wir es nicht wussten und es daher ablaufen könnte. Ich fuhr erstmals nach vier Wochen und dann jede Woche hin.

Teo stand wie jeden Tag auf dem Portal und unterhielt sich mit jedem, der vorbeikam. Dabei wartete er auch immer auf den Postmann. Wenn er sich unterhielt, schaute ich sofort zu ihm in der Hoffnung, der Postmann wäre endlich da und bliebe auch bei uns stehen, um was abzugeben. „Die Deutsche verschafft mir Arbeit", sagte er lachend zu Teo, als er endlich wieder bei uns stehen blieb. „Seit sie hier ist, lohnt es sich, die Post auszutragen." „Hast du was für sie dabei?", hörte ich Teo fragen. „Oh bitte, sag Ja", dachte ich. Dann wurde es ruhiger und sie tratschten ein bisschen. Ich schaute nach vorne zum Ausgang, die Tür war wie immer offen. Wenn Teo sich rumdrehte, was er immer tat, sah ich sofort an seinem Gesichtsausdruck, ob ein Brief gekommen war oder nicht. Er freute sich mit mir, wenn ein Brief kam, und er litt mit mir, wenn es nicht so war. Jetzt drehte er sich um, strahlte mich an und hielt die Hand hoch. „Für dich, mein Kind." Ich lief ihm entgegen und nahm ihm den Brief ab. Der lang ersehnte Brief meiner Eltern. Inzwischen waren sechs Wochen seit unserem Telefonat vergangen. Aufgeregt las ich die Zeilen meiner Mutter: „Mein liebes Kind ..." Sie schrieb viel über das Telefonat und wie sehr sie sich gefreut hatte, mich zu hören. Dann kamen die wichtigen Informationen. „Mein Kind, es ist nicht einfach, hier bei den Behörden Auskunft zu bekommen. Sie schicken uns von einem zum nächsten. Irgendwie fühlt sich niemand dafür zuständig. Wir haben jedoch erfahren, dass es keine Einwände gibt, wenn ihr alle drei nach Deutschland zurückkommt. Was ihr braucht, ist eine Wohnung, Arbeit und einen Kindergartenplatz. Euer Einkommen muss auf jeden Fall sichergestellt sein. Wenn ihr zurückkommt, müsst ihr die Miete und euer Lebensunterhalt finanzieren können. Bei Raul ist das kein Problem, er kann wieder in seiner letzten Firma arbeiten. Bei dir müssen wir uns noch kümmern. Wir können jetzt leider nichts weiter tun. Alles hängt von eurem Einreisevisum ab. Ihr bekommt das Visum nur, wenn Arbeit und Wohnung gewährleistet sind. Sobald ihr das Visum beantragt, gib sofort Bescheid. Am besten du schickst ein Telegramm. Dann erst können wir uns kümmern, weil das Visum zeitlich begrenzt ist und damit sichergestellt ist, wann ihr spätestens da seid und wann ihr die Wohnung, die Arbeit und den Kindergartenplatz braucht." Ich las diese Zeilen mehrmals. Diese Informationen sagten mir viel und doch sagten sie mir nichts. Ich versuchte, einen Überblick zu bekommen und eine Reihenfolge der einzelnen Schritte in meinem Kopf zu erfassen. Die Fristen machten mir Angst, Angst, dass wir es nicht schaffen könnten. Ich musste unbedingt wieder zur Immigration. Das schien mir der einzige Weg, um keine Zeit zu verlieren. An die Kosten hatte ich überhaupt noch nicht gedacht. In der DDR gab es damals kein Arbeitsamt oder Sozialamt. Wir brauchten Geld und wovon wollten wir eigentlich drei Flüge bezahlen, wenn es klappen sollte. Die Gedanken kreisten in meinem Kopf umher: Visum, Geld, Flug, Fristen, Arbeit, Wohnung. Ein Gefühl, dass sich uns irgendwie alles in den Weg stellt, überkam mich. Raul durfte das auf keinen Fall merken. Bevor bei ihm Zweifel aufkamen, brauchte ich einen Plan. Vielleicht könnten wir alle unsere Möbel verkaufen. Sie standen ohnehin nur nutzlos und zusammengepresst rum. Aber wer sollte das kaufen? In Kuba hatte die wenigsten Leute Geld. So versuchte ich, für mich erst mal Ordnung in das Ganze zu bekommen.

Raul kam am Abend nach Hause. „Ich habe heute einen Brief von meinen Eltern bekommen." „Was schreiben sie?", war seine Frage. „Sie haben sich erkundigt und du kannst auf jeden Fall wieder in der Firma arbeiten. Für mich müssen sie eine Arbeitsstelle finden und eine Wohnung für uns. Sie können aber erst loslegen, wenn wir das Einreisevisum beantragen. Das ist aber alles kein Problem", fügte ich noch beschwichtigend hinzu. „Du stellst dir das alles so einfach vor", sagte er schon leicht wütend. Es passte ihm wieder nicht, dass ich mehr Überblick hattet als er. „Ich werde gleich nächsten Montag wieder zur Immigration fahren und fragen, wie lange es noch dauert", erwiderte ich. „Woher sollen wir denn so schnell das Geld für die Flüge nehmen?" Jetzt konnte ich meine ersten Überlegungen loswerden. „Wir verkaufen unsere Möbel und all das Inventar, so gut es geht und wenn noch genug übrigbleibt, kaufen wir Gold. Wir brauchen Startkapital in Deutschland." „Wie willst du denn das Gold nach Deutschland schmuggeln. Wir können nicht einfach Gold mitnehmen und zuerst brauchen wir mal jemand, der die Möbel kaufen will." Er schaffte es immer wieder, gegen alles anzugehen und zu zerreden. Ich ließ mich aber jetzt nicht mehr davon abbringen. Laura kannte genug Leute, sie würde sie fragen, ich musste mit ihr sprechen. In meinen Gedanken hatte ich das Gold schon während des Fluges in meiner Unterhose. Für mich war die Zeit das Problem und das reichte mir, denn das schien groß genug.

Gleich am Montag machte ich mich mit Raulito auf zur Immigration. Ich ließ ihn die Schule schwänzen. Sein Trost nur durch seine Anwesenheit machte mich mutiger und selbstbewusster und die Chancen mit ihm an meiner Seite waren einfach bestechend. Wir warteten wieder, bis geöffnet wurde, und gingen zur Anmeldung. „Guten Tag, ich möchte nach dem Stand unseres Ausreiseantrages fragen." „Die Pässe, bitte", sagte der Beamte wie jedes Mal. „Die haben Sie doch schon. Wir mussten sie abgeben, als wir den Antrag gestellt haben." „Wie ist Ihr Name?" Ich antwortete und spürte seine Gereiztheit. Meine Hoffnung auf positive Nachricht schwand. Er kramte in den Akten und da sah ich die Pässe. „Verdammt", dachte ich, „wenn die Pässe immer noch hier in einer Schublade rumliegen, dann haben sie diese noch nicht mal weggeschickt. Es wurde noch nichts bearbeitet." „Nehmen Sie draußen Platz und warten Sie, bis Sie aufgerufen werden." Wir gingen raus in die Hitze auf die Bänke unter dem provisorischen Dach zu den anderen Wartenden. Raulito war wieder im Mittelpunkt. Das genoss er immer. Nach knapp drei Stunden kam ein Beamter in Militäruniform mit verschränkten Armen und rief laut meinen Namen. Mit einem Kopfnicken nach rechts deutete er mir, einzutreten. Der Beamte vom letzten Mal empfing uns wieder in seinem Büro. Er war ja schon nett, so wie auch die anderen. Sie demonstrierten nur ihre Machtposition in den Diensten des Staates nach außen. „Wir haben noch keine Neuigkeiten für Sie", eröffnete er das Gespräch. „Sie brauchen

auch nicht immer zu kommen, deswegen geht es nicht schneller."
„Ich komme immer wieder und ich werde auch nächste und die
übernächste Woche kommen. So lange bis wir endlich die Genehmigung haben", platzte es aus mir heraus, ohne es zu wollen, und ich fing an zu weinen. Zu viele Emotionen waren jetzt
aus meinem tiefsten Inneren hochgekocht. Die Tränen meiner
Mutter am Telefon, der immer größer werdende Drang, wieder
nach Hause zu wollen, die ewigen Diskussionen mit Raul, die
Tatsache, dass Raulito keine Haare auf dem Kopf hatte und das
Klima nicht vertrug, die Panik, die drei Monate Gültigkeit des
Ausreisevisums würden nicht bis zur Erteilung des Einreisevisums reichen, die Angst, meine Eltern würden es nicht schaffen, alles für uns zu besorgen, was notwendig war, das Geld, das
uns noch für die Flüge fehlte, und schlussendlich die Willkür
der Beamten, uns wie Staatsfeinde zu behandeln. Mein kleines,
junges Hirn drohte zu platzen. Ich war mit meinen 23 Jahren
noch nicht so weit, so viele Erlebnisse und Erfahrungen aufzu-
nehmen und zu verarbeiten, danach zu handeln und zu reagieren
und musste es dennoch tun. Es war, als ob mein Empfangsge-
rät im Kopf für all diese Umstände aus dem Außen einen Kurz-
schluss hatte, der Speicher war voll oder die Festplatte zerstört.
Immer wieder und schon seit vielen Jahren musste ich gegen etwas ankämpfen, was vorher nicht kalkulierbar war.

Mein Schluchzen hörte kaum mehr auf, ich hasste es, mich
so bloßgestellt zu fühlen. Es war mir unmöglich, noch ein Wort
zu sprechen. Immer wieder überkam mich diese Welle wie eine
Flut. Irgendwie war alles, was geschah, gegen meinen Willen.
Mir war es nicht möglich, Raulito das zu ersparen. Er fing an
zu weinen und rief: „Mami, Mami was ist mit dir? Komm, bitte
lass uns gehen, vamos Mami, vamonos." Nach einer Weile antwortete ich ihm: „Es geht schon wieder. Es ist alles in Ordnung.
Ich war nur etwas erschrocken!" Was für eine blöde Antwort
von mir. „Warum bist du erschrocken, Mami?" Raulito sprach
Spanisch mit mir, sodass auch der Beamte alles verstand. Dieses Szenario brachte ihn sichtlich aus der Fassung. Es war nicht
gespielt und schon gar nicht geplant, das war ihm klar. „Ist es

denn so schlimm für Sie in Kuba?" Kuba war nicht schlimm für mich. Ich hatte die beste Familie, die es gab, und ja, ich wollte nicht mehr mit Raul zusammen sein. Ich hatte hier in Kuba keine Rechte auf mein Kind und mein Mann genoss es, das gegen mich auszunutzen. Das alles waren meine Gedanken, doch ich sagte etwas anderes, während Raulito an mich gepresst auf meinem Schoss saß. „Es ist jetzt schon zwei Monate her, dass wir den Antrag gestellt haben. Die Pässe sind immer noch hier in den Akten. Das heißt, dass auch noch nichts bearbeitet wurde. Mein Sohn verträgt das Klima nicht, das wissen Sie alles. Es ist alles nicht einfach für uns und ich wusste auch vorher nicht, dass mein Heimweh mich auffrisst und mir jeden Tag ein Stück mehr aus meinem Herzen reißt. Ich will, dass Sie die Ausreise so schnell wie möglich genehmigen. Fidel hat gesagt, es ist möglich." Ich hatte jetzt keine Lust, Höflichkeiten auszutauschen, und entschied mich es genauso zu formulieren, wie es sich für mich anfühlte. Seine Reaktion fiel mild aus, damit hatte ich nicht mehr gerechnet. „Es gibt viele Anträge zu bearbeiten. Fidel hat wohl nicht damit gerechnet", fügte er lachend hinzu, um mich aufzumuntern. „Ich werde Ihren Antrag sofort weiterleiten und darum bitten, dass dieser vorgezogen wird." Mein Gesicht erhellte sich. Ich konnte kaum glauben, was er das sagte. Er wollte darum bitten, den Antrag vorzuziehen. Hoffentlich meinte er das ernst, schoss es mir in den Kopf, was wohl auch der Grund für meine daraufolgende, ehrliche Antwort war. „Ich nehme Ihre Antwort ernst und werden Sie sich darüber klar, dass ich Ihnen jetzt jedes Wort glaube. Aber bitte sagen Sie es mir noch einmal. Ich möchte es noch einmal hören und Sie dabei genau anschauen, um zu sehen, dass Sie genau das tun werden, was Sie eben gesagt haben." Meine Aussage schien ihn bis ins Knochenmark getroffen zu haben. Ich hatte meinen Worten unbewusst einen enormen Ausdruck verliehen, die bei ihm keine Zweifel ließen, dass ich es wirklich und tatsächlich nochmal hören wollte, was er zuvor gesagt hatte. Was ich sagte, kam einfach aus mir raus, ein gesammeltes Werk aus Enttäuschung, Verzweiflung und Vertrauenslosigkeit. Ich gab ihm damit unmissverständlich zu verstehen, dass man mich nicht und nie mehr anzulügen und er mich gefälligst als Frau und Mutter ernst zu nehmen hatte. Jetzt herrschte Stille, einen Moment lang nur Stille und er sah mich dabei an. Die Luft war zum Schneiden und es musste schon mindestens eine halbe Stunde vergangen sein. So lange war ich noch nie in seinem Büro. Es fühlte sich an, als ob ich in ihn hineinsah, durch seine Augen hindurch sah ich mitten in seine Seele und in sein Herz. Meine Angst, meine Sorgen, meine Verzweiflung verschwanden augenblicklich. Ein Gefühl der inneren Ruhe breitete sich stattdessen in mir aus. Ohne Unterlass sah ich ihn an, weil ich auch wollte, dass dieses Gefühl der Leichtigkeit in mir blieb. Ich hielt seinem Blick stand und es fühlte sich wie eine weitere halbe Stunde an, bis er nun doch den Blick senkte und zu Raulito sprach: „Mein Sohn ist so alt wie du, er heißt Carlo. Hier, den schenke ich dir, den kannst du in der Schule bestimmt gut gebrauchen", und reichte ihm einen Bleistift. Seine jetzige Annäherung war von einer kindlichen Verlegenheit begleitet. Raulito sah mich an und wartete damit auf meinen Zuspruch, den Stift annehmen zu können. Natürlich durfte er das und damit war der Bann wieder gebrochen. „Also mein Name ist im Übrigen Eduardo. Bitte bleiben Sie noch einen Moment", sagte er. Er öffnete unsere Akte, nahm ein Dokument raus, fügte einige Daten hinzu und versah dieses mit einem Stempel und seiner Unterschrift. Ich konnte nicht erkennen, was auf dem Dokument stand. Jetzt zog er einen Bogen Papier in seine Schreibmaschine und fing an zu schreiben. Als er fertig war, unterschrieb er auch dieses, packte alles zusammen in einen Umschlag, den er auch wieder stempelte und rief einen Beamten ins Zimmer. „Bitte noch versiegeln und sofort weiterleiten nach Havanna", richtete er sich mit seinen Worten an ihn. „Jetzt haben Sie nicht nur an mir gesehen, dass ich Ihnen kein leeres Versprechen gemacht habe, sondern ich habe es soeben getan. Im Brief habe ich darum gebeten, Ihren Antrag mit Vorzug zu bearbeiten." Meine Euphorie hielt sich in Grenzen, aber nicht, weil ich es nicht zeigen wollte, sondern weil ich jetzt einfach vertraute. Das allein genügte, dass er meine Freude und meine Erleichterung wahrnehmen konnte.

„Kommen Sie ruhig jede Woche wieder, wenn Sie wollen. Ich werde mich auf Sie beide freuen. Sie sind eine sehr starke Frau, die weiß, was sie will. Fidel hätte seine wahre Freude an Ihnen als Kämpferin an seiner Seite." „Ich kann leider nicht mit Waffen umgehen", sagte ich verlegen. „Vielen Dank, dass Sie mir zugehört haben und vielen Dank für Ihr jetziges Handeln." „Adios Raulito und bis nächste Woche", sagte er zum Abschied. „Ich werde da sein", rief ich beim Rausgehen.

Luft, endlich Luft, auch wenn sie heiß war. Das war wie in einer schlechten Telenovela. „Mami, warum bist du erschrocken?" „Mein Schatz, es war nur, weil der Mann sagte, sie haben etwas noch nicht gemacht, was sie schon lange hätten tun sollen. Aber es ist geklärt, jetzt ist alles in Ordnung. Lass uns schnell zum Bus gehen, damit wir nach Hause kommen." Wir saßen nun endlich im Bus. Ich war erfüllt von großer Erleichterung und ich war stolz und glücklich, dass ich bei Eduardo einen hoffentlich bleibenden Eindruck hinterlassen hatte. Ich beschloss jetzt, jede Woche zu kommen, damit ich in seiner Erinnerung bliebe. Es war schwer für mich, jetzt abzuschalten. Die letzten Minuten waren von so großer Bedeutung und waren dabei, sich bei mir ins Gedächtnis einzugraben. So gerne hätte ich jetzt meiner Schwester oder meiner Mutter darüber erzählt. Mit niemand konnte ich über Einzelheiten sprechen. Raul würde toben und er würde es auch nicht verstehen. Ich konnte es auch nicht Laura erzählen. Es würde sie nur unnötig traurig machen, da sie immer mehr realisierte, dass es ernst wurde und je mehr Druck ich machte, umso schneller ging es. Das war ihr bewusst. Auch mir war das klar, deshalb versuchte ich, sie mit so wenig wie möglich an einen kommenden Abschied zu erinnern. „Und wie war es heute bei der Immigration?", kam Raul fragend am Abend im Wohnzimmer auf mich zu, während alle anderen draußen auf dem Portal saßen. „Es gibt noch nichts Neues, es ist immer noch in Bearbeitung. Ich soll einfach nächste Woche wiederkommen und nachfragen." „Das hätte ich dir gleich sagen können, das dauert eben einfach seine Zeit." „Ja, ich weiß, aber vielleicht kann ich es so beschleunigen." Er sagte nichts weiter dazu, keine Abwehr oder Einwände. Das verwunderte mich. Vielleicht freute er sich jetzt doch langsam oder alte Erinnerungen an seine Firma kamen hoch, denn er hatte immer gerne dort gearbeitet. Hier in Kuba arbeitete er in der Schädlingsbekämpfung und ging täglich von Haus zu Haus, um mit den Sprühgeräten die Haushalte frei von Kakerlaken zu bekommen. Dafür sollte er studiert haben. Nach längerer Stille sagte er: „Ich habe auch keine Lust mehr auf den Job und frage mich auch, was mache ich da eigentlich. Nimm du die Angelegenheit in die Hand und ich schaue mal mit Laura, ob sie jemanden kennt, der unsere Möbel kauft. Es muss nur für die Flüge reichen und wenn was übrigbleibt, dann kaufen wir Goldschmuck. Aber du sorgst dafür, dass wir den dann aus dem Land bekommen. Alles andere lassen wir hier für meine Eltern." Ich war fassungslos und konnte kaum glauben, was Raul sagte, aber ich spürte, er meinte es ernst. Jetzt hatte ich freie Hand. Das macht es mir um so vieles leichter. Teo war inzwischen reingekommen und hörte, was Raul gerade sagte. „Mein Junge, ich höre mich auch mal um, ich finde vielleicht jemand der eure Möbel kauft. Ihr könnt sie ja auch einzeln verkaufen." Er wirkte traurig auf mich. Am nächsten Abend sprachen wir mit Laura. Sie würde sich mal umhören. Ich rechnete mir ungefähr 600 Peso für die Flüge aus. Das waren drei Monatslöhne. Wir könnten das schaffen, denn wir hatten ein paar Peso gespart, da wir für das Geld, was wir verdienten, nichts kaufen konnten. Alles, was wir an Klamotten brauchten, hatten wir aus Deutschland und für Raulito hatte ich genäht, auch Ersatzhemden für seine Schuluniform aus unserer Bettwäsche. Kleidung gab es keine zu kaufen und den Kindern standen pro Jahr zwei Paar Schuhe zu.

Wie geplant ging ich in der nächsten Woche wieder zur Immigration. Raulito nahm ich wieder aus der Schule. Meine innere Stimme sagte mir, dass ich das nicht mehr so ernst nehmen müsste, da er bald in Deutschland zur Schule gehen würde. In über einem Jahr wäre es so weit. Es schien noch viel Zeit, aber ich wusste auch, dass die Zeit vielleicht nicht reichte. Meine Hoffnung war immer, es mit der Ausreise aus Kuba zu schaffen, sodass Raulito seinem Alter gerecht in Deutschland eingeschult werden konnte.

Eduardo begrüßte uns dieses Mal sehr freundschaftlich, als würden wir uns schon lange kennen. Es fühlte sich für mich vertraut an. „Sie sind ja schon wieder da", sagte er lächelnd. „In einer Woche kann nicht viel passiert sein, aber ich schaue trotzdem für Sie nach." „Gerne", sagte ich und fuhr fort: „Ich möchte uns einfach auch wieder in Erinnerung bringen und nur rumsitzen und warten das schaffe ich nicht." Er schaute nach den Akten und sagte dann: „Es gibt leider noch keine Neuigkeiten. Ein bisschen Zeit müssen wir Fidel noch lassen. Kommen Sie einfach in zwei Wochen wieder." Ich hatte schon auch selbst eine Ahnung, dass es noch keine Neuigkeiten geben konnte, aber meine Hoffnung blieb dennoch. Wir verabschiedeten uns und fuhren wieder nach Hause.

Laura kam am Abend zu uns. „Ich habe jemand für eure Wohnzimmermöbel, also nur für das Sofa und die zwei Sessel. Aber allzu teuer kauft er sie nicht. Es ist überhaupt ein Wunder, dass sie jemand haben möchte. Bei uns sind Polstermöbel nicht so gefragt." „Wenigstens ein Lichtblick, egal was er zahlt, er kann es haben", sagte ich. Raul kam dazu: „Kann er morgen kommen, dann regle ich das mit ihm. Wir werden uns schon einigen." Ich war froh, dass Raul das in die Hand nahm. Die Verkaufssituation überforderte mich. Aber ich wusste, dass Raul anderen Personen gegenüber immer sehr zuvorkommend war. Das gab mir das Gefühl, dass das klappen und jetzt alles in Gang kommen würde.

Es vergingen zwei Monate in unserem Alltagsleben. Ich ging immer wieder zur Immigration, um nachzufragen. Wir hatten auch schon einiges an unserem Hausrat verkauft. Tisch und Stühle, Schuhe, Kleider, Bettwäsche und Handtücher und fast unser gesamtes Geschirr bis auf einige Teile, die wir auf die Familie aufteilten. All das gab es in Kuba nicht zu kaufen. Es kamen dadurch zwar nur kleine Beträge zusammen, aber es summierte sich dennoch.

Nun war es bereits Ende September, als Corinna und Jorge an einem Samstag spontan zu uns kamen. Ich hörte das Motorrad schon kommen. Meine Freude war riesengroß. Corinna strahlte verdächtig und Jorge rief ganz laut noch bevor sie eintraten: „Raul, wir haben die Genehmigung." Bei mir löste das beinah eine Schockstarre aus. Das, worauf ich schon so lange warte, war bei ihnen jetzt eingetreten. Ich sah Corinna an: „Wirklich?", fragte ich sie. „Ja, gestern haben wir das Ausreisevisum bekommen. Nächste Woche fahren wir zum Konsulat nach Havanna. Wir wollten es euch unbedingt erzählen. Wie weit seid ihr?" „Bei uns läuft der Antrag auch schon lange. Ich fahre jede Woche nach Santa Clara und werde gleich am Montag wieder vorsprechen." „Bei euch ist es bestimmt auch so weit, warum sollte es länger dauern als bei uns", antwortete Corinna. Meine Aufregung stieg, ich wollte das auch endlich sagen können, ich wollte es herausschreien können. Jede Minute, die ich jetzt bis Montag warten musste, fühlte sich wie Stunden an. Laura kam dazu, sie begrüßte die beiden und sah, wie sehr sie sich freuten und wie sehr mich das niederschmetterte, obwohl ich das gar nicht wollte. Es geschah einfach, begleitend von der Angst, dass es einen Grund gab, warum es bei uns länger dauert. Raul sagte zur Jorge: „Dann wird es bei uns auch bald so weit sein. Da gibt es nichts, was dagegenspricht." Mich überraschte seine positive Reaktion. Laura tat es ihm gleich: „Petranaja mach dir keine Sorgen. Ich sehe dich schon, wie du strahlend aus Santa Clara zurückkommst." Sie wirkte gelöst, sicher erkannte sie jetzt auch an Corinna, was diese Rückkehr für mich bedeutete, auch wenn die Trennung immer näher zu rücken schien. Ich konnte das Thema kaum noch ansprechen. Für die Familie war es traurig, sie fühlten wohl, dass es ein Abschied für immer werden würde. Hin und wieder, wenn ich doch mal darüber sprach, sagte Laura: „Sie lassen dich nicht gehen, du musst hierbleiben." Sie sagte es scherzhaft, aber ich wusste, dass sie damit versuchte, dem Trennungsschmerz entgegenzuwirken. Wir hatten noch Zeit und die wollte ich mit ihr noch genießen.

Montag darauf fuhr ich mit Raulito nach Santa Clara zur Immigration. Es war immer noch heiß und wir warteten wieder über drei Stunden, bis ein Beamter nach draußen kam und laut unseren Nachnamen rief. Es klang wie ein Aufruf, ein Befehl und flößte mir Angst ein. Ich erschauderte und fing leicht an zu zittern. Schnell sprang ich auf und rief, „Hier!" „Mitkommen", war seine Antwort. Er führte uns zu dem Büro von Eduardo. Erleichterung machte sich in mir breit, Eduardo war da. Er lächelte mich an und sagte; „Kommt rein und setzt euch. Na Raulito, wie geht's dir? Möchtet ihr ein Glas Wasser?" Wasser war perfekt, nach den drei Stunden Wartezeit in der Hitze. Wir hatten noch nie Wasser angeboten bekommen, was das bedeutete, fragte ich mich. Er stand auf, ging aus dem Zimmer und kam mit unserer Akte zurück. „Hier sind Ihre Pässe. Das Ausreisevisum ist drin und es ist drei Monate gültig. Bis dahin müssen Sie aus Kuba ausgereist sein. Aber wie Sie schon wissen, brauchen Sie noch das Einreisevisum." Es war mir kaum noch möglich, ihm zuzuhören. Ich schaute auf die Pässe, die Seite mit dem Visum war aufgeschlagen. Jetzt war es amtlich. Mein Herz pochte bis zum Hals, ich konnte es spüren. Es war, als hätte ich ein Korsett aus dem 17. Jahrhundert an. Ich wollte es lösen, doch hinter mir wurde es festgehalten und enger geschnürt. Meine Gefühle waren zunächst wie eingeengt, doch dann fing meine Fantasie an, mit mir auf Traumreise zu gehen. Ich sah meine Mutter vor mir, wie sie die Nachricht empfängt, dass ihre Tochter zurückkommt, und fühlte ihre Sehnsucht und ihre Freude. Ich sah mich, wie ich wieder in meiner Heimat war und alles hinter mir lassen konnte. Ich sah uns am Flughafen ankommen und wie meine Eltern dort standen und auf uns warten. Ich umarmte meine Mutter und ließ sie nicht mehr los. Es war, als wenn es bereits jetzt schon so war. Dieses Gefühlschaos ließ mich nur schwer wieder in Eduardos Büro zurückkommen. „Petra, haben Sie mir zugehört? Sie sollten sich jetzt schnellstmöglich um das Einreisevisum kümmern." „Ja, ja, klar, Danke, das mache ich." Mehr konnte ich nicht erwidern. Ich atmete schnell und mein Bauch schlug Wellen. Am liebsten wäre ich aufgestanden und hätte ihn umarmt und vor Glück geschrien. Ich drückte Raulito an mich, der auf meinem Schoss saß. „Fahren Sie am besten so schnell wie möglich zum kubanischen Konsulat und stellen den

Antrag für das Einreisevisum. Hier bitte, unterschreiben Sie mir noch den Empfang der Pässe." Eduardo stand auf und ich unterschrieb, nahm die Pässe und stand auch auf. „Vielen, vielen Dank Eduardo und alles Gute für Sie und Ihre Familie." „Ich wünsche Ihnen auch alles Gute und behalten Sie Kuba in guter Erinnerung und vielleicht kommen Sie ja mal wieder auf Besuch. Mach's gut Raulito und bleib gesund, Adios", sagte er noch zum Abschied. Die Pässe verstaute ich sicher in meiner Tasche und so verließen wir sein Büro für immer.

Als wir mit dem Bus zurückkamen, ging ich als Erstes zur Post und schickte meinen Eltern ein Telegramm. „Haben Ausreisevisum bekommen." Das war alles, jetzt wussten sie, was zu tun war. Zu Hause angekommen stand Teo wie immer auf dem Portal. Er sah uns schon kommen. „Kind, du warst lange weg, erzähl, gibt es Neuigkeiten?" „Ja die gibt es. Wir haben die Ausreisegenehmigung bekommen. Jetzt müssen wir schnellstmöglich nach Havanna." Er strahlte vor Freude und sagte: „Fidel, el Comandante, guter Mann, habe ich dir doch immer gesagt. Du wirst sicher nie mehr wiederkommen." „Teo was ist da los", rief Marisol aus der Küche. „Die Kinder werden uns verlassen." „Ach so", sagte sie, „das war doch klar, das ist nichts Neues. Sie gehen eben, was sollen sie auch hier." Sie hatte sich schon länger damit abgefunden, nicht, weil es ihr egal war. Sie tat es aus Selbstschutz, um nicht in einen Trauerzustand zu verfallen. Jedes ihrer Kinder stand ihr nahe. Sie wollte kein einziges verlieren und ihr war bewusst, wenn wir gingen, würde sie ihren Sohn vielleicht nie wiedersehen. „Ach mein kleiner Raulito, ich werde dich vermissen. Wirst du deine Oma vergessen?", fragte sie. Banale Worte folgten, sie wollte einfach ihre Traurigkeit nicht zeigen und überspielen. Teo tat es ihr gleich. Am späten Nachmittag kam José. „Deine Tante verlässt uns", rief ihm Teo entgegen. „Nein, Tante, oh bitte ich habe es gewusst, irgendwann kommt der Tag. Ich freue mich für dich, aber ich würde alles tun, damit du bleibst. Ich will jetzt noch nicht an Abschied denken." Ich fühlte mit ihm, am liebsten würde ich ihn mitnehmen. „Jetzt weißt du es, am besten wir reden nicht darüber. Noch bin ich ja da und wir müssen noch nach Havanna und warten was dabei rauskommt", entgegnete ich ihm. „Schickst du mir dann auch immer Aufkleber von Deutschland? Du weißt ja, wie gut wir die hier in Kuba verkaufen können." „Ja, na klar schicke ich dir die, ich schicke dir alles, was du brauchst." Nun kam Raul von der Arbeit. „Wir haben die Genehmigung", sagte ich gleich als Erstes zu ihm. „Hast du deinen Eltern schon ein Telegramm geschickt?" „Ja habe ich. Am besten wir fahren noch diese Woche nach Havanna zum Konsulat." Wir fahren übermorgen. Ich werde morgen im Geschäft Bescheid sagen, dass ich Mittwoch nicht da bin." „Perfekt!", dachte ich, so hatte ich noch etwas Zeit, um alle Dokumente zusammenzusuchen, die wir brauchen könnten.

Dienstagabend fuhren wir nach Santa Clara, um den Nachtbus nach Havanna zu bekommen. Wir konnten so weite Strecken nicht mit dem Motorrad fahren, da es nie genug Benzin gab. Als wir in Santa Clara ankamen, zogen wir eine Nummer. Es war eine hohe Nummer, sodass wir wahrscheinlich bis zum nächsten Morgen warten mussten, um von einem Bus mitgenommen zu werden. Raul sagte zu mir, „Setz dich hier hin und warte. Ich suche jemanden, der uns eine Nummer verkaufen kann." Es gab viele Kubaner, die eine Nummer zogen, ohne mit dem Bus fahren zu wollen. Stunden später verkauften sie heimlich diese Nummer an Leute, wie wir es waren. Wir hatten Glück, Raul kam zurück. „Los komm wir müssen uns beeilen, da vorne steht der Bus, Ausgang 9." Ich lief hinter ihm her und war froh, einmal gar nichts machen zu müssen. Wir stiegen ein und der Bus fuhr los. Wir waren am Morgen um sieben Uhr in Havanna und mussten noch ein ganzes Stück zu Fuß zurücklegen, bis wir beim Konsulat ankamen. Es war in der Nähe vom Malecón. Auf dem Weg dahin spürte ich, wie das Leben in Havanna erwachte. Ich hörte Frauenstimmen laut lachen und diskutieren, sah die Kinder, die zur Schule gingen, und die Männer, wie sie vor ihren Häusern saßen. Wir kamen an einer großen Bäckerei vorbei. Die großen, hohen Holztore waren nach links und rechts geöffnet, sodass ich direkt hineinschauen konnte. Ich blieb wie verwurzelt stehen. Es roch umwerfend gut nach frischem Brot. Mein Hunger meldete sich und dennoch wusste ich, dass wir hier nicht einfach reingehen und Brot kaufen konnten. Es waren die Rationen für die Kubaner hier in Havanna. Ich merkte gar nicht, wie lange ich da schon stand, als ein Mann rauskam und fragte, was ich da schaue. Raul kam inzwischen wieder zurück, da er nicht gemerkt hatte, dass ich stehen geblieben bin. „Der wunderbare Duft hat mich dazu gebracht, stehen zu bleiben", antwortete ich ihm. „Und dein Hunger", sagte der Mann lachend zu mir." „Der auch", gab ich verschämt zurück. „Woher kommst du?" fragte er mich. „Aus Santa Clara, wir müssen zum deutschen Konsulat." Er ging zurück an den Backtisch und brachte uns ein ganzes Brot. Es waren ungefähr 250 Gramm Brot. „Dann viel Glück und lasst es euch schmecken." „Vielen, vielen Dank." Ich konnte dieses Glück kaum fassen. Das Brot war warm und roch fantastisch. „Wieso bleibst du da einfach stehen und sagst nichts. Jetzt hat er uns auch noch ein Brot gegeben. Wir sind doch keine Bettler." Es hatte keinen Sinn, ihm zu antworten. Was es auch war, was ich allein tat, es passte ihm nicht. Das Konsulat machte erst neun Uhr auf. Wir setzten uns auf eine Bank auf dem großen Platz vor dem Konsulat und mussten uns dann nur rechtzeitig in die Schlange davor einreihen. Es war heiß, ich wusste, dass ich das nicht bis neun Uhr aushalten würde. Nach dem Brot kam der Durst. Raul holte in einer Bodega für uns Wasser. Wir reihten uns nun in die Schlange ein. Die Sonne prallte auf uns nieder, es gab keinen schattigen Fleck. Es waren schon sehr viele Leute da. Endlich gingen die Türen auf. In der ersten Etage war das öffentliche Büro. Wir traten ein und nahmen im Wartezimmer Platz. Es dauerte ungefähr zwei Stunden, bis wir dran waren. Eine Frau holte uns in ihr Büro. Es waren alles Deutsche, die dort arbeiteten. „Was ist ihr Anliegen?", eröffnete sie das Gespräch. Ich stellte mich der Form halber lieber nochmal vor und sagte: „Ich bin vor zwei Jahren mit meinem Mann und meinem Sohn nach Kuba gekommen. Wir haben einen Ausreiseantrag bei der Immigration gestellt und die Genehmigung bekommen. Jetzt haben wir ein drei Monate gültiges Ausreisevisum und benötigen nun das Einreisevisum für Deutschland." „Ich gebe Ihnen dazu die entsprechenden Anträge. Bitte füllen Sie die aus und bringen sie diese in den nächsten Tagen wieder." „Oh bitte", sagte ich, „wir kommen aus Santa Clara. Können wir die Anträge nicht gleich hier ausfüllen und dann gleich abgeben?" „Die Zeit reicht dazu nicht aus. Wir schließen in einer halben Stunde." Ich war verzweifelt, eine Welt brach für mich zusammen. Es war uns nicht einfach so möglich, jetzt wieder stundenlang nach Hause zu fahren, um die Anträge auszufüllen und dann wiederzukommen. Wir musst in Havanna bleiben, um gleich morgen früh wieder hier zu sein, nur wie. „Haben Sie niemanden hier in Havanna, wo Sie übernachten können?" Meine Verzweiflung war ihr scheinbar nicht entgangen. „Doch", antwortete Raul, „haben wir." Sein Stolz ließ keine andere Antwort zu. „Dann kommen Sie gleich morgen Früh, geben Sie bei der Anmeldung Bescheid, dass Sie zu Andrea möchten. Dann hole ich Sie gleich rein." Ich musste ihr das jetzt glauben und hoffte im Stillen, dass es so sein würde. Meine innere Zerrissenheit konnte ich nicht mehr verbergen. Das wurde mir immer klarer. So sehr ich mir auch Mühe gab, es nicht zu zeigen, es war mir einfach nicht möglich. Zu oft war mein Vertrauen erschüttert worden. Meine Augen sprachen in solchen Momenten Bände. Meine Augen schrien nach Hilfe, ohne dass ich es wollte. „Kommen Sie wie besprochen morgen früh", sagte sie noch abschließend, als wolle sie mich beruhigen. „Auf Wiedersehen und bis morgen", sagte ich und so verließen wir das Konsulat.

„Sollen wir einfach auf den Bänken bei der Busstation schlafen?", fragte ich Raul, als wir rauskamen. „Wir können zu Valentina fahren, sie wohnt außerhalb von Havanna, aber ich weiß nicht genau, wo. Den Ort kenne ich, mehr aber nicht. Wenn wir aber erstmal in dem Ort sind, brauchen wir nur jemanden zu fragen." Valentina war Rauls älteste Schwester. Sie war 48 Jahre alt und hatte uns auch schon in Camajuani besucht. Diese Frau war pure Lebensfreude und von unglaublicher Schönheit. Von ihrem Mann hatte sie sich schon vor längerer Zeit getrennt. Vielleicht war es genau das, was sie so strahlen ließ. „Dann lass uns zu ihr fahren, es wird das Beste sein. Wir können unmöglich den halben Tag und die ganze Nacht in der Busstation verbringen", antwortete ich, obwohl ich dazu bereit gewesen wäre. Wir liefen los und fanden auch die Haltestelle, an welcher wir den Bus zu Valentina nehmen mussten. Nach einer Stunde Wartezeit stiegen wir in den Bus.

Es war ein kleiner Ort, der unmittelbar an Havanna angrenzte. Wir liefen eine breite Straße geradeaus in den Ort hinein. Viele Leute saßen auf ihrem Portal, so konnten wir auch gleich fragen. Eine kleine, dünne, ältere Frau mit einer Zigarre im Mund stand vor ihrem Haus. Wir fragten sie und sie kannte Valentina und zeigte uns auch den Weg zu ihr. Natürlich nicht, bevor wir ihr erzählt hatten, wer wir waren. „Wer seid ihr?" fragte sie. „Ich bin ihr Bruder Raul und das ist meine Frau Petra aus Deutschland." „Ach, die Deutsche, ja Valentina hat davon erzählt. Ich bin Alberta. Und, gefällt es dir auf Kuba?" „Ja, es ist ein schönes Land, aber sehr heiß." Ja, ja", sagte sie, „ihr seid das nicht gewohnt." Valentina ist aber sicher noch arbeiten. Bleibt doch einfach noch hier, ich mache uns Kaffee. Wollt ihr ein Glas Wasser? Und du erzähl mir was von Deutschland." Ihre Worte ließen ein Nein unsererseits nicht zu. Wir blieben und setzten uns auf ihrem Portal. Die Menschen auf Kuba hatten nicht viel, aber das Wenige, was sie hatten, teilten sie gerne. Das lag wohl auch an ihrer Lust am geselligen Leben. Niemand hier war allein und einsam. Familien und Nachbarn waren füreinander da. Alberta wollte sehr vieles von mir wissen und wir unterhielten uns, sodass wir nicht merkten, wie die Zeit verging. Wir erzählten ihr auch, warum wir hier waren. „Valentina ist jetzt bestimmt schon zu Hause. Ihr könnt jetzt langsam zu ihr." „Ja, dann machen wir uns mal auf den Weg. Vielen Dank für alles", sagte Raul. „Danke an euch, es war sehr unterhaltsam, vielleicht sehen wir uns nochmal, bevor ihr nach Deutschland geht, und Grüße an Valentina." Bei Valentina angekommen war die Freude riesengroß, obwohl ich ein schlechtes Gewissen hatte, dass wir hier einfach so reinplatzen. „Hey, Raul was macht ihr denn hier, was für eine Überraschung, kommt rein!", begrüßte uns Valentina auf das eine große und herzliche Umarmung folgte. Sie war wieder voller Lebensfreude und Lebensenergie, das war ein Sprudel, der auf mich überschwappte, und mein schlechtes Gewissen verflog. „Was macht ihr hier, wieso seid ihr hier?" „Wir waren auf dem deutschen Konsulat in Havanna und müssen noch Unterlagen ausfüllen, die wir morgen wieder abgeben sollen. Es war besser, zu bleiben, als erst wieder nach Hause zu fahren und nochmal die lange Fahrt zu machen, da auch die Dokumente wichtig sind und es sehr eilig ist", gab ich ihr zur Antwort. „Was sind das für wichtige Dokumente?", fragte sie. „Wir werden wieder nach Deutschland zurückgehen. Das Ausreisevisum haben wir schon und jetzt brauchen wir dringend das Einreisevisum und die Zeit ist beschränkt", antwortete jetzt Raul. „Oh, da muss ich mich erstmal setzen. Ihr wollt wieder weg? Schade Brüderchen, wer weiß, ob wir uns dann jemals wiedersehen." „Natürlich sehen wir uns wieder, ich kann jederzeit auf Urlaub nach Kuba kommen und auch das Geld dazu werden wir haben." „Dann lasst uns erstmal was zu essen machen." Valentina und ich kochten uns ein bescheidenes Essen mit Reis, Spiegeleier und Avocado. Ich mochte das sehr und in ihrer Gesellschaft erst recht. Nach dem Essen brauchte ich noch eine Stunde, um alle Unterlagen auszufüllen. Sie bereitete uns das Bett vor und gab uns noch nützliche Hinweise, wie wir am nächsten Morgen am schnellsten nach Havanna in die Innenstad kommen. Ich brauchte unbedingt noch eine Dusche. Valentina gab mir einen Eimer mit warmem Wasser. Ich spülte mich ab, seifte mich ein und dann spülte ich die Seife wieder ab. Anschließend wusch ich noch meine Unterwäsche und zog sie auch nass wieder an. Durch die Wärme trocknete es schnell. Wir standen wieder früh auf, Valentina war wach und kochte Kaffee. „Viel Glück und bis bald!" „Sie wird mir für immer in meiner Erinnerung bleiben", dachte ich beim Abschied.

Wir kamen gegen acht Uhr in Havanna an. Als geöffnet wurde, gingen wir gleich zur Anmeldung und taten, wie Andrea es uns gesagt hatte. „Wir möchten bitte zu Andrea, könnten Sie ihr bitte Bescheid geben." „Nehmen Sie bitte noch einen Moment Platz, sie wird Sie gleich holen." Nach ungefähr 20 Minuten kam Andrea ins Wartezimmer, winkte uns zu und deutete, mit ihr zu kommen. Sie hatte Wort gehalten, ich war so erleichtert. Ich übergab ihr in ihrem Büro die Unterlagen und sagte: „Wir haben alles ausgefüllt und hier sind unsere Pässe." „Die Pässe brauche ich nicht. Wenn es so weit ist, dann bringen Sie diese mit und Sie erhalten das Einreisevisum direkt hier bei uns. Sie als Deutsche benötigen dann nur den Flug für die Ausreise aus Kuba." „Wie lange wird es dauern", fragte ich sie verschüchtert. „Das kann ich Ihnen nicht sagen. Es kann schon eine Zeit dauern." „Aber unser Ausreisevisum ist nur drei Monate gültig. Bis dahin werden wir doch das Einreisevisum bekommen? Was denken Sie?" „Das hoffen wir mal!" Oh mein Gott, was für vage und unsichere Aussagen. „Bitte, es muss in der Zeit klappen", sagte ich mit zitternder Stimme zu ihr. „Jetzt haben Sie die Anträge erstmal abgegeben und wir werden sie bearbeiten. Eine Bearbeitungszeit ist nicht genau einzuschätzen. Das ist zunächst alles, was ich Ihnen dazu sagen kann. Sie müssen einfach immer mal wiederkommen und nach dem aktuellen Stand fragen." „Vielen Dank, wir werden in kürzeren Abständen kommen." So war das inzwischen bei mir, ich wollte alles sofort, weil ich immer das Gefühl hatte, mich auf niemanden verlassen zu können. Die Rückkehr war zum Greifen nah und doch schien alles noch so unsicher.

Während wir wieder zur Busstation liefen, sagte Raul, „Jetzt mach doch nicht immer so ein Theater. Wir haben die Anträge gerade erst abgegeben. Das braucht jetzt Zeit, um das zu bearbeiten. Warum musst du dann tausendmal nachfragen, ob und wann es fertig ist?" Das war seine Unterwürfigkeit gegenüber den Behörden, ganz egal ob es kubanische oder deutsche Behörden waren. Ihn konnte man immer mit einer lapidaren Antwort abspeisen, mich jedoch nicht. „Warum soll es denn nicht möglich sein, uns einen ungefähren Hinweis, wann es genehmigt ist, zu geben?" Wir warteten wieder eine Ewigkeit, bis wir mit einem Bus nach Santa Clara mitkamen, sodass wir erst gegen 21 Uhr in Camajuani eintrafen. Alle waren noch wach und niemand wusste, warum wir zwei Tage weg waren. „Mami, da seid ihr ja endlich wieder, warum wart ihr so lange weg? Oma hat uns zur Schule gebracht." Ich hatte Raulito schon auf dem Arm und sagte, „Es hat leider länger gedauert, wir mussten zweimal hin und haben bei Valentina übernachtet." „Bei Valentina", rief Marisol mir entgegen. „Wie geht es ihr, oh, wie ich sie vermisse!" „Valentina geht's gut", antworte Raul. „Was war los?", kam Laura fragend auf mich zu. „Wir mussten noch eine Menge Unterlagen ausfüllen, dann hat das Konsulat geschlossen und wir wollten auch nicht erst wieder nach Hause fahren und dann nochmal hin. Deshalb hat es länger gedauert." „Hat alles geklappt?" „Ja, wir konnten alles abgeben und müssen jetzt warten." Ich fühlte mich so verschwitzt und schmutzig, war müde und hatte Hunger. Diese lange Reise und die Warterei hatten an mir gezehrt. Marisol machte uns noch eine Kleinigkeit zum Essen warm. In der Zwischenzeit ging ich mit meinem Eimer Wasser duschen und nach dem Essen ins Bett.

Die Tage vergingen und Raul hatte mit Lauras Hilfe genug unserer Möbel und Sachen verkauft, sodass wir das Geld für den Flug zusammenhatten. Raul hatte auch schon einiges an Goldschmuck gekauft, verschiedene große Herrenringe, Ketten und Armbänder. Wir wussten nicht, was wir dafür in Deutschland bekämen, vermuteten aber, dass es vielleicht 3000 Mark sein würden. Mit jedem Tag rückte das Ablaufdatum des Ausreisevisums näher. Der Druck wurde dadurch immer größer. Es war schon Oktober und seit unserem Antrag in Havanna bereits vier Wochen vergangen. „Ich möchte nach Havanna fahren und fragen, ob es Neuigkeiten gibt", sagte ich an einem Abend zu Raul. „Wir fahren übermorgen." Ich wäre auch ohne ihn gefahren, aber so lange Strecken ließ mich Raul nicht allein fahren. Raulito ließen wir wieder bei Oma und Opa. Es war wieder eine lange Reise, die sehr früh losging. Wir nahmen genug Geld für unsere Flüge mit. Denn wenn das Visum erteilt wurde, musste wir sofort die Flüge kaufen und das ging nur in Havanna. Das hatte uns Andrea schon gesagt. Wir kamen in Havanna an und liefen durch die ganze Stadt zum Konsulat. Es war nicht mehr so heiß, aber immer noch warm wie im Sommer in Deutschland. Als Erstes gingen wir zum Eingang des Konsulats. Es war noch niemand dort, das erschien uns ungewöhnlich. An der Tür hing ein Schild: „Heute geschlossen". Das war wie ein Schlag ins Gesicht. Warum hatten sie geschlossen? Das verstand ich nicht, sie konnten doch nicht einfach schließen. Ich war erschüttert. Ich wollte jetzt nicht wieder zurückfahren, ich musste wissen, wie weit es war und ob das Visum da war. „Das darf nicht wahr sein", sagte ich zu Raul. „Was sollen wir machen? Jetzt müssen wir wieder hierbleiben und bis morgen warten." Die erschwerenden Umstände, um irgendwas in diesem Land zu erreichen, nagten so sehr an mir. Was wir auch brauchten, es war immer mit einer langen und beschwerlichen Reise verbunden. Nichts, aber auch gar nichts geschah auf einfachen Wegen. „Es ist erst kurz vor neun. Was sollen wir denn den ganzen Tag hier machen?", kam es von Raul zurück. „Wir warten bis morgen, es macht keinen Sinn, erst wieder nach Hause zu fahren. Dann gehen wir noch mal zu Valentina. Sie wird es verstehen." Raul schlug vor, noch ein paar Stunden in Havanna zu bleiben, da Valentina sicher noch arbeitet. Wir liefen zum Malecón und schauten uns eine ganze Zeit lang das Geschehen an. Wir liefen dann ein Stück weiter und sahen ein Gebäude der Airline Cubana. Ich blieb davorstehen und sah im Erdgeschoss, hinter den großen Fenstern, die Leute in ihrer Uniform. Es war ein reges Treiben und ich wünschte mir, drin zu sein und dazuzugehören. „Komm, lass uns weitergehen, du beobachtest die Leute." Mein Blick senkte sich noch während ich meinen Gedanken nachhing und wir gingen weiter. „Ich habe Hunger. Lass uns zu einer Bodega gehen und was essen und dann bitte unbedingt zur Busstation, ich muss zur Toilette." Nach alldem fuhren wir zu Valentina und kamen auch an, als sie schon da war. Sie freute sich wieder, uns zu sehen. „Na da werde ich euch wohl noch öfter sehen, wenn ihr immer wieder nach Havanna müsst." Wir verbrachten wieder einen schönen Abend zusammen. Ich hatte das Gefühl, dass ich Valentina viel näherstand als Raul. Am nächsten Tag kamen wir wieder gegen acht Uhr in Havanna an. Das Konsulat war geöffnet und wir meldeten uns an und warteten im Wartezimmer etwa zwei Stunden. Andrea war da, ich sah sie und war so froh und hoffte, dass sie mich wiedererkannte. „Guten Tag, wir waren vor vier Wochen da und haben die Anträge für das Einreisevisum gestellt", begrüßte ich sie und war nicht sicher, ob sie sich an mich erinnerte. „Wir waren gestern schon da, aber es war geschlossen." Ja, gestern war doch der 7. Oktober, der Tag der Republik. Das ist doch ein Feiertag in der DDR. Wissen Sie das denn nicht?" Oje, wie peinlich, hätte ich nur nichts gesagt, Nein, ich wusste es nicht mehr. Zu lange war das schon her, dass ich diesen Tag in der DDR erlebt hatte. Wie sollte ich mich auch unter den ganzen Umständen an diesen Feiertag erinnern. Es gab für mich keine Feiertage. Ich musste das ganz schnell geraderücken. „Ja, natürlich der Feiertag. Ich hoffe, Sie konnten den freien Tag genießen." Dabei stellte ich mir vor, was sie wohl für ein angenehmes, unbeschwertes Leben auf Kuba führt. Bezahlt von Deutschland und immer alles zur Verfügung. Vermutlich ging sie nicht mit einem Eimer Wasser in die Dusche so wie ich. „Ja, wir hatten einen schönen Tag. Was führt Sie zu uns?" Ich erzählte ihr von unserem letzten Treffen und dass sie uns dann am nächsten Tag noch empfangen hatte. Endlich, sie erinnerte sich. Das war ein gutes Zeichen. „Wie weit ist es mit dem Einreisevisum?" „Ich schaue nach." Sie holte eine Akte hervor und sagte, „Es gibt noch keine Neuigkeiten, außer die Nachricht aus Deutschland, dass die Wohnungssuche im Gang ist und Sie", dabei richtete siesich an Raul, „wieder in ihrem alten Betrieb anfangen können zu arbeiten." Oh ja meine Eltern hatten sich gekümmert und waren noch dabei. Das war ein kleiner Lichtblick. „Kommen Sie in ein paar Wochen wieder, es ist wirklich noch Zeit. Machen Sie sich keine Gedanken", versuchte sie, mich zu trösten. Das waren nicht die Momente, in denen man Luftsprünge vor Glück machte. Es blieb weiterhin unsicher und ich musste weiter hoffen.

Gegen späten Abend waren wir wieder zu Hause. Die Familie war wach und Raulito sprang in meine Arme und dann zu Raul. Unser Alltag war immer überschattet von unserer bevorstehenden Ausreise. Zu gerne hätte ich gewusst, wie weit es bei Corinna und Jorge war, aber ich hatte zu viel Angst, dass sie schon weiter waren als wir. Das würde mich nur noch mehr zur Verzweiflung in der ewigen Wartezeit bringen. Wenn alles klappte, dann würden wir im tiefsten Winter nach Deutschland zurückkommen. Es fehlte uns an warmen Sachen. Wir hatten davon nicht viel. Eine lange Hose und eine Jacke, die keine Winterjacke war. Meine Eltern schrieben mir, dass sie dabei waren, sich um alles zu kümmern. Jeder von uns wusste, wann es spätestens so weit sein muss. Die drei Monate standen fest, verstrichen sie, war alles umsonst. Ich wusste nicht mehr, wovon ich traurig war. Kam es durch die Ungewissheit oder war es wegen der bevorstehenden Trennung. Ich verbrachte viel Zeit mit Laura und ihren Kindern. José war ohnehin jeden Tag nach der Schule bei mir. „Tante, ich kann mir nicht vorstellen, dass du weggehst. Ohne dich wird es sehr trist sein. Ich weiß nicht, ob wir uns jemals wiedersehen werden. Das macht mich ganz traurig." Mein liebster José. Er würde mir so sehr fehlen. Diese Gedanken waren nun immer präsent. Wir konnten sie nicht mehr ausschalten. Raul schien das alles nicht zu berühren. Er war wie immer. In den letzten Monaten hatte ich nicht mehr daran gedacht, wie es mit ihm in Deutschland sein würde. Nach wie vor wollte ich nicht mehr mit ihm zusammen sein. Ich war immer so froh, wenn er bei der Arbeit war und ich meine Ruhe vor ihm hatte. Wir fuhren in den nächsten Wochen noch dreimal nach Havanna zum Konsulat, jedoch ohne Ergebnis. Es war nicht mehr zum Aushalten und die Zeit wurde jetzt knapp. Eine noch größere Unruhe breitete sich in mir aus, denn es ging auf Ende November zu. „Dann bleiben wir eben hier", kam es eines Abends aus Raul heraus. „Auf gar keinen Fall, das darf nicht passieren", dachte ich. Teo stimmte ihm zu und sagte: „Tochter, dann musst du doch bei uns bleiben, Fidel lässt euch nicht gehen." Er sagte es mit einem Lachen, aber mir war nicht zum Lachen zumute. „Wir werden gehen, das weiß ich und wir fahren morgen nach Havanna", richtete ich mich an Raul. „Morgen geht es nicht, ich kann erst am Freitag." „Dann eben am Freitag."

Wir kamen, wie jedes Mal zuvor, früh in Havanna an und gingen zum Konsulat. Nach langer Wartezeit kamen wir wieder in Andreas Büro. „Guten Tag, Andrea", sagte ich. „Bitte schauen Sie nochmal nach, ob das Visum da ist. Wir haben jetzt nur noch acht Tage Zeit und dann ist das Ausreisevisum abgelaufen." Sie schaute nach. „Es ist leider noch keine Genehmigung da." In diesem Moment kamen mir die Tränen, ich konnte sie nicht zurückhalten. Das konnte doch nicht alles umsonst gewesen sein. Ich wollte hier weg, ich wollte einfach nur noch weg und ich war kurz davor und jetzt drohte es zu scheitern. Diese Vorstellung brannte in mir und ich fühlte wieder diese Machtlosigkeit. So musste es sich anfühlen, zu sterben. „Oh bitte", sagte ich, „das kann nicht wahr sein, wir haben keine Zeit mehr. Wir brauchen ganz dringend das Visum. Bitte geben Sie es uns. Können Sie nicht mit dem Konsul sprechen und ihm die Dringlichkeit erläutern. Bitte, es muss etwas geschehen." „Der Konsul ist nicht im Haus. Ich kann nichts tun." Nichts tun sagte sie, oh mein Gott diese Machtlosigkeit in mir. Ich konnte das alles nicht glauben. „Kommen Sie am Montag wieder." „Aber wenn das Visum am Montag immer noch nicht da ist, heute ist schon Freitag und dazwischen ist nur noch das Wochenende", sagte ich verzweifelt. Sie schaute mich an, mit einem warmen, herzlichen Blick, als ob sie selbst gleich anfängt zu weinen. Dann war es eine Weile still. Ich hatte keine Worte mehr und brachte keinen Satz mehr zustande. In meinem Kopf drehten sich die Gedanken im Kreis. „Kommen Sie am Montag, wirklich kommen Sie, mehr kann ich nicht sagen." Sie sah mich dabei an und ich nahm ein kleines Nicken ihres Kopfes wahr oder hatte ich mir das nur eingebildet? Dann war es wieder still. Etwas in mir sagte mir, dass das Nicken ein Ja bedeutete und sie hatte nicht die Berechtigung, mir das jetzt schon zu sagen. „Wir kommen am Montag wieder." „Ja kommen Sie", sagte sie noch abschließend, als ob sie dieses imaginäre Ja noch unterstreichen wollte. Gerne hätte ich mich gedanklich zurückgelehnt und auf dieses nickende Ja vertraut, aber mein zerstörtes Vertrauen ließ das nicht zu. Raul redete pessimistisch auf mich ein. Das konnte ich jetzt überhaupt nicht gebrauchen, aber es war ja wie immer. Ich war seine Abladestelle für alles, seinen Frust, seine Unzufriedenheit, seine Aggressionen und seiner Wut auf alles und jeden. Wann war ich endlich frei, frei von dieser Ungewissheit. Wann hörte das endlich auf. Ich sah kein Ende, obwohl ich eins sehen wollte. „Wir werden am Montag wieder herkommen, aber jetzt fahren wir nach Hause", sagte ich ihm. „Wozu willst du denn nochmal am Montag hierherkommen? Es wird sich wohl kaum etwas tun bis Montag." „Hast du nicht gesehen, wie sie genickt hat. Das bedeutet für mich, dass das Visum am Montag da ist", entgegnete ich ihm und wusste, dass das Argument sehr wackelig war. „Was heißt schon ein Nicken, ach wer weiß, was du da gesehen hast." „Wir müssen am Montag wieder hier sein", war mein letztes Wort, während wir in Richtung Busstation liefen.

Es war wieder spät als wir zu Hause ankamen, alle schliefen schon und wir gingen leise zu Bett. Raul wollte natürlich wie immer und wie jede Nacht seine Befriedigung an mir ausleben. Wie ich das verabscheute, nach diesem langen Tag und der Erschöpfung. Ich wollte keine Nähe und schon gar keinen Sex. Ich war müde und froh, als es vorbei war.

Das Wochenende verging und ich hatte alle Eventualitäten im Kopf. Wenigstens stand fest, dass wir am Montag nach Havanna fahren und Raulito mitnahmen. Er freute sich auf diese lange Reise, für ihn war das eben ein Abenteuer und für mich war seine Anwesenheit geistige Erholung, wenn er so tänzelnd neben mir herlief. Raul fuhr Sonntagnacht mit dem Motorrad zur Busstation, um Nummern für uns drei zu ziehen und zu kaufen, damit wir eine gute Chance hatten, mit dem Bus mitzukommen. Er kam spät zurück und die Hoffnung war groß, dass wir gleich mit dem ersten Bus mitfahren können. Wir standen um vier Uhr auf und fuhren nach Santa Clara und von da aus nach Havanna. Rauls Plan mit den Nummern ging auf. Wir konnten mit dem ersten Bus fahren und waren dann kurz vor neun Uhr beim Konsulat. Nach unserer Anmeldung warteten wir wieder zwei Stunden. Andrea empfing uns lächelnd in ihrem Büro. „Guten Tag, heute ist Montag und wir sind wieder da", sagt ich zu ihr. „Ja, nehmen Sie Platz, ich habe schon mit Ihnen gerechnet. Die Genehmigung ist da, geben Sie mir die Pässe, um das Einreisevisum zu stempeln." „Wir bekommen das Visum", platze es staunend aus mir raus. „Ja, Sie bekommen das Visum, das habe ich Ihnen doch am Freitag gesagt, Sie sollen Montag kommen. Ich bin gleich wieder bei Ihnen, ich hole nur noch die Unterschrift vom Konsul." Sie hatte nichts gesagt, ich konnte es nur erahnen, aber das war jetzt auch egal. Eine so große Last fiel in diesem Moment von mir ab. Wir konnten gehen, ich konnte nach Hause in meine Heimat, ich würde meine Familie wiedersehen. Ich würde nie mehr weggehen. Alle meine Körperzellen tanzten einen Freudentanz in mir. Am liebsten wäre ich in die Luft gesprungen. Wenn meine Mutter das erfuhr, ich würde sie gerne dabei sehen. Andrea kam zurück. „Hier sind Ihre Pässe und schauen Sie, hier ist das gültige Visum. Das Ausreisevisum ist noch bis nächsten Sonntag gültig. Gehen Sie am besten gleich jetzt hier zur Airline Cubana und buchen Sie die Flüge. Das ist ganz hier in der Nähe." „Ja, wir waren schon mal dort und kennen den Weg. Vielen, vielen Dank, ich kann es immer noch nicht glauben." „Das verstehe ich. Alles Gute!", sagte sie noch abschließend mit einem liebvollen Lächeln.

Draußen wieder angekommen gingen wir wie fremdgesteuert zu dem Büro von Cubana Airline. Ich war voller Freude, konnte aber trotzdem nichts sagen, irgendwie wollte ich erst die Flüge gesichert wissen. Knapp vor Schließung des Büros zur Mittagszeit kamen wir dort an. Die Mittagspausen waren den Kubanern heilig und die waren sehr lang. Nachdem wir eintraten, dauerte es eine Weile, bis wir vom Personal wahrgenommen wurden. „Guten Tag, Sie wünschen, bitte?" Wir möchten für Donnerstag drei Flüge nach Berlin buchen", sagte Raul. „Nach Berlin." „Haben Sie überhaupt ein Einreisevisum? Bitte zeigen sie mir ihre Pässe." Ich holte die Pässe aus meiner Tasche, schlug die Seite mit dem Visum auf und gab sie der Frau." Sie richtete ihren Kopf nach hinten und rief nach jemandem. Sie sprach mit ihm und ich konnte es kaum verstehen, dazu hatte sie zu leise gesprochen. Was ist denn jetzt schon wieder los. Immer diese Ungewissheit, diese Hoheit, die hier auf Kuba jede Dienststelle auslebte und mir das Gefühl eines Bittstellers gaben. Das war einfach schrecklich unangenehm. „Es ist gleich 12 Uhr. Wir schließen jetzt. Kommen Sie um zwei wieder!" Natürlich, wie sollte es auch anders sein. Sie hätte noch Zeit gehabt, aber da war wahrscheinlich wieder die Lust, ihre Macht zu demonstrieren. Raul gab sich sehr freundlich und sagte: „In Ordnung, wir kommen um zwei wieder." Es blieb uns auch nichts anderes übrig. Wir gingen schon mal zur Busstation, um wieder eine Nummer zu ziehen, damit wir dann auch schnellstmöglich wieder zurückkamen. Anschließend vertrieben wir die Zeit in einer Bodega. Raulito bekam ein paar Kroketten zu essen und wir tranken alle Zuckerrohrsaft. Für unseren langen Rückweg kauften wir uns noch Nüsse und Mandeln. Wir hatten nie etwas zu essen dabei und mussten immer unterwegs schauen, dass wir uns was besorgen. Das Gute war aber, dass im Bus an jeder Station, wo gehalten wurde, jemand einstieg und selbst gemachtes Essen verkaufte. So war es auch im Zug. Wir fuhren einmal mit dem Zug nach Matanzas. Dort lebte eine Verwandte von Raul. Wir besuchten sie damals alle drei. Das war ein wunderschöner Ort und sie hatte mit ihrem Mann ein wunderschönes, großes Haus mit Garten. Es war schon sehr luxuriös, so wie auch die ganze Gegend dort. Als wir am Abend mit dem Zug wieder zurück nach Santa Clara fuhren, stiegen immer wieder Leute in den Zug ein, die was zu essen verkauften. Es waren meistens Nüsse, Mandeln und eine süße Masse aus Kokosnüssen. An der nächsten Station stiegen sie wieder aus und fuhren auf dieselbe Art wieder zurück. Im Zug war es abends immer dunkel, die Fenster waren alle offen und die Sitze waren harte Holzbänke. Nur an den Haltestellen ging das Licht an oder man sah etwas, wenn jemand rauchte.

Jetzt war es zwei Uhr und wir standen vor dem Büro der Cubana Airline. Die Tür war geschlossen und niemand war da. Das ist zunächst nicht ungewöhnlich. Die Kubaner haben es nicht so mit der Pünktlichkeit. Das war jetzt das einzige Beruhigende. Nach zehn Minuten kam jemand und wir traten ein. Nochmals legte ich der Frau die Pässe vor. Sie schaute sich beide Visen an und überprüfte sie. Ihr Gesicht sah dabei sehr ernst aus. „Da muss ich erst mal nachfragen, ob es in der kurzen Zeit noch freie Plätze gibt." Ihr Gesichtsausdruck zeigte, wie sehr sie es genoss, uns solche Angst einzujagen, und wie sehr sie ihre Macht genoss. Für uns bedeutete dies einfach nur, still zu sein und zu warten, bis sie was fragte oder sagte. Minuten der Verzweiflung vergingen, bis sie zurückkam. „Für Donnerstag gibt es keinen Flug. Erst am Freitag fliegt Cubana wieder nach Berlin." „Freitag ist auch in Ordnung", antworte Raul. Freitag fliegen und Sonntag läuft das Visum ab. Das war eine sehr knappe Angelegenheit. Es durfte einfach nichts schiefgehen. Sie war eine Stunde mit den Tickets beschäftigt, als sie endlich alles fertighatte. Tickets wurden damals noch manuell ausgestellt. „Hier sind ihre drei Tickets. Das macht dann 660 Pesos." Darauf waren wir zum Glück vorbereitet. Raul gab ihr das Geld und ich nahm die Tickets. „Hier sind noch Dokumente, die Sie noch ausfüllen und am Flughafen vorweisen müssen." „Vielen Dank." Endlich raus hier, es hatte lange gedauert. Wir hatten jetzt alles, das Ausreisevisum, das Einreisevisum und die Flugtickets. Was wir nicht mehr hatten, war Zeit. Auf dem Rückweg mussten wir jetzt alles besprechen, denn am Freitag um 17 Uhr ging unser Flug zurück. Das hieß, dass wir ungefähr um acht Uhr in Berlin ankommen. „Du musst gleich morgen deinen Eltern ein Telegramm schicken." „Ja klar, das mache ich. Wir müssen packen, aber viel werden wir nicht mitnehmen. Wir lassen den Rest deiner Familie da." „Wir nehmen Donnerstagabend einen der teuren Busse nach Havanna. Ich fahre morgen mit dem Motorrad nach Santa Clara und kaufe die Tickets", sagte Raul. „Hoffentlich geht jetzt alles gut", dachte ich. Der Abschied stand uns auch noch bevor. Raulito bekam nicht viel davon mit, er wusste nicht, was es hieß, wenn ich ihm sagte, dass wir nach Deutschland flogen. Für ihn war es, als würden wir mal eine kurze Reise machen. Aber seine Freude, mit dem Flugzeug zu fliegen, war riesengroß. Gegen ein Uhr nachts kamen wir zu Hause an. Raulito war eingeschlafen und Raul trug ihn auf dem Arm bis nach Hause und legte ihn ins Bett. Am nächsten Morgen waren alle früh wach. Raul ging auch nicht zur Arbeit und Raulito nicht in die Schule, das war jetzt nicht mehr notwendig. Wir saßen alle in der Küche. Marisol machte Kaffee und Teo stand angelehnt an der Wand. Ich hatte einen

Kloß im Hals und es fiel mir unendlich schwer, über Abschied zu sprechen. Raul übernahm das, ich glaube, das wollte er auch, denn es waren seine Eltern, die ihren Sohn verabschieden musste. „Junge erzähl, ihr seid sicher nicht umsonst so spät erst nach Hause gekommen. Habt ihr, was ihr wolltet?", fing Teo an. „Wir fliegen schon am Freitag. Wir haben gestern das Einreisevisum bekommen, am Sonntag läuft das Ausreisevisum ab und deshalb mussten wir auch gleich die Flüge buchen." „Ach mein Sohn, ich habe es gewusst, die Zeit war knapp. Es gab nur zwei Möglichkeiten. Entweder ihr fliegt jetzt bald oder ihr fliegt nicht", sagte Marisol unter Tränen. Mir blieb der Atem stehen. „Oma, was ist mit dir? Weine nicht, wir fliegen nur nach Leipzig. Das ist nicht weit." „Ach Raulito, mein Kleiner, ja du hast ja recht." Teo sagte gar nichts. So war er und er hatte mit jedem Wort, was er nicht sagte, recht. Ich wusste, dass es ihn traurig machte. Eine große Familie will immer eine große Familie sein und bleiben und am liebsten sollen noch mehr dazu kommen. Ich hatte mit Teo oft darüber gesprochen. Er wusste, dass dieser Moment kam. Er sagte oft zu mir: „Meine Tochter, du wirst uns wieder verlassen. Der Tag wird kommen. Schauen wir, dass wir bis dahin nicht viel darüber reden. Das können wir dann immer noch, wenn es so weit ist." „Teo, mein lieber Ersatzvater", sagte ich zu ihm, „Du wirst mir so sehr fehlen. Ich bin so froh, dass du und niemand anderes Rauls Vater bist. Deine liebevolle Güte nehme ich in meinem Herzen mit mir überall hin." Dann sprachen wir nicht mehr weiter darüber, denn zu viele Tränen hatten wir schon vergossen. Wir gaben uns große Mühe, den Alltag Alltag sein zu lassen, aber seit dem Ausreiseantrag war für mich jedes Zusammensein mit Teo, Marisol, Laura und die Kinder überschattet davon und oftmals ließ ein Gedanke daran die Gespräche verstummen und nahm uns augenblicklich das Lächeln aus dem Gesicht. Freude ist so oft mit Trauer verbunden, ohne Trauer gibt es keine Freude, so wie es ohne Dunkelheit kein Licht gibt. Wir sehen das Licht nur, weil wir die Dunkelheit kennen. Teo drehte sich zu Raul und sagte, „Mein Junge jetzt ist es so weit, jetzt können wir darüber reden. Wann werdet ihr nach Havanna fahren?" „Donnerstagabend, ich fahre nachher nach Santa Clara und kümmere mich um eine Busverbindung." „Also genau genommen seid ihr noch zwei Tage hier." „Ja genau, wenn ich zurück bin, fahren wir aufs Dorf, um uns zu verabschieden." Damit war das Dorf gemeint, wo Raul großgeworden war und noch einige seiner Geschwister wohnten. „Was wird mit deinem Motorrad?", fragte Teo. Ricardo soll es haben, wenn er aus Leipzig wieder nach Kuba kommt." Ricardo war der jüngste Bruder von Raul. Er war kurz nach meiner Ankunft aus demselben Grund wie Raul damals nach Leipzig gegangen, um dort auch vier Jahre zu studieren. Ich besprach damals eine Kassette für meine Eltern, damit Ricardo sie ihnen bringen konnte. Ich gab ihm die Adresse und auch die meiner Oma. Ricardo besuchte sie regelmäßig in Leipzig. Obwohl Ricardo auf Kuba verheiratet war, verliebte er sich sogar in meine Cousine, die bei meiner Oma lebte. Das hielt jedoch nicht lange an. Während ich auf Kuba war, hatte ich für Marisol alle Briefe an Ricardo geschrieben. Sie diktierte mir alles und ich schrieb. Das war jedes Mal ein wirklich schönes und emotionales Ritual. Ich genoss ihr Vertrauen, denn Marisol war Analphabetin. Ricardo war auch immer noch in Leipzig und wir würden ihn dort sehen.

Der Tag musste jetzt trotzdem weitergehen. Ich ging erstmal zur Post und gab das Telegramm auf. „Kommen am Samstag, früh 8 Uhr in Berlin an." Hoffentlich antworteten sie mir noch auf das Telegramm. Sie würden sicher komplett aus dem Häuschen sein, weil es so kurzfristig war. Wieder zu Hause angekommen fing ich an zu packen. Schnell merkte ich, dass der Koffer und die Reisetasche voll wurden. Pro Person waren 20 Kilo erlaubt. Ich wollte unbedingt meinen Kassettenrecorder wieder mitnehmen. Diese Geräte waren damals sehr teuer und meins war wirklich mit allem ausgestattet. Aber leider war es groß und unhandlich. Irgendwie musste es in den Koffer. Raul kam gegen Mittag zurück und wir fuhren alle drei in das Heimatdorf der Eltern, was ungefähr 20 Minuten entfernt war. Auf dem Weg dahin machten wir bei Luisa Halt. Luisa war die Jüngste der Familie und die Mutter von Yana, Raulitos Cousine. Luisa war so alt wie ich und ich hatte auch zu ihr eine sehr gute Beziehung. Ich lernte sie gleich als eine der ersten Schwestern von Raul kennen. Sie war Krankenschwester und arbeitete im Krankenhaus. Dort hatte sie sich auch in einen Arzt verliebt und wurde von ihm sehr jung schwanger. Leider hatte der Arzt sie verlassen und kein Interesse an seiner Tochter. Damit Luisa arbeiten konnte, betreuten die Eltern Yana. Durch ihre Arbeit im Krankenhaus besorgte mir Luisa immer heimlich Watte für meine Periode. Das war ein sehr großer Luxus, denn ohne sie hätte ich Stofftücher benutzen müssen und diese auch immer wieder auswaschen müssen. Sie kam uns oft besuchen und nahm ab und zu ihre Tochter mit. Luisa war außer sich vor Freude, uns zu sehen. „Was macht ihr denn hier?" „Wir wollen uns verabschieden", sagte Raul ohne Umschweife. „Ist es jetzt so weit?" „Ja, es ging jetzt alles ganz schnell. Wir fliegen am Freitag." „Ich mache uns einen Kaffee, bleibt bitte noch kurz." Nach dem Kaffee fuhren wir auch gleich weiter. Luisa weinte zum Abschied. Wir umarmten uns und dann fuhren wir auch schon weiter aufs Dorf. Als Erstes kamen wir bei Danilo an. Seine Frau und seine drei Kinder waren auch da. Auch hier bekamen wir nochmals Kaffee. Rauls Bruder, Carlos, kam vom oberen Teil des Dorfes runter zu Danilos Haus, da er schon das Motorrad hörte. Raul erzählte, warum wir da waren, und dass wir uns verabschieden wollten. Carlos sah Raul sehr ähnlich und seine Tochter sah Raulito sehr ähnlich. Beide hatten die gleichen großen und vollen Lippen. Da saßen wir nun alle zusammen. Carlos sagte lachend: „Dann nimmt die Deutsche dich wieder mit. Aber sicher habt ihr dann ein besseres Leben." „Ja, ich nehme ihn mit", dachte ich, „aber ich weiß noch nicht, wie es für uns beide weitergeht." Die letzten Tage waren nur unserer Ausreise gewidmet und all dem, was damit verbunden war, sodass Raul und ich in die gleiche Richtung gezielt hatten. Dabei lief es im Gleichklang zwischen uns und alles andere musste ich ausblenden. Wichtig war jetzt nur, an einem Strang zu ziehen. Auch hier war der Abschied traurig, die vielen Kinder und es kamen immer mehr Leute aus dem Dorf in Danilos Haus. Valentinas Tochter wohnte noch dort und auch sie kam. Jeder Einzelne hatte am meisten mit dem Abschied von Raulito Probleme. Sie liebten ihn alle so sehr. Er war ihr Familienmitglied. Es wurde Zeit, wieder zurückzufahren. Das Motorrad sprang an und wir fuhren los. Als wir zu Hause ankamen, war Laura und ihre Kinder bei uns. „Oje Petranaja, was muss ich da hören. Schon in zwei Tagen seid ihr weg. Tue mir das nicht an. Du liebst mich nicht mehr, du wirst mich vergessen", sagte sie lachend, um keine Trauer zuzulassen. „Natürlich liebe ich dich, meine Schwester, meine Freundin, meine Dualseele, meine große Unterstützerin." Sie ergriff weiter das Wort. „Was solls, wir wussten es, der Tag wird kommen. Schicke mir bitte viele Pakete aus Deutschland mit Seife, Zahnpasta und Waschmittel. Ach egal und wenn du gar nichts schickst, Hauptsache, es geht dir gut und schreibe mir bitte ganz oft." José saß neben ihr und weinte und sagte zur ihr: „Mami wie kannst du nur so kalt sein und an Pakete denken." Er verstand nicht, dass Laura das nur aus Ablenkung sagte. Wie sollte er auch, er war erst 12 Jahre alt. „Mein Sohn, wir müssen jetzt lernen, ohne Petra auszukommen." Sein Weinen wurde dadurch nur noch heftiger. Wir aßen alle zusammen und saßen dann im Wohnzimmer. Es war am Abend nicht mehr so warm und die Luft war feucht. Raul ging rüber zu Leonardo, Lauras Mann. Er war nur ganz selten mit bei uns. Laura kam näher zu mir und sagte: „Mi Amor, schreibe mir, wenn irgendwas ist, schreibe mir bitte, so oft du kannst. Ich will immer von dir hören, so als wärst du hier." „Ja das verspreche ich dir, komm lass uns eine Zigarette rauchen." „Wirst du wiederkommen?", fragte sie noch. „Ja, ich komme dich besuchen." Aber ich war nicht sicher, ob ich das Versprechen halten könnte. Unsere Beziehung war von so viel Liebe, Vertrauen und Ehrlichkeit geprägt. Ohne sie wäre mein Leben auf Kuba viel ärmer gewesen. Durch Laura hatte ich wahren, tiefen, inneren Reichtum. Ihre Liebe und Fürsorge für mich waren grenzenlos. Zwischen uns war tiefe Verbundenheit. Sie war die Dominantere von uns beiden, aber davon konnte ich nur profitieren. Ihre Stärke und Frauenpower und ihr Kampf für die Frauen waren bewundernswert. Ihren Respekt vor Männern hatte sie schon lange abgelegt. Sie wollte sich nie mehr von einem Mann dominieren lassen und das konnte jeder sehen. Sie trug es mit Freuden nach außen. Der einzige Mann, dem sie

Respekt huldigte, war Teo, ihr Vater. Ich würde ihr jede Woche schreiben und so viele Pakete schicken, wie sie wollte. Nur noch zwei Nächte kam es mir in den Sinn. Das war wirklich ein fremdes, komisches Gefühl. Erst passierte wochenlang nichts, eine Zeit voller Ungewissheit und Sorgen und jetzt ging es ganz schnell.

Am nächsten Morgen kam ein Telegramm. Teo stand draußen und nahm es in Empfang. „Kind, ein Telegramm für dich." Es konnte nur von meinen Eltern sein. „Wir werden da sein" stand drin. Ich bekam Gänsehaut und fühlte mich als wäre ich schon in Berlin. Wir hatten nur noch den einen Abend alle zusammen. Von allen hatten wir uns verabschiedet, Osvaldo und Maria aus Santa Clara kamen sogar noch vorbei. Alle anderen Geschwister waren zu weit weg, um uns zu verabschieden. Unsere Sachen hatte ich alle gepackt. Der Donnerstag begann sehr früh für uns. Die Aufregung war viel zu groß, um länger zu schlafen. Alle Goldstücke packte ich in ein Taschentuch und band es an den Enden zu. Raul selbst trug zwei Ringe, damit es nicht zu viel war. Ich würde mir dieses Goldpaket in die Unterhosen stecken, so als hätte ich meine Tage. Ich wusste nicht, ob es erlaubt war, Gold mitzunehmen, aber ich wollte es nicht riskieren, dass man uns es wegnahm. Immer schneller kam der Nachmittag. Laura kam früher von der Arbeit. Sie wollte dabei sein, wenn wir gingen. Jetzt war es so weit. Alle zusammen standen wir im Haus. Teo, Marisol, Yana, Laura, José, Julio, Leonardo und wir. Keinem von uns blieben die Augen trocken. Es war ein sehr emotionaler und langer Abschied. Leonardo brachte uns noch bis zum Bus, um uns beim Koffer tragen zu helfen. Natürlich drehte ich mich nochmal um. Was ich sah, war nur traurig. Meine Familie stand zusammen wie ein großer Haufen, alle weinten und in mir war ein Impuls, zurückzurennen und nur noch einmal alle in die Arme zu nehmen, aber ich wusste dadurch würde es nur noch schwerer. Ich konnte meine Familie nicht mitnehmen. Mein Plan war es seit Langem, wieder nach Deutschland zu gehen, und ich hatte alles dafür getan. Jetzt war es so weit und der Abschied gehörte dazu. Viele Jahre sah ich diesen Abschied in meinen Träumen.

Kapitel 4

Endlich saßen wir im Bus von Santa Clara nach Havanna zum Flughafen José Martí. Wir würden viel zu früh ankommen. Dennoch war es besser, rechtzeitig da zu sein, da wir die Reisezeit von Camajuani bis zum Flughafen kaum einschätzen konnten. Raulito war begeistert von den Flugzeugen, auch wenn es nicht viele waren, denn der Flughafen war nicht sehr groß. Bevor wir zum Einchecken gingen, präparierte ich das Schmuckpaket in meiner Unterhose. Es war unangenehm und ich hoffte, dass es niemand merkte, und ich es im Flugzeug rausnehmen konnte. Es war das Jahr 1987 und zu dieser Zeit gab es noch keine Körperscanner. Wir brauchten diese Goldstücke, um ein Startkapital zu haben, denn wir hatten jetzt nichts, außer unsere Kleidung und einen Kassettenrecorder. Jetzt saßen wir im Flugzeug und die goldene Präparation hatte niemand bemerkt. Das war großes Glück und Erleichterung. Nur noch neun Stunden trennen mich von meiner Heimat und meiner Familie. Ich konnte es kaum erwarten. Das war mein zweiter Flug in meinem Leben. Ich beobachtete die Flugbegleiterinnen, denn das wäre mein Traumjob gewesen. Ich wollte auch wie sie in alle Länder reisen können. Der Flugkapitän kündigte die Landung an. Meine Aufregung stieg und mein Herz raste. In Gedanken sah ich schon meine Eltern dastehen, wie sie sich freuten. Wir waren gut gelandet, warteten noch auf unser Gepäck und liefen nach draußen. Meine Blicke wanderten umher. Es waren so viele Menschen, dass ich meine Eltern nicht sofort sehen konnte. Doch jetzt sah ich sie, sie standen weiter weg und irgendwie kamen sie mir so klein vor oder lag das an der Entfernung, die jetzt noch zwischen uns lag. Ich rief: „Mutti, Mutti, hier sind wir." Beide schauten jetzt zu uns und mich überkam augenblicklich ein starker Weinkrampf. „Mein Kind, endlich bist du da, du siehst ja total abgemagert aus und so blass. In Kuba scheint doch immer die Sonne." Wir fielen uns in die Arme und heulten. „Maria wäre gerne mitgekommen, aber es war kein Platz im Auto", sagte sie. Mein Vater begrüßte Raul ziemlich verhalten und nahm zur Ablenkung Raulito auf den Arm. Er war wie immer in einer kontrollierten Zurückhaltung und seine Sympathie für Raul hielt sich in Grenzen. Raulito war leicht durcheinander. Er erinnerte sich an seinen Opa und auch an seine Oma, aber seine Erinnerung schien sehr weit weg zu sein. Er sprach kein Deutsch mehr und war jetzt sehr gehemmt. Zur Begrüßung sagte er einige Wörter auf Spanisch, aber meine Eltern verstanden ihn nicht. „Warum spricht er denn kein Deutsch mehr?", sagte mein Vater vorwurfsvoll zu mir. „Er war auf Kuba in der Schule, aber er versteht Deutsch." „Dann muss er aber ganz schnell wieder Deutsch lernen, denn er kommt bald in die Schule." So war er, mein Vater, keine Emotionen und sofort anfangen, zu kritisieren. Seiner Meinung nach war er der einzige Mensch, der immer alles richtig machte. „Lasst uns zum Auto gehen und nach Hause fahren", unterbrach jetzt mein Vater die Begrüßung. Wir drei liefen hinter meinen Eltern. Raul sagte leise zu mir: „Das fängt ja gut an, dein Vater hat sich nicht geändert." „Das habe ich auch nicht erwartet, dass er sich ändert. Jetzt beruhige dich, wir sind jetzt da und alles andere sehen wir." „Er hasst mich", kam es noch aus Raul. „Ja, das tut er", dachte ich, er wird wissen, warum. Zu viele Bosheiten hatte ich mir von dir gefallen lassen. Es gibt sicher keinen Vater auf dieser Welt, der so etwas einem Schwiegersohn jemals verzeihen würde." Obwohl mein Vater selber nicht besser war. Ich hatte überhaupt keine Lust, jetzt noch das Lamentieren von Raul anzuhören. Der Abschied, die lange Reise, wir wussten noch nicht, wo wir jetzt wohnen würden, die ganze Situation war für mich schon genug. Da brauchte ich jetzt keine Diskussion mit ihm. Konnte er nicht einfach nur mal seine Klappe halten.

Es war kalt, sehr kalt, das hatte ich schon lange nicht mehr. Es schneite, zwar nicht viel, aber es schneite. Wir luden das Gepäck ins Auto und stiegen alle ein. Wir drei saßen hinten. Es waren ungefähr 200 Kilometer bis Leipzig. „Ich kann nicht so schnell fahren. Es ist glatt und sie haben natürlich nicht gestreut", sagte mein Vater. Es konnte also länger dauern. „Wenn wir ankommen fahren wir erst mal in eure neue Wohnung und laden euer Gepäck ab." „Dann hat alles geklappt mit der Wohnung", rief ich dazwischen. „Ja, es hat geklappt und Raul kann wieder in seiner alten Firma anfangen zu arbeiten. Er soll gleich am Montag kommen um alles zu besprechen. Und du kannst dich in einer Firma für Isolierungen im Einkauf vorstellen." „Sonst hättet ihr wahrscheinlich das Einreisevisum gar nicht bekommen", sprach jetzt meine Mutter und fuhr fort. „Wir haben nicht viel für euch für die Wohnung. Das müsst ihr dann im Laufe der Zeit alles anschaffen. Es ist eine alte Küche drin und auch ein Kühlschrank. Wir haben euch Schaumstoffmatratzen auf den Boden gelegt, damit ihr auch dort schlafen könnt. Bettwäsche und Bettzeug ist alles von uns, wir haben genug davon. So habt ihr zunächst mal das Nötigste und dann sehen wir weiter. Ihr bekommt auch einen Startkredit. Das solltet ihr alles gleich nächste Woche regeln. Ich habe alle Papiere dazu zu Hause." „Danke Mutti, vielen Dank, ihr habt euch um alles gekümmert." „Ja das haben wir, für den Anfang muss ja was da sein. Es ist Winter und ihr braucht auch noch Kohlen zum Heizen. Die Karte für die euch zustehende Menge dazu liegt in der Wohnung. Die musst du gleich am Montag abgeben. Wir haben aber erstmal ein paar Eimer Kohlen in den Keller gebracht, sonst sitzt ihr im Kalten." Wir fuhren sehr lange, der Schnee wurde mehr. Am liebsten hätte ich geschlafen, aber ich war innerlich viel zu unruhig. Wir waren jetzt da, ich war da, ich war wieder in meiner Heimat, aber irgendwie fühlte ich mich noch nicht richtig angekommen. Warum waren meine Eltern so förmlich, jedenfalls mein Vater. Ja er zeigt nie Gefühle, aber mir fehlte die Herzenswärme, die ich gleich bei der Begrüßung meiner lieben Mutter empfand. Es war nur von kurzer Dauer. Es hatte sicher mit Raul zu tun. Sie hatten alle Gründe, ihn nicht zu mögen, und mussten das jetzt so hinnehmen. Das war wohl der Grund für die Förmlichkeit. Aber ich war doch so lange weg, wir hatte uns zwei Jahre nicht gesehen. Es fühlte sich so einsam an, als wäre ich immer noch weg. Mir graute vor dieser kalten Wohnung. Sicher war sie schön, aber ich musste erst heizen, damit wir es in der Leere einigermaßen warm hatte. Raul konnte das nicht, er kannte sich mit einem Berliner Kachelofen, den man mit Briketts heizt, nicht aus und selbst wenn er es könnte, würde er es nicht tun, denn er tat nie etwas. Montag würde ich mich gleich um alles kümmern. Mein Vater meldete sich wieder zu Wort. „Wir fahren jetzt in eure Wohnung, laden euer Gepäck ab und dann fahren wir weiter zu uns und essen erstmal alle zusammen." Darauf freute ich mich, das hört sich gut an. Ich konnte mich vorerst noch etwas ausruhen und es gab etwas zu essen. Meine Mutter konnte sehr gut kochen, obwohl sie es hasste, genau wie ich. Sie musste jeden Tag für ihren Mann kochen und auch ich musste das und tat es nie freiwillig. Gegen Mittag kamen wir in unserer Wohnung an. Die Gegend war schön oder eher ganz nett. Beim Eintreten kamen wir in einen schmalen kleinen Flur. Rechts war das Bad, links gegenüber dem Bad das Wohnzimmer. Neben dem Bad rechts die Küche und links das Schlafzimmer und an der Stirnseite das Kinderzimmer. Mein Vater hatte in jedem Zimmer eine Glühbirne an der Decke angebracht. Die Wände waren schmutzig und abgenutzt, an den Türen blätterte die Farbe ab und der Fußboden war blanker Estrich. Es war eine schöne, kleine Wohnung. Ich musste sie herrichten, schön machen. In Gedanken hoffte ich, dass ich das so schnell wie möglich schaffte, denn so wie sie jetzt war, hatte ich nicht das Gefühl, gerne nach Hause zu kommen. Ich wusste auch, dass ich wieder alles alleine machen musste. Die Wohnung in ein schönes Zuhause verwandeln, mich um alles kümmern, Haushalt, Wäsche, Kochen und dazu Raul noch bedienen, seine Essensvorzüge und täglich seine sexuelle Lust stillen. Das erschöpfte mich jetzt schon und in mir drin fühlte ich wieder diese Leere, diesen Mangel, es war kaum auszuhalten. „Woran liegt das nur?", fragte ich mich. „Ich bin doch zurück, so wollte ich es, erwarte ich zu viel?" Ich stand wie benommen in meinen Gedanken und plötzlich spürte ich die Ursache dafür. Ich stellte mir vor, mit meinem kleinen Raulito alleine hierher zurückgekehrt zu sein. Das war es, genau das war es. Ein Glücksgefühl überrollte mich bei diesem Gedanken. In diesem Moment wusste ich, dass es mir egal wäre, wie die Wohnung aussah. Mit diesem schönen Gefühl der Freiheit wäre diese Leere nicht in mir. Auch meine Eltern hätten viel mehr ihre Gefühle gezeigt. Hingegen jetzt war es für sie eher die Pflicht. Wenigstens wusste ich jetzt, woran meine Stimmung lag. „Die Fenster sind dicht und wir haben gestern schon mal den Ofen geheizt, damit es heute nicht ganz so kalt ist", sagte mein Vater, nachdem er das Gepäck abgestellt hatte. Es gab nur einen Ofen im Wohnzimmer, der Rest der Wohnung war kalt. Das war so üblich, eine Heizung gab es nicht. Im Bad war noch ein Badeofen, er war jedoch nicht beheizt. Die Wohnung war leer und es hallte ein wenig. Aber damit hatte ich gerechnet. Im Wohnzimmer jedoch hatten meine Eltern ihr altes Buffet gestellt. Es war nicht schön, aber wenigstens stand was drin. „Zu Hause gebe ich dir noch ein paar warme Sachen mit von mir", sagte meine Mutter. „Für Raulito haben wir was gekauft und Maria bringt nachher noch ein paar Kleidungsstücke von Max mit. Sie kommt nachher auch. Und für Raul haben wir ein paar Pullover von Vati." Meine Schwester kam auch, wie wunderbar, Freude herrschte in meinem Herzen, das war toll und das war auch das Einzige, was ich aus den ganzen Informationen für mich herausgefiltert hatte. „Komm mal mit in die Küche! Hier haben wir euch noch etwas Geschirr in den Schränken verstaut, Teller, Tassen, Gläser und etwas Besteck für den Anfang. Im Kühlschrank haben wir auch noch einige Lebensmittel verstaut." Wir blieben nur kurz und fuhren dann zu meinen Eltern. Dort angekommen, fühlte ich die schöne Wärme. Es roch nach Essen und ich konnte es kaum erwarten, bis Maria endlich kam. Raulito war immer noch sehr gehemmt und mein Vater versuchte, ihn aufzumuntern, was auch ganz gut klappte. Das Essen war köstlich, wir saßen alle zusammen im Wohnzimmer am Tisch. Es gab erst eine Hühnersuppe und dann Klöße, Rouladen und Rosenkohl. Deutsches Essen, das war nach so langer Zeit für mich ein Festmahl. Es klingelte. „Sie kommt!", dachte ich und dann stand Maria im Wohnzimmer. „Hallo meine liebe Schwester, endlich bist du da", fiel sie mir in die Arme. „Ja, endlich und ich bin so froh, dass alles geklappt hat." „Du siehst wirklich mager aus", sagte sie wieder. „Ich weiß, die letzte Zeit war hart, aber das wird jetzt besser", waren meine Worte so ganz nebenbei, ohne zu wissen, dass es nicht besser wurde. Unsere Kinder näherten sich wieder langsam an. Max brachte Raulito einen kleinen Stoffhase mit und er war auch derjenige, der die Führung übernahm und alles gab, damit er sich wohlfühlte. Er spürte, dass seine Erinnerung noch nicht ganz da war. Raulito schien alles zu verstehen, was Max sagte, aber Max verstand ihn nicht, jedenfalls nicht wörtlich. Es war so schön, das mit anzusehen, wie Max versuchte, Raulitos spanische, kurzen Sätze für sich umzusetzen und darauf zu reagieren. Kinder verstehen sich so schnell, egal welche Sprache sie sprechen. So war es auch in Kuba zu beobachten, als Raulito noch kein Spanisch konnte. Wir saßen noch lange alle zusammen und ich wollte nicht nach Hause in die leere Wohnung. Aber die Zeit ließ sich nicht anhalten. Mein Vater stand auf und sagte: „Es wird jetzt Zeit, dass ich euch nach Hause fahre." Diesmal war der Abschied von meiner Mutter und Maria nicht so schwer. Ich hatte ein leichtes Gefühl mit dem Wissen, dass wir uns bald wiedersehen werden. Mein Vater setzte uns vor der Tür ab und gab mir noch 200 Mark. „Nimm das mal für die ersten Tage. Ich hole euch morgen Mittag zum Essen wieder ab." „Vielen Dank!", war meine karge Antwort.

Als wir in der Wohnung standen, fing Raul an, mir Vorwürfe zu machen. „Das findest du jetzt toll, oder wie darf ich das sehen? Toll, hier in einer kalten, leeren Wohnung zu sein und völlig verlassen ohne Familie." „Das ist doch nur der Anfang, wir gehen bald arbeiten und dann wird es Stück für Stück besser." Ich hatte selbst mit mir zu tun und konnte nur schwer auf seine Vorwürfe eingehen. Es war kalt und ich wollte duschen, nur wie, das Wasser war kalt. Im Bad stand ein Putzeimer, meine Mutter hatte eine alte Kinderbadewanne mit Wäsche ins Schlafzimmer gestellt. Ich nahm die Wäsche raus, kochte warmes Wasser mit dem Dampfkessel, der auf dem Herd stand, und füllte dann den Eimer und stellte mich in die Wanne. Ich machte es wie in Kuba, ich begoss mich erst mit Wasser, dann seifte ich mich ein und dann spülte ich alles wieder ab. Ich fror, aber ich fühlte mich wie frisch geduscht. Anschließend musste ich mich schnell warm anziehen. Mit Raulito tat ich es gleich und irgendwann gingen wir auf die Matratzen am Boden und schliefen.

Am nächsten Morgen erwachten wir spät, es war gegen zehn Uhr. Meine Eltern hatten Kaffee und eine ältere Kaffeemaschine in die Wohnung gebracht, sodass wir auch Kaffee trinken konnten. Auch für ein erstes Frühstück hatten sie gesorgt. Wir hatten Brot, Butter und Marmelade. Ich war darüber wirklich froh, denn es war Sonntag. Sogar die alte Waschmaschine meiner Eltern stand im Bad. Sie hatten wirklich an alles gedacht, sodass ich erstmal haushalten konnte und mit dem Nötigsten zurechtkam. Auf Kuba hatten wir auch nicht mehr. Ich packte unsere Kleidung aus und stapelte die Sachen auf einer Decke auf dem Fußboden. Mein alter Kassettenrecorder kam zum Vorschein und ich schloss ihn an den Strom an. Es dauerte eine Weile, bis ich einen Sender eingestellt hatte, aber es war ein Erlebnis für mich, wieder einen deutschen Radiosender zu hören. Alles auf Deutsch, Nachrichten, die Ansagen, das Wetter, es war ein wunderbares Gefühl. Ich hörte zu und sie redeten aus meinem Radio, als wäre ich nie weggewesen. So langsam kam ich an und mein Radiorecorder half mir dabei.

Mein Vater kam um halb eins, um uns abzuholen und auch jetzt merkte ich spürbar, dass ich immer mehr ankam. Er brachte uns noch einige Kleinigkeiten an Küchenutensilien und dann fuhren wir auch schon gleich wieder los. Maria kam wieder am Nachmittag, auch ihr Mann Sascha war dabei. Raul begrüßte ihn und lockerte sich zum Glück etwas. Die beiden unterhielten sich den ganzen Nachmittag und ich war froh darüber. „Kann ich vielleicht nachher noch bei euch duschen?", fragte ich meine Mutter. „Natürlich kannst du das." „Raulito nehme ich dann auch gleich mit", sagte ich und war so froh darüber, dass mir für heute die kubanische Dusche erspart bleibt. „Du sollst morgen Früh mal bei der Firma anrufen, wo meine Bekannte arbeitet. Sie hat dich schon angekündigt und sie suchen auf jeden Fall jemanden", sagte meine Mutter und gab mir die Telefonnummer und Kleingeld für die Telefonzelle. „Ich rufe gleich morgen Früh an. Das wäre toll, wenn das klappt." „Das klappt bestimmt." Wir verbrachten den ganzen restlichen Sonntag bei meinen Eltern und fuhren dann das erste Mal wieder mit der Straßenbahn nach Hause.

Der nächste Morgen begann früh. Der Ofen im Wohnzimmer war wieder kalt. Ich leerte die Asche aus und zündete das Feuer im Ofen wieder an. Zuerst nahm ich etwas Holz, was mein Vater gebracht hatte, und als es gut brannte, legte ich die Kohlen darauf, ungefähr zehn Briketts, sonst wurde es nicht warm. Jetzt würde es eine Stunde dauern, bis es durchgebrannt war, erst dann konnte ich die Ofentür ganz schließen. Den Zeitpunkt musste ich genau abpassen. Schloss ich zu früh, entstanden Kohlengase und schloss ich den Ofen zu spät, wurde es nicht warm. Nachdem der Ofen geschlossen war, dauerte es auch noch eine Stunde, bis er richtig Wärme abgab. „Ich fahre jetzt direkt mal in die Firma, wo ich gearbeitet habe. Die werden sich sicher alle freuen. Ich denke, ich kann gleich wieder dort anfangen zu arbeiten", sagte Raul und fügte noch hinzu, „am besten du gehst dann auch gleich Einkaufen, wir brauchen Reis und Bohnen. Du weißt, dass ich deutsches Essen nicht esse." So war er, der Pascha. Mir war das recht, dass er jetzt ging, so konnte ich meinen Plänen nachgehen. Ich nahm Raulito und fuhr erstmal zum Amt. Dort hatte man mich schon erwartet, denn ich musste mich innerhalb einer Woche angemeldet haben. „Haben Sie schon eine Arbeitsstelle?", fragte mich die Beamte. „Nein noch nicht, aber ich habe etwas in Aussicht." „Sobald Sie eine Stelle haben, melden Sie sich bitte hier bei diesem Kindergarten. Dort haben wir für Sie einen Platz freigehalten. Ihr Mann bekommt dann von uns eine Aufenthaltsbewilligung. Dazu muss er allerdings noch persönlich vorbeikommen. Dann wäre da noch der Kredit. Sie haben noch Anspruch auf Ihren Ehekredit, da sie den damals bei Eheschließung nicht bezogen haben. Sie müssen dazu nur zur Sparkasse gehen, ihre Eheurkunde und Ausweis vorzeigen. Dazu genügt auch erstmal der Pass. Den benötigen Sie jetzt sowieso, solange ihr Personalausweis noch nicht fertig ist. Dann können

Sie die 6000 Mark noch beziehen." „Das ist ja perfekt", dachte ich. Dieser Kredit war zinslos und da wir damals das Land verlassen hatten, konnten wir den Kredit nicht beanspruchen. Ich hätte nie gedacht, dass wir ihn rückwirkend noch bekommen würde. „Ach ja noch etwas, haben sie die Kohlenkarte dabei?" „Ja, habe ich", und gab sie ihr. „Zum Glück habe ich sie mitgenommen", dachte ich. Die Kohlen gab es bei uns immer noch auf Zuteilung, weshalb jeder Haushalt diese Karte mit der zustehenden Menge im Herbst bekam. „Wir liefern Ihnen die Menge Kohle am Freitag." „Gut, vielen Dank." Als wir hinauskamen, suchte ich nach einer Telefonzelle. Ich muss jetzt unbedingt in dieser Firma anrufen. „Guten Tag!", sagte ich am Telefon, stellte mich vor und erläuterte den Grund meines Anrufs. „Ja, ich habe schon gehört, dass Sie anrufen werden. Kommen Sie doch bitte einfach morgen zehn Uhr vorbei und melden sich im Sekretariat bei Frau Schmid. Dann besprechen wir alles." „Ja, gerne und vielen Dank, dann bis morgen." „Bis morgen." Ich legte auf und ging mit Raulito zur Straßenbahn und wir fuhren nach Hause. Wir mussten erst mit der Bahn fahren und dann noch den Bus nehmen. Direkt 20 Meter von unserer Wohnung entfernt war ein kleiner Supermarkt. Mit einem Teil des Geldes meines Vaters kaufte ich alles, was wir so brauchten, ein. Ich war froh, dass ich so viel erledigen konnte. Raul kam etwas später nach Hause und ich war froh, dass ich schon da war. „War dein Chef da?", fragte ich ihn. „Ja, er war da und ich kann gleich morgen anfangen. Sie haben sich gefreut, mich zu sehen, und konnten es kaum glauben, dass ich nun doch wieder hier bin. Diese Woche habe ich dann auch gleich Frühschicht, nächste Woche Spätschicht und dann Nachtschicht. Den Vertrag bekomme ich dann morgen." Raul arbeitete immer im Drei-Schichtdienst in dieser Firma. Die Firma war ein größerer Hersteller verschiedener Autoteile. „Warst du einkaufen?" „Ja war ich." „Dann mach mir erstmal einen Kaffee", forderte Raul. Wie selbstverständlich fing ich wieder an, ihn zu bedienen. Ich machte ihm einen Kaffee und anschließend fing ich an zu kochen. Reis, Bohnen, Fleisch mit roter Salsa aus Knoblauch, Zwiebeln und Tomate und zu allem noch Salat. Der Reis wurde auf dem Herd gekocht und dann kam er in den Backofen, wo er nochmal eine leichte Kruste bildete. So wollte er es, obwohl der Reis in Kuba so nicht angerichtet wurde. Die Bohnen brauchten mindestens eine Stunde, bis sie weich waren. Deshalb kochte ich immer einen ganzen Topf voll, damit es für zwei Tage reichte. Die gesamte Zubereitung nahm immer sehr viel Zeit in Anspruch, was der Grund dafür war, dass ich es hasste, zu kochen. Ich tat es schon, seit ich 17 Jahre alt war, nur in Kuba übernahm das Marisol.

Am nächsten Tag war ich wie vereinbart um zehn Uhr in dieser Firma. Ich nahm Raulito mit, er war ohnehin immer bei mir. „Guten Tag, Frau Schmidt", begann ich beim Eintreten das Gespräch und stellte mich vor. „Ich habe einen Termin mit Herrn Rosental." „Kommen Sie bitte rein, ich sage ihm Bescheid, dass Sie da sind." Aufregung stieg in mir auf, obwohl es zur damaligen Zeit nicht schwierig war, einen Job zu bekommen. Es lag wohl daran, dass ich diese Stelle unbedingt wollte. „Kommen Sie rein!", kam eine Stimme aus dem Nachbarzimmer und ich trat ein. „Nehmen Sie Platz1 Sie kommen also aus Kuba. Was hat Sie nach Kuba geführt?" „Ich bin mit meinem Mann damals nach Kuba ausgewandert, weil er nicht hier in Deutschland bleiben konnte, und jetzt sind wir wieder zurück." „Was haben Sie denn alles bisher gemacht, haben Sie in Kuba auch gearbeitet?" Ich erzählte ihm über meine berufliche Laufbahn, die jetzt mit meinen 25 Jahren wirklich noch nicht lang war, und auch darüber, was ich in Kuba gemacht hatte. „Ich spreche auch Spanisch und Englisch", fügte ich abschließend noch hinzu. „Bei uns brauchen Sie kein Spanisch, wir sprechen nur Sächsisch", antwortete er scherzend und mir war das sehr unangenehm. „Nun dann erzähle ich Ihnen noch kurz was über uns. Unsere Firma arbeitet in der Industrie und ist spezialisiert auf Isolierungen von Heiz- und Kernkraftwerken mit Wärme- und Kälteisolierungen. Wir könnten Sie in unserem Einkauf gebrauchen. Wäre es Ihnen möglich, schon nächste Woche anzufangen?" „Das wäre traumhaft", kam es mir sofort in den Sinn und sagte: „Ja, das könnte ich sicher, ich müsste nur klären, ob mein Sohn auch ab nächste Woche in den Kindergarten aufgenommen werden kann. Das sollte aber kein Problem sein." „Dann lasse ich von Frau Schmidt gleich den Vertrag fertig machen. Der wird Ihnen zur Vorlage im Kindergarten nützlich sein. Sie haben doch noch einen Moment?" „Ja, natürlich, ich warte." Ich war überglücklich, so ein toller Job im Büro. Innerlich tanzte ich vor Freude. „Kommen Sie mit, bis der Vertrag fertig ist, stelle ich Sie den Leuten vor." Wir gingen in ein Büro, da saßen zwei Frauen. „Das ist Frau Wagner, sie wird Sie einarbeiten und Sie werden sie unterstützen, da die andere Kollegin in Mutterschutz ist." Frau Wagner war etwa 50 Jahre alt und sie sah sehr liebevoll aus. Die andere Kollegin wurde mir auch noch vorgestellt. Dann gingen wir ins Nachbarzimmer. Dort saßen fünf Frauen und ein Mann. Es war laut und es wurde viel gelacht und geraucht, dass man die Luft hätte schneiden können. „Ruhe mal bitte, meine Herrschaften!", rief Herr Rosental und alle lachten und wurden auch gleich synchron wie auf Kommando wieder still. „Ich will euch eure neue Kollegin vorstellen. Sie wird ab nächste Woche bei Frau Wagner mitarbeiten und sie unterstützen." Alle schauten mich freundlich und liebevoll an. Wer war wohl die Bekannte meiner Mutter, welcher ich diese Stelle zu verdanken hatte. „Ich bin Elena", kam die Erste auf mich zu. „Ich bin die, die deiner Mutter wegen dieser Stelle Bescheid gegeben hat. Freut mich, dass es geklappt hat!" „Guten Tag, Elena, ich bin Petra. Mich freut es auch sehr und vielen Dank." Alle Frauen und der einzige Mann haben sich nacheinander bei mir vorgestellt und ich war so überwältigt über diesen herzlichen und freundlichen Empfang. Alle duzten mich sofort und sie waren alle, bis auf Elena, noch sehr jung. Ich fühlte mich sofort wohl und angenommen. Die Atmosphäre war so familiär und freundschaftlich, ich hätte in die Luft springen können vor Freude. Genau das Richtige für mich! Das könnte meine neue Familie werden. Als wir wieder rausgingen, rief Elena noch hinterher: „Und nächste Woche erzählst du uns dann bitte von Kuba." „Mache ich gerne." Ich bekam jetzt meinen Vertrag, eine A4-Seite, die alles enthielt, was nötig war. So war es damals, kurz und knapp und unkompliziert. „Dann bis nächste Woche und auf gutes Gelingen!" Mit diesen Worten verabschiedete sich Herr Rosental bei mir.

„Es geht voran, der zweite Tag und schon so viel erreicht", saß ich nachdenkend in der Straßenbahn, während wir nach Hause fuhren. Jetzt hatte wir beide ein Einkommen und Raul hatte durch die Schichtzulagen einiges mehr als ich. Das würde reichen, um im nächsten Monat schon einige Anschaffungen machen zu können. Ich fuhr mit Raulito noch mit dem Bus zwei Stationen weiter zum Kindergarten. Das wollte ich jetzt unbedingt auch noch erledigen. Wir kamen zu einer günstigen Zeit dort an. Alle Kinder schliefen, es war Mittagszeit. Raulitos Kindergärtnerin öffnete uns die Tür. Ich stellte mich vor und sagte: „Das Amt hat uns informiert, dass mein Sohn hier in diesen Kindergarten gehen kann und der Platz frei ist, sobald ich Arbeit habe, und das ist jetzt der Fall." „Ja das ist richtig, das wurde uns so angekündigt." „Schon ab nächster Woche arbeite ich wieder, den Vertrag habe ich dabei. Ist es auch so kurzfristig möglich?" „Ja, natürlich." „Raulito saß ganz verschüchtert neben mir. Er schien zu spüren, dass schon wieder etwas Neues auf ihn zukam, was ihm so gar nicht gefiel. Ich nahm ihn näher zu mir und legte meinen Arm um ihn. Dabei sagte ich zu der Kindergärtnerin: „Wir sind erst seit ein paar Tagen wieder in Deutschland und er hat die letzten zwei Jahre nur Spanisch gesprochen. Er hat die Sprache schnell gelernt. Ich denke, dass wird jetzt auch mit dem Deutsch genauso schnell gehen, denn er ist die ersten vier Jahre in Deutschland aufgewachsen und versteht immer noch alles." Die Frau schaute mich skeptisch an und ich fühlte diesen Vorwurf, dass ich das doch hätte verhindern müssen. Kaum hatte ich es gedacht und gefühlt sprach sie es aus: „Konnten Sie nicht die deutsche Sprache beibehalten. Er wird es jetzt dadurch schwer haben." Immer diese Vorurteile, oder waren es sogar Urteile über mich? Ich war es inzwischen gewohnt. Menschen, die keine Details kannten, die auch keine Vorgeschichte und Zusammenhänge kannten, erlauben sich, über mich zu urteilen oder eine Bewertung abzugeben. Solche Situationen verletzten mich immer wieder. Sie ließen mich immer in dem Glauben, alles falsch zu machen oder mich erneut beweisen zu müssen. „Er wird sich schnell wieder an die deutsche Sprache gewöhnen. Das schafft er. Raulito ist ein wunderbarer, liebevoller Junge", sagte ich und dachte, dass es sicher nicht leicht wird, da wir zu Hause nur Spanisch sprachen und ich wenig Kontakt zu anderen Personen haben würde. Raul würde mir das wieder gekonnt verbieten. Somit würde Raulito Deutsch erst einmal nur auf Kindergarten-Niveau erlernen. Ich vertraute ihm, das war das Wichtigste und wem auch immer seine Sprache nicht passte, der sollte einfach nicht hinhören. „Dann bringen Sie ihn am Montagmorgen. Wir freuen uns, das wird schon werden." Sie verabschiedete sich bei mir und Raulito und er schaute sie voller Hemmungen an. Ich hatte große Bedenken, aber ich wollte auf keinen Fall, dass Raulito das spürte. Draußen sagte ich zu ihm: „Mein Schatz, da bist du mit vielen Kindern zusammen und ihr könnt den ganzen Tag spielen." Raulito schaute mich nur an und sagte nichts darauf.

Als wir nach Hause kamen, war Raul schon da. „Wo warst du denn die ganze Zeit, ich bin schon lange da." „Ich war in der Firma und dann bin ich gleich noch zum Kindergarten, weil ich schon nächste Woche dort anfangen kann, zu arbeiten, es hat alles geklappt", rechtfertigte ich mich wieder. Ich erzählte Raul jedoch keine Einzelheiten über die Firma und sagte auch kein Wort über den freundschaftlichen Empfang. Er würde mir verbieten, dort zu arbeiten. Denn ich wusste, seiner Auffassung nach hätte ich dort nur schlechten Umgang. Der Abend verlief wie gewohnt. Ich bediente Raul wieder, machte ihm Kaffee, kochte, spülte das Geschirr, versorgte Raulito und brachte ihn zu Bett, während Raul es sich die ganze Zeit auf der Schaumstoffmatratze gemütlich machte.

Am nächsten Morgen stand ich auf und war froh, mit Raulito allein zu sein. Gegen Mittag kam mein Vater und brachte mir den alten Staubsauger mit. Dieser Sauger hatte einen großen, braunen Beutel an der Seite, der sich beim Anstellen vollständig aufblähte. Während er mir dies demonstrierte und mich in das Gerät einwies, lief eine Kakerlake aus der Küche über den Flur. In dem Moment saugte mein Vater diese Kakerlake mit dem Staubsauger auf. „Warum hast du sie aufgesaugt?", rief ich ihm vor Schreck zu. „Sie wird das überleben und immer wieder ihr Unheil anrichten. Vielleicht hat sie irgendwo noch Eier gelegt." Mein Ekel vor den Kakerlaken war wieder so präsent, dass es mich schüttelte. „Deswegen sind wir, nachdem wir euch abgeholt hatten, gleich in diese Wohnung gefahren, um euer Gepäck abzuladen. Ich konnte mir schon denken, dass ihr das Ungeziefer mitbringt", erwiderte mein Vater. Jetzt hockt das Vieh im Staubsauger. Ich würde mich jedes Mal ekeln, wenn ich das Ding in die Hand nehmen musste. Wahrscheinlich würde sie auch wieder rauskriechen. Nachdem ich dann meinen Vater über alle Neuigkeiten informiert hatte, ging er auch schon wieder.

Schon am nächsten Tag fuhr ich mit Raulito in die Stadt. Wir hatten unseren Ehekredit mit den 6.000 Mark noch bekommen. Ich wollte unbedingt einen Fernseher kaufen und dann schauen, was noch übrigblieb. Es ging einfacher, als ich dachte, denn ich wollte einen Farbfernseher. Den konnte sich kaum jemand leisten zu dieser Zeit, sodass der auch vorrätig war. Selbst die Lieferung sollte schon am nächsten Tag erfolgen. Das war fantastisch, endlich wieder deutsches Fernsehen, auch wenn wir dabei nur auf einem Stuhl saßen. Vom Rest des Kredits kaufte ich noch zwei Stehlampen, eine halbautomatische Waschmaschine und eine Wäscheschleuder. Das war purer Luxus für mich. Die Wäsche wusch sich auf verschiedenen Programmen von selbst. Nur separat schleudern musste ich sie dann noch. Bei all der täglichen Hausarbeit und Pflichterfüllung würde dies eine große Erleichterung für mich sein. Was das anging, gab ich mich schon immer nur mit dem Besten zufrieden. Da kam der Kredit gerade richtig. Ich hatte dieses Waschmaschinenmodell auch schon, bevor ich nach Kuba ging, und wir nahmen sie auch mit, nur benutzen konnte ich sie dort nicht, da es kaum Wasser aus der Leitung gab und somit keinen Wasserzulauf zur Wäsche. Diese neuen Errungenschaften machten mich glücklich. Sie gab mir ein Stück Normalität. Es würde schwierig sein, das meinen Eltern zu erzählen, denn jeder vernünftige Mensch hätte ganz andere, wichtige Dinge gekauft. Aber ich wusste, dass ich diese Dinge später

Stück für Stück von meinem Gehalt kaufen konnte. Denn eine größere Summe für so teure Geräte zusammenzusparen, würde schwer werden. Außerdem hatten wir noch den Goldschmuck aus Kuba. Wir mussten ihn schnellstmöglich verkaufen.

Am Wochenende waren wir wieder bei meinen Eltern. Ich war so froh darüber. Meine Mutter kochte immer gut und die Familie war zusammen. Damit fühlte ich mich auch sicher, dass Raulito so schnell wie möglich wieder Deutsch lernt. Vorsichtig erzählte ich meinen Eltern, was ich gekauft hatte und lieferte auch gleichzeitig die Begründung dazu, damit sie nicht aus allen Wolken fielen. „Gibt es keine wichtigeren Sachen, die du jetzt gebrauchen kannst? Wieso hast du so teure Anschaffungen gemacht?" Ich wollte mich nicht dazu äußern. Irgendwie hatten sie recht und irgendwie auch nicht.

Der Montag begann sehr früh für mich. Fünf Uhr stand ich auf, machte mich und Raulito fertig und brachte ihn um sechs Uhr zum Kindergarten, denn schon um 06:30 Uhr musste ich bei der Arbeit sein. Wir liefen die zwei Bushaltestellen zum Kindergarten, die Zeit und die Abfahrzeiten ließen es nicht anders zu. Von da aus nahm ich den Bus und die Straßenbahn zur Arbeit. Beide waren voller Menschen, die alle zur Arbeit fuhren, und ich hatte kaum Platz zum Einsteigen. Es war ein wunderbares Gefühl, wieder dazuzugehören und in eine Gemeinschaft zu kommen, in der ich mich so wohlfühlen durfte. Meine neue Kollegin Rosemarie begrüßte mich und zeigte mir erstmal alles und jeden. „Ich bin Rosemarie, du darfst ruhig du zu mir sagen." „Oh vielen Dank, ich bin Petra, freut mich sehr, hier zu sein." „Komm, wir gehen rüber zu den anderen Kollegen und trinken erstmal einen Kaffee." Alle waren schon da und es war wieder laut und alle waren in guter Stimmung. Was für eine herzliche Kollegenrunde! Ein toller Umgang miteinander. Da lebte die Zwischenmenschlichkeit. Es gab viel zu lachen und ich gehörte schon dazu, als wäre es nie anders gewesen. Rosemarie übernahm den ganzen Tag meine Einarbeitung und sie ließ dabei nichts aus. „Wir werden jetzt jeden Tag daran arbeiten und du wirst sehen, spätestens nächste Woche schaffst du schon vieles allein."

Um 16 Uhr war der Arbeitstag zu Ende. Um diese Uhrzeit nach Feierabend waren die Straßenbahnen oft so voll, dass kein Platz mehr war und man erst mit der nächsten Bahn mitkam. Ich fuhr in der vollen Straßenbahn und dann mit dem Bus zum Kindergarten. Es dauerte eine Stunde, bis ich dort war. Raulito kam mir schon entgegengerannt. „Mami, Mami, da bist du ja!" „Komm mein Schatz, schnell anziehen und ab nach Hause." Raul hatte Spätschicht. Ich war froh, alleine zu Hause zu sein, dennoch blieb mir das Kochen nicht erspart. Raul aß nur zu Hause und er bestand immer darauf, dass ich ihm sein kubanisches Essen koche. Obwohl er Spätschicht hatte, erledigte er nichts zu Hause. So gegen 21 Uhr ging ich ins Bett. Raul kam spät nach Hause, es war kurz vor elf, was ihn nicht daran hinderte, mich zu wecken, um seine sexuelle Lust zu befriedigen. Ich hasste es abgrundtief.

In der nächsten Woche gingen wir zusammen zum Antiquariat in Leipzig. Dort wollten wir den Schmuck verkaufen. Wir hatten wirklich Glück. Für alles bekamen wir 3.200 Mark. Wir hatten natürlich keine Expertise, sonst hätten wir sicher noch mehr Geld bekommen. Ich war trotzdem absolut glücklich über den Verkauf. Es hatte sich gelohnt, den Schmuck aus Kuba mitzunehmen. Jetzt konnten wir einige Anschaffungen machen. Die Wohnung musste unbedingt einen Anstrich bekommen. „Ich werde Farbe kaufen und die Türen als Erste streichen und danach die Fenster, das kann ich nach der Arbeit machen", sagte ich zu Raul und für mich war es selbstverständlich, dass ich alles alleine mache. Nicht im Geringsten käme es Raul in den Sinn, mir dabei zu helfen. Ich ging arbeiten, brachte und holte Raulito aus dem Kindergarten kochte, putzte, versorgte den Haushalt, ging einkaufen und nebenbei strich ich alle Türen und Fenster. Raul ging nie einkaufen, kochte auch nie und brachte und holte nie unseren Sohn aus dem Kindergarten, nicht einmal, wenn er Frühschicht hatte und früher zu Hause war als ich.

Noch nie hatte ich Türen gestrichen. Ich fing einfach an und es lief gut. Jeden Abend eine komplette Türe inklusive Rahmen zu streichen: fünf Türen in fünf Tagen. Die Wohnungstür strich ich zuletzt noch von innen. Mein Vater kam öfters kurz nach der Arbeit vorbei, um nach dem Rechten zu schauen. „Wieso streichst du denn die Türen alle alleine, kann dir Raul denn nicht dabei helfen? Er hat doch Nachtschicht, da ist er doch tagsüber zu Hause. Der Mann ist doch wirklich zu nichts zu gebrauchen. Das kann ja wohl nicht wahr sein." „Er kann das doch nicht", brachte ich als Ausrede hervor, obwohl ich wusste, dass es nur seinem Machodasein nicht entsprach und wenn ich das konnte, dann konnte das jeder. „Ich würde dir ja helfen, aber nicht unter den Umständen. Ich habe dir es immer gesagt, er taugt nichts." Ich wusste, dass mein Vater recht hatte, ich konnte ihm keine Antwort mehr liefern und war froh, das Thema zu wechseln.

Raul war der geborene Pascha und ließ sich von mir immer und zu jeder Zeit bedienen. Meine Gefühle zu ihm waren so tief gesunken, dass es nichts mehr für mich gab, was mich irgendwie mit ihm verband. Trotzdem versuchte ich, das Beste draus zu machen. Ich redete mir alles schön und tat so, als wäre alles in bester Ordnung. Das war mein Überlebensmodus. Permanent belog ich mich damit selbst und betrog meine Psyche. Wir waren jetzt wieder in Deutschland und es ging genauso weiter wie zuvor. Schnell hatte ich wieder meine zwei Persönlichkeiten. Bei der Arbeit war ich frei und konnte ich selbst sein und vor allem konnte ich glücklich sein. Ich hatte wunderbare, lebensfrohe Kollegen. Wir hatten Spaß zusammen und ich war immer froh, wenn es Sonntagabend war und ich am nächsten Tag wieder zur Arbeit konnte. Zu Hause war ich die unterwürfige und gehorsame Ehefrau ohne Selbstwert und Selbstbewusstsein und führte Befehle aus. Seit ich wieder arbeiten ging, fing Rauls Eifersucht wieder an. Es verging kein Tag ohne Szenen. Ich unterließ es, über die Arbeit zu sprechen. Egal was ich darüber erzählte, er drehte alles so, dass er wieder in rasende Eifersucht verfiel. Immer und immer wieder rechtfertigte ich mich zu seinen Vorwürfen, was ihn nur noch wütender machte. Es hinderte ihn trotzdem nicht daran, täglich seine sexuelle Lust an mir zu befriedigen auch nach seinen Wutattacken. Hatte er Nachtschicht, holte er sich noch, bevor er ging, seine Befriedigung und wenn er aus der Spätschicht kam, weckte er mich dazu. Nur so ging es ihm gut, er war schließlich ein Mann. Widerlich, ich hasste es immer mehr. Es war für mich eine Erlösung, wenn es vorbei war. Ich war oft erschöpft, alle Pflichten trug ich allein und kümmerte mich um wirklich alles und wenn ich mal den Mut hatte, was zu sagen, dass ich keinen Sex möchte, schrie er mich jähzornig an, „Du hast wohl heute schon Sex gehabt." „Wo und wann denn, wie stellst du dir denn das vor?", schrie ich zurück. „Du bist doch den ganzen Tag mit Männern zusammen im Büro." Was ich auch erwiderte, er ließ davon nie ab und steigerte sich noch mehr hinein, erst recht durch meine ausgeprägte Unlust. Ich konnte seine Nähe nicht mehr ertragen.

Es waren nun schon drei Monate seit unserer Rückkehr vergangen. So langsam wurde es wohnlich. Jedes Zimmer hatte jetzt wenigstens eine Lampe an der Decke und Raulito hatte sein eigenes Bett bekommen. Sein Opa schreinerte ihm noch eine kleine Bank mit Stauraum für sein weniges Spielzeug und zwei Regale. Wir schliefen immer noch auf dem Fußboden auf den Schaumstoffmatratzen und unsere Sachen hatte ich auf einem Tuch auf dem Boden gestapelt. Mir war das jedoch egal. Ich hielt alles sauber und ordentlich. So war ich nun mal. Doch die Wohnung musste unbedingt gemalert werden. Die Voraussetzung dafür war, sie erst mal zu tapezieren. Ich wollte alles in Weiß haben. Deshalb brauchten wir diese Tapete, die, nachdem sie an der Wand ist, gestrichen werden muss. Der Mann einer Kollegin war Maler. „Soll ich mal meinen Mann fragen, ob er euch helfen kann? Dann wäre das doch viel schneller erledigt", fragte mich Kamilla im Büro, als ich ihr davon erzählte. „Das würde er machen? Das wäre wirklich toll", erwiderte ich verlegen und mir war es sofort peinlich, damit einzugestehen, dass mein Mann dazu nicht in der Lage war. Gleichzeitig wusste ich, dass ich dann mit Kamillas Mann in meiner Wohnung alleine sein würde und das würde Raul gar nicht gefallen. Ich hoffte so sehr auf sein Verständnis, dass wir mit einem Profi die ganze Wohnung in zwei Tagen fertig haben könnten. Das war doch nur von Vorteil für uns. Diese Hilfe konnte ich so gut gebrauchen, denn tapezieren konnte ich nicht. Ich würde anschließend alles weiß streichen. Das bekam ich hin. „Du sollst schon mal die alte Tapete runterholen", richtete mir Kamilla von ihrem Mann aus. „Wenn du dann fertig bist, kann er an zwei Tagen kommen und dir helfen." „Wie hole ich die alte Tapete runter?" „Du brauchst einen großen Pinsel, den tauchst du immer wieder ins Wasser und weichst die Tapete an der Wand ein. Danach kannst du sie mit einer Spachtel leicht abziehen." „Okay, ich frage meinen Vater, ob er so einen Pinsel hat." Mein Vater brachte mir alles, was ich dazu brauchte. Er war Schreiner und es gab kein Werkzeug, das er nicht hatte. „Also bei dieser einfachen Arbeit wird dir doch wohl Raul helfen können." „Nein kann er nicht. Ich mache das alleine." Mir fielen keine Ausreden mehr ein und ich wusste, dass mein Vater recht hatte. „Das ist wirklich nicht zu fassen, ich sage da jetzt nichts mehr dazu, mach, was du willst", war seine Antwort und die wollte ich auch hören. Was sollte ich denn auch darauf sagen. „Ja, das macht er sicher gerne. Er hilft mir, wo er kann." Nur zu gerne hätte ich das geantwortet und ich wünschte mir so sehr Unterstützung von ihm, aber ich wusste, dass er mich nicht unterstützen würde, da er es nie tat und ich forderte es deshalb auch nicht ein. Ich brauchte ihn nicht.

Nachdem Raulito im Bett war, machte ich mich an die Arbeit. Durch die wenigen Möbel war es gar nicht so schwer, die alte Tapete einzuweichen. Ich konnte die Tapete in großen Stück abspachteln, aber es hinterließ eine Sauerei und der Geruch war kalt und modrig. Es half nichts, ich musste vorankommen und verausgabte mich völlig in meinen Kräften. Wenn Raul da war, griff er sogar mit an. Auch wenn es nicht viel war, aber es half, wenn er nach dem Einweichen die Tapete löste und ich in der Zwischenzeit den Müll beseitigen konnte. Tage später war ich fertig.

Ich hatte mir nun zwei Tage freigenommen. Philipp, der Mann meiner Kollegin, kam und er fing an zu tapezieren, auch die Decken. Er war ein Vollprofi. Ich stand nur im Weg herum und kümmerte mich um das Essen. Nur bei den Decken musste ich ihm kurz zur Hand gehen. Philipp kam zügig voran und es sah auch alles schon viel heller aus. Morgen würde ich anfangen, alles zu streichen. Gegen halb zwei aßen wir zu Mittag. Ich hatte Schnitzel und Kartoffelpüree gemacht und dazu Karotten. Ich war nicht besonders gut darin und hoffte einfach, dass es Philipp schmeckte. Für Raul musste ich dann am Abend etwas anderes kochen. Als er halb drei nach Hause kam, war Philipp schon beim Schlafzimmer. Ich freute mich so sehr, dass Philipp in zwei Tagen fertig sein würde, und ich dann nur noch streichen muss. Raul schaffte es in Sekundenschnelle, meine Freude zunichtezumachen. Ich stand in der Küche und erledigte den Abwasch. Nachdem Raul Philipp begrüßt hatte, kam er in die Küche. „Na, das sieht ja richtig harmonisch zwischen euch zweien aus. Seid ihr schon zu einer Familie verschmolzen? Er strahlt ja regelrecht, muss ja toll gewesen sein. Sogar gekocht hast du für ihn. Was habt ihr die ganze Zeit gemacht?", entgegnete er mir leise mit einem wütenden, aggressiven Gesichtsausdruck. Ich erschrak und ich sah, dass es gleich eskalieren würde, wenn mir nicht die richtige Antwort einfiel. „Oh, wie ich ihn hasse", ich konnte seinen Anblick kaum ertragen. In mir stieg die Verzweiflung hoch, die Angst vor der Eskalation und ich arbeitete daran, alles schnell wieder zu unterdrücken und liebevoll und leise zu reagieren, damit Philipp nichts mitbekam. Warum konnte er nicht einfach nur froh sein, dass wir vorankamen und alles bald fertig sein würde? „Was redest du da? Wir sind seit heute früh beim Arbeiten und du siehst doch, dass wir weit gekommen sind. Da ist es doch selbstverständlich, dass ich ihm was zu essen koche. Jetzt beruhige dich, nicht, dass er dich hört und dann geht. Wir können froh sein, dass er das alles macht", fügte ich noch leise hinzu. „Na warte, wenn er weg ist, dann kommst du dran. Was hast du da gekocht? Ich esse das nicht, das weißt du." Und wie ich das wusste. „Mach mir einen Kaffee!" Ich konnte unmöglich Kaffee machen, ohne Philipp zu fragen. Ich ging ins Schlafzimmer, „Philipp, möchtest du auch einen Kaffee?" „Oh ja gerne." Wir saßen zu dritt am Tisch in unserer kleinen Küche und tranken Kaffee. Philipp versuchte, ein Gespräch anzufangen, und Raul lächelte ihn nett an, als sei alles in Ordnung. Sein Deutsch war so miserabel, dass ich mich wieder einmal schämte. Ihm machte es nichts aus, er weigerte sich, sein Deutsch zu verbessern. Alles was mit Deutsch und der deutschen Mentalität zu tun hatte, lehnte er ab. Für ihn waren die deutschen Männer Loser, die sich alles von ihren Frauen gefallen ließen. Deren Frauen machten, was sie wollten, und die Männer schauten zu. Sogar fremdgehen würden sie ihnen verzeihen. Obwohl er keinen einzigen deutschen Mann kannte, behauptete er das von ihnen. Still trank ich meinen Kaffee, den ich so liebte und der mich innerlich aufhellte. Was musste Philipp jetzt denken? Bis Raul da war, war ich locker und unterhaltsam, ein Stück ich selbst. Jetzt hingegen war ich ruhig und gehemmt und wich seinem Blick aus, nur um Raul keinen Anlass für noch mehr eifersüchtige Vorwürfe zu geben, geschweige denn ihm einen Grund dafür zu liefern. Der Gedanke, dass ich mich hier um alles kümmerte, wir Hilfe hatten, jemand, der uns die Wohnung tapezierte, und er mir unterstellte, mit Philipp noch ins Bett zu gehen, machte mich fassungslos. Diese Vorwürfe waren so abgrundtief widerlich. Denn nur zu gut wusste ich, dass er, nachdem Philipp gegangen war, wieder jede Stelle meines Körpers nach Beweisen untersuchen würde. Philipp war um halb fünf mit dem Schlafzimmer fertig, währenddessen hatte ich schon alles für das Abendessen vorbereitet. Ich war so erleichtert, als Philipp endlich ging, und schämte mich gleichzeitig für meine Gedanken, war ich doch so froh, dass er uns half. „Bis morgen Früh", sagte Philipp. „Ja, bis morgen", entgegnete ich noch und schloss die Tür, wissentlich über die mich erwartende Eskalation. Denn noch immer hatte sich Raul nicht beruhigt, im Gegenteil, es hatte sich in ihm noch mehr hochgeschaukelt und sofort ging er auf mich los. „Du Hure!", und gleichzeitig schlug er auf mich ein. „Ich habe es genau gesehen, eure Blickkontakte, wie du ihn die ganze Zeit angelacht hast. Du denkst wohl, ich bin blöd und sehe das nicht, komm mit und zieh dich aus, ich will seine Spuren sehen." Er zog mich an den Haaren, ich schrie und lief mit ihm mit, um den Zug an meinen Haaren zu mildern. Mit den Händen umfasste ich meinen Kopf. „Lass mich los, ich habe ihn nicht angelacht, bitte hör auf!", flehte ich ihn an und hätte ihm am liebsten mit voller Wucht getreten, doch die Angst vor der Konsequenz war größer. „Ich habe nichts gemacht, wir haben den ganzen Tag gearbeitet. Warum nur denkst du das von mir, er hat eine Frau." „Alle deutschen Frauen sind Huren." Er hörte nicht auf, mich zu attackieren. Ich zitterte am ganzen Körper, während er mir die Kleidung runterriss und meine Beine spreizte, um tief hineinzufassen, ob die Spuren des anderen noch da sind. Er unterließ es auch nicht, in mich einzudringen, denn nur so könnte er es kontrollieren. „Du hast mit ihm geschlafen, das spüre ich, da ist sein restliches Sperma noch hier, schau her." „Das ist mein eigener Fluss. Ich habe nichts mit ihm gemacht." Er hörte nicht auf, bis er sich über mir ergoss. „Du gehörst mir, nur mir, du bist meine Frau. Nie wird dich je ein anderer Mann haben, vorher töte ich dich." Endlich war er fertig. Angewidert und erniedrigt drehte ich mich weg, nur um erstmal zu entkommen. „Ich hasse dich!", sagte ich beim Hinausgehen und fühlte diesen Hass wie einen kalten Felsen in der Tiefe meines Herzens, der mehr schmerzte als all die Schläge zuvor. „Weil du mich hasst, treibst du es mit anderen Männern", war seine Antwort. „Ich muss jetzt Raulito abholen." Er würde das nicht verhindern, denn es war schon spät. Ich legte meine Kleidung an und damit auch meine zweite Persönlichkeit, um mir im Kindergarten nichts anmerken zu lassen und dachte nur: „Kein Mensch kann sich das vorstellen, was ich durchmache." Kein Mensch würde mir das je glauben und damit schluckte ich wieder alles runter. Hoffentlich musste ich heute Abend nicht noch einmal mit ihm schlafen.

Am nächsten Morgen spürte ich den Schmerz auf meiner Kopfhaut und meine linke Gesichtshälfte war leicht geschwollen. Unter dem Auge zeichnete sich deutlich ein Hämatom ab.

Wie gewohnt nahm ich mein Makeup und schmierte es darüber, sodass das Hämatom nicht mehr zu sehen war.

Philipp kam früh und er fing sofort an. Ich wusste noch nicht, was der Tag mit sich bringen würde, und hoffte eindringlich, dass Philipp noch an diesem Tag fertig sein würde, nicht, dass er noch einmal kommen und ich Rauls Eifersuchtsszenen ertragen musste. Denn diese Tage mit Philipp und die dadurch erlebten Repressalien durch Raul brachten mich wieder einmal an meine Grenzen. Der schlimmste Fall schien eingetroffen zu sein. Ein Mann mit mir den ganzen Tag alleine zu Hause. Meine Angst beherrschte mich wieder ganz körperlich, im Innen und im Außen. Es war geradezu ein Wunder, dass ich die Maleraktion nicht abgebrochen hatte. Dieser Gedanke eines Abbruchs kam mir jedoch nicht einmal in den Sinn.

Heute sollten noch das Kinderzimmer, Flur und Küche tapeziert werden. Diese Räume waren nicht groß und ich hatte schon am Abend zuvor alles weggeräumt, damit Philipp sofort loslegen konnte. Wohnzimmer und Schlafzimmer waren jetzt trocken und ich fing an zu streichen. Philipp gab mir Anweisungen und so lernte ich durch ihn Schritt für Schritt das Malern. Es machte mir Spaß, aber meine Kleidung blieb nicht ohne Farbspuren. Wir unterhielten uns, tauschten die Leiter aus, einmal brauchte ich sie und einmal er. Er erklärte mir jedes Detail, auf das ich achten musste, um nicht im Anschluss zu viel Sauerei wegmachen zu müssen. Meine Freude an der Arbeit und die Freude, dass ich so gut vorankam, waren getrübt von der Angst, wenn Raul nach Hause kam. Solange das hier mit Philipp nicht vorbei war, so lange würde er keine Ruhe geben. Er hatte seinen Anlass zum Ausrasten, das war mir klar, so gut kannte ich ihn. Die Szenen kalkulieren zu können, verschaffte mir Zeit und Reaktionsvermögen. Außerdem lernte ich: Wenn ich darauf vorbereitet war, war es leichter zu ertragen.

Da ich heute selber mit Hand anlegte, gab es zum Mittagessen nur belegte Brötchen. Wir aßen spät und saßen noch immer in der Küche, als Raul von der Arbeit kam. Jähzornig entgegnete er mir auf Spanisch Worte voller Anschuldigungen. Nur mit großer Anstrengung konnte Raul sich im Zaume halten, das sah ich ihm sofort an und vermutete, dass auch Philipp das sah. Es war mir enorm peinlich. Ich stand sofort auf und ging auf ihn zu. „Möchtest du einen Kaffee? Komm ich zeige dir das Wohnzimmer, wie weit ich bin." Ich konnte ihn so in den anderen Raum bringen in der Hoffnung, dass er nicht jetzt sofort wieder grundlos explodierte und sich noch mehr hineinsteigerte. Seine Blicke versprühten Gift und bevor er etwas sagen konnte, sagte ich: „Das sieht doch schön hell aus, was sagst du dazu? Und warte, bis Philipp gegangen ist, bevor du losschreist", fügte ich noch leise hinzu. „Er wird heute fertig."

Endlich war Philipp fertig, ich gab ihm seinen verdienten Lohn und Raul half ihm noch beim Runtertragen seiner Malerutensilien. Ich stand im Wohnzimmer am Fenster und malerte dort gerade den filigranen Übergang zum Fenster, als Raul hereinkam. „Was soll das?", brüllte er mich wutentbrannt an. „Willst du mich verarschen, denkst du immer noch, ich merke das nicht. Als ich euch in der Küche antraf, habt ihr euch so angeschaut, als seid ihr gerade fertig geworden und aus dem Bett gekommen. Ich habe es genau gesehen." „Hör doch auf mit diesen Vorwürfen, das ist nicht wahr. Wir haben nur gegessen. Wann hätten wir das denn machen sollen, soviel wie wir gearbeitet haben", rechtfertigte ich mich. „Du lügst, du Hure", und schlug wieder auf mich ein. „Nicht meine Haare, bitte lass meine Haare los", schrie ich und hielt meine Hand vor mein Gesicht. Ich schrie immer lauter, „Hau ab, du Schwein, ich hasse dich, verschwinde aus meinem Leben!" Während ich das schrie, entkam ich seiner Gewalt und rannte zur anderen Seite des Fensters. Er kam wieder auf mich zu und in den Zehntelsekunden nahm ich die Milchflasche, die auf der Fensterbank stand, schüttete sie aus, sie war mit Wasser gefüllt für die Pinsel, knallte sie auf den Rand der Fensterbank und hielt ihm die abgebrochene, scharfkantige Flasche entgegen. „Geh weg, hau ab, ich ramme dir die Flasche in den Bauch." Ich glühte vor Aufregung. Nie hätte ich das gewagt, aber mein erfrorenes Herz, meine verdammte Ergebenheit, meine Wut, meine Angst sorgten dafür, dass ich außer mir war. Ich konnte selbst nicht glauben, was ich da tat. „Das würdest du wirklich tun?", fragte er entsetzt und wollte mich in die Arme nehmen. Ein Ekel überkam mich und dann brach ich zusammen. Ich hatte nicht einmal gemerkt, dass ich mir durch den Aufprall der Flasche mit der scharfen Kante den Mittelfinger fast zerschnitten hatte, der jetzt nur noch am mittleren Gelenk herunterhing. Meine Psyche hatte wieder für den Überlebenskampf alles ausgeblendet. Die Wunde blutete so sehr, dass Raul erschrak. „Was machst du denn da, du kannst doch nicht so eine dicke Flasche zerbrechen." „Ich hatte keine Zeit, darüber nachzudenken", entgegnete ich ihm forsch. „Lass mich in Ruhe." Meine rechte Hand war nun in Mitleidenschaft gezogen, aber irgendwie wollte ich fertig werden mit der Malerei. Notdürftig verband ich meinen Finger, um die Blutung zu stillen, unwissend was alles hätte passieren können. Ich ging damit um, als sei es ein kleiner Schnitt, den ich mir beim Rasieren zugezogen hätte. Mein Körper fühlte sich kraftlos, ich hatte keine Energie mehr. Ich musste noch Raulito abholen, ich musste weiter streichen, ich musste noch Essen kochen – „ich muss, ich muss, ich muss alle Pflichten erfüllen und nicht wohlwollende Ereignisse."

Am nächsten Tag ging ich wieder zur Arbeit und hoffte so sehr, dass Philipp nichts gemerkt und Kamilla was erzählt hatte. Als ich ins Büro kam, sagte Rosemarie: „Was hast du mit deiner Hand gemacht?" „Ich habe mich in den Finger geschnitten. Es ist nicht weiter schlimm." Das blutet ja, zeig mal her, mach mal den Verband ab." Sie sah es sich an. „Das sieht ja schlimm aus, das hätte genäht werden müssen." „Ich kann es ja heute noch nähen lassen", antwortete ich ihr beiläufig. „Das geht nicht mehr, es muss innerhalb von sechs Stunden danach genäht werden. Bist du geimpft gegen Wundstarrkrampf`?" „Nein, was ist das? Meine letzte Impfung bekam ich als Kind." „Schau doch mal in deinen Impfausweis nach. Das ist wirklich wichtig." „Ich weiß nicht, wo der ist, vielleicht ist der auch noch in Kuba. Das wird schon wieder. Es ist heute auch schon besser als gestern", gab ich noch zurück und spürte, wie es in meinem Finger pulsierte. Wir rauchten zusammen eine Zigarette, es beruhigte mich und ich erzählte Rosemarie währenddessen, wie weit ich vorangekommen bin. Irgendwie merkte ich, dass sie mir das mit dem Finger nicht glaubte und überhaupt die ganze Situation, dass ich alles alleine mache, schien ihr fragwürdig zu sein. Ich fühlte, was sie dachte. Alles, was ich ihr erzählte, klang so belanglos für mich und schien ihr auch so vorzukommen. Es diente nur der Ablenkung. Während sie mich ansah, hoffte ich, dass sie nicht die Schwellung meines Auges wahrnahm und auch nicht das viele Make-up sah. Ich drehte mich zur Seite, um es nicht sichtbar zu machen. Was sollte ich ihr sagen, wenn sie danach fragte. Ich müsste sie anlügen und das wollte ich unbedingt verhindern. Dabei fiel mir wieder auf, dass ich zukünftig für diese Fälle eine Antwort parat haben musste. „Versprich mir, dass du zum Arzt gehst, wenn es schlimmer wird oder sich vielleicht sogar noch entzündet." „Versprochen." Zu gerne hätte ich mich ihr anvertraut, all den Schmerz für einen Moment mal loswerden zu können. Sie war wie eine Mutter für mich, sie war sehr fürsorglich zu mir. Stattdessen sprach ich immer von Raul, als sei es der beste Ehemann, den es gab. Das Lügen über Raul und meine Situation hatte ich gelernt, denn zu tief saßen die Ängste und zu tief vergraben die Wunden. Niemals würde mir jemand glauben. Sie würden verlangen, dass ich eine Änderung herbeiführe. Doch dazu war ich außerstande. Auch Raul war sich dessen sicher, was ihn nur noch stärker machte. Ich war zerfressen von Schuldgefühlen.

Im Laufe des Tages ging ich mehrmals rüber ins Nachbarzimmer zu meinen anderen Kollegen. Ich brauchte Abwechslung und bei ihnen war es immer lustig und viel zu tun hatten wir nicht. Philipp hatte Kamilla anscheinend nichts gesagt, denn sie wirkte ganz normal. Bei Elena war ich mir nie sicher, ob meine Mutter ihr gegenüber nicht einmal etwas über Raul und die Ehe mit mir erzählt hatte. Meine Mutter war keine Schwätzerin, aber manchmal erzählten sich Frauen etwas im Vertrauen. Ich konnte die Schmerzen und Ängste der letzten Tage im Büro vergessen, vielleicht auch nur verdrängen. Das war mir selbst nie ganz klar. Wichtig war nur, dass ich bei der Arbeit immer Spaß hatte, und wir konnten viel zusammen lachen. Jeden Sonntagabend freute ich mich, endlich wieder zur Arbeit gehen zu können.

Wir schliefen immer noch auf den Schaumstoffmatratzen am Boden und ich sehnte mich danach, endlich mal wieder in einem normalen Bett zu schlafen. Ich unterhielt mich mit Rosemarie darüber, als sie sagte: „Eine Tante meines Mannes ist vor Kurzem verstorben. Ihre Kinder sind sicher froh, wenn jemand die alten Möbel haben möchte. Da ist ganz bestimmt was für euch dabei. Ihr müsstet dazu allerdings nach Halle, aber das lässt sich ja alles organisieren." „Das wäre toll, wenn ich nur was fürs Schlafzimmer hätte, dann wäre ich schon froh. So könnte ich auch endlich alle unsere Sachen verstauen." Rosemarie griff zum Hörer. „Ich rufe ihn gleich mal an." Ihr Mann war noch am Telefon, während sie sagte: „Das Schlafzimmer ist noch zu haben. Es ist jedoch sehr alt. Willst du es trotzdem?" „Egal, ja ich will es trotzdem. Wann können wir es holen?" Sie verabschiedete sich von ihrem Mann. „Ihr könnt es tagsüber holen, du musst nur Bescheid geben wann, dann richten sie es ein." Ich rief meinen Vater an, um zu fragen, ob er den Transporter seiner Firma haben konnte. „Wer soll euch denn diese alten Möbel aufbauen? Das muss ich ja dann wohl wieder machen, dein Mann ist ja nicht in der Lage dazu." Ich war einfach nicht bereit, immer wieder diesen Vorwürfen ausgesetzt zu sein. Ich konnte es nicht ändern, nicht jetzt, nicht in diesem Moment. Ja, er hatte recht und das wusste ich auch. Aber es musste weitergehen, ich brauchte jetzt seine Hilfe. Jedes Mal musste ich mich rechtfertigen, erst das ganze Elend durchgehen, ausdiskutieren und entschuldigen, bevor ich zum Hauptteil des Gesprächs übergehen konnte. Dieser Zustand machte mir sehr zu schaffen und es war einer der Gründe, warum ich nie und niemandem Details über mein Zusammenleben mit Raul erzählte. Jeder würde sagen; „An dem Elend bist du selber schuld." Ich ertrug alles und funktionierte nur für alle anderen auf dieser Welt. Das war meine Taktik, die bereits in meinen Genen einprogrammiert und übergegangen war. Rosemarie sollte mir nicht anmerken, dass mich das Telefonat belastete. „Wie alt sind diese Möbel denn?"

„Sie sind mindestens 40 Jahre alt." „Wenn wir die auseinander bauen, fällt alles in sich zusammen. Da kannst du froh sein, dass ich Schreiner bin und sie auch wieder zusammenbauen kann." „Und wie froh ich bin, dass du Schreiner bist. Ich wollte ja auch Schreinerin werden, aber du hast es mir nicht erlaubt." „Lass das jetzt, das hat jetzt hier nichts verloren." Ja, ja das wollte er nicht hören. „Ich kann den Transporter der Firma nehmen. Sag Bescheid, dass wir am Samstag kommen und das alte Schlafzimmer abholen. Dann ist wenigstens dein Mann da und kann das Zeug mit hochtragen." Ich freute mich so sehr und war gespannt, wie alt wohl diese Möbel waren. Samstag kam mein Vater am Morgen, um mich abzuholen. Raul wusste Bescheid und konnte so auch keinen Einwand abgeben, dass ich mit meinem Vater alleine nach Halle fahre. Ihm gegenüber verhielt er sich fast devot, da hatte er nichts zu melden. Ich nahm Raulito mit, er hatte seine Freude, mit uns in diesem Transporter zu fahren. Solche Momente mit ihm waren für mich immer ein Stück Freiheit. Weg von Raul zusammen mit meinem Sohn und meinem Vater. In solchen Situationen wusste ich, ich würde wieder nach Hause kommen, ohne Rauls Anschuldigungen ausgeliefert zu sein. Ich fühlte mich beschützt und dadurch frei. So wie ich es immer mit meiner kubanischen Familie erfahren hatte.

Wir fuhren gerade mal 40 Minuten, als wir ankamen. Die Leute warteten auf uns und es waren noch zwei Männer dabei, die uns beim Tragen halfen. Es war wirklich ein altes Schlafzimmer. „Die Matratzen lassen wir hier, die kannst du vergessen", sagte mein Vater. „Da schneide ich euch die Schaumstoffmatratzen zurecht. Damit seid ihr besser dran. Einen Lattenrost braucht ihr auch noch. Diese hier taugen nichts mehr. Ich werde sie nächste Woche im Betrieb schreinern. Das sind wirklich alte Möbel, den Schrank wieder zusammenzubauen, wird eine Herausforderung. Da werde ich noch einiges an Ersatzteilen bauen müssen. Aber wenn es fertig ist, kann man es brauchen." Sein Urteil war für mich Gesetz, denn er war der Profi und das war er tatsächlich. Ich würde erst sehen, ob es schön war, wenn es aufgebaut war. Die Farbe war hellbraun und das Holz glänzte. Die alte Spiegelkommode hatte drei Schubladen, welche sich nur schwer öffnen ließen. Diese Möbel waren irgendwie rund, so wie sie eben vor 40 Jahren gebaut wurden. Zu Hause wieder angekommen, brachten wir alles nach oben in die Wohnung. Mein Vater fing mit dem Zusammenbau an. Es fehlten jedoch noch zu viele Teile, wie Kleiderstange, Fachböden, die mein Vater noch machen musste. „Ich komme nächste Woche und baue den Rest zusammen. Dann bringe ich euch auch gleich den Lattenrost. Wollt ihr heute noch zum Kaffee kommen? Maria kommt auch." Super, dass er das fragte und ohne Raul zu fragen, wissend, dass er Nein gesagt hätte, sagte ich spontan: „Ja gerne wir kommen so gegen 15 Uhr." Endlich mal wieder bei der Familie zu sein. Das ließ mein Herz vor Freude springen.

In der nächsten Woche schaffte mein Vater es, das Schlafzimmer fertig aufzubauen, und es sah toll aus. Ich hatte alles gereinigt und es roch nach dem frischen Holz vom Lattenrost und die verschiedenen Teile, welche mein Vater noch zusätzlich machte. Raul hatte Nachtschicht und ich würde die erste Nacht mit Raulito in diesem großen Bett schlafen. Raulito schlief immer bei mir, wenn Raul nicht da war. Auch wenn er Spätschicht hatte, ließ ich ihn bei mir. Er brauchte diese Geborgenheit und ich brauchte sie auch. Wenn unsere Kinder schlafen, haben sie eine so große, liebenswerte Aura,die sie umgibt. Sie wirken dabei so hilflos und schreien danach beschützt zu werden. Diese Art des Beschützens gab ich Raulito noch so gerne und bekam sie doppelt und dreifach zurück. Es waren die Momente, in denen sich meine Psyche erholen konnte, frei von Gewalt und Hilflosigkeit. Momente des Nichtstuns, in denen niemand was von mir wollte, keine sexuellen Nötigungen und Gewalt, Zeit, die zeitlos erschien und stehen bleiben sollte, für immer so frei zu sein. Es waren auch die Augenblicke, die Gedanken der Trennung in mir reifen ließen. Gedanken, die auch gleich wieder zerschellten, zerschlagen an der Angst, an der sie nicht vorbeikamen. Diese Angst vor den Konsequenzen, diese Angst, die mich beherrschte und lähmte, da ich nicht wusste, wie ich das jemals schaffen sollte. Ich konnte ihn ja nicht verändern, deshalb hatte ich mich selbst verändert.

Wir waren nun schon fast ein Jahr zurück und Raulito schon in der Schule. Sein Deutsch hatte sich zum Glück gebessert, obwohl es noch nicht auf dem Stand der anderen Kinder war. Was wohl daran lag, dass wir zu Hause immer Spanisch sprachen. Die Wohnung war soweit mit allem ausgestattet. Das Badezimmer hatten wir kurzerhand mithilfe meines Schwagers umgebaut. Den alten Badeofen und die Badewanne rissen wir raus und bauten stattdessen eine Duschkabine ein. Das Bad war nicht beheizt, aber so blieb mir wenigstens die abendliche, kubanische Dusche erspart, nach welcher ich jedes Mal den ganzen Fußboden in der Küche aufwischen musste. Es war wirklich Luxus zu dieser Zeit, ein Bad in der Wohnung zu haben, auch wenn es nicht beheizt war. Die meisten Wohnungen hatten kein Bad und das WC war im Treppenhaus.

Immer stärker wurde mir bewusst, dass ich nicht mehr mit Raul zusammenleben wollte.

Er schrieb mir vor, was ich anzuziehen hatte, er verbot mir, jede Art von Augen-Make-up oder Lippenstift zu benutzen. Freunde hatte ich keine mehr, er verbot mir jeglichen Kontakt, auch zu meiner Schwester. Maria konnte ich nur treffen, wenn Raul Spätschicht hatte. „Maria kann machen, was sie will, du aber nicht, du tust, was ich dir sage. Dieser Kontakt schadet dir nur", waren Rauls Worte. Wenn ich mich mit Maria traf, dann war das Heimkehren danach mit großer Panik verbunden. Ich musste ihm immer sein Essen kochen. Dabei musste ich aufpassen, dass es nicht mehr warm war, wenn er um halb elf nach Hause kam. Er durfte nicht merken, dass ich erst spät mit dem Kochen angefangen hatte. „Warum lässt du dir das alles gefallen? Trenne dich doch endlich von ihm. Er hat dich völlig versklavt. Soll er sich doch sein Essen selber kochen. Das ist wirklich unglaublich, wenn er dir noch verbietet, mich zu besuchen", waren jedes Mal Marias Worte, denn sie war die Einzige, der ich mich anvertrauen konnte, auch wenn ich viele Details wegließ. Hatte ich sichtbare Spuren der Gewalt, dann verlangte sie von mir, dass ich ihr die Wahrheit sagte. In diesen Fällen tat ich das dann auch. „Ich will mich doch trennen, ich will weg von ihm, ich

hasse ihn. Nur wie soll ich das machen? Er bringt mich um."
„Indem du zum Gericht gehst und die Scheidung beantragst",
antwortete Maria. „Sobald er das erfährt, wird er mich töten",
waren meine Gedanken, die ich nicht aussprach.

Seine Kontrollsucht und krankhafte Eifersucht wurden eine immer größere Hölle für mich. Kam ich zu spät von der Arbeit nach
Hause, weil ich mit der ersten Straßenbahn nicht mitkam, schlug
er auf mich ein, ohne auch nur eine Antwort von mir abzuwarten, während er mich dabei verurteilend anschrie. Raulito war
zum Glück nie dabei, meistens blieb er unten bei den anderen
Kindern, wenn wir aus der Schule kamen.

Nie ließ er von mir ab, holte sich täglich seine sexuelle Befriedigung, auch bevor er zur Nachtschicht ging und wenn er aus der
Spätschicht kam, und beschwerte sich dabei noch, dass ich keine
Lust darauf hatte und sagte bösartig: „Du hast wohl heute schon
mit deinem Kollegen Sex gehabt." Es widerte mich so sehr an,
denn er tat es nie, ohne meinen Körper innen und außen vorher
nach Spuren zu untersuchen. Ich wurde zum versteinerten Ob-
jekt. Das Einzige, was ich spürte, waren Hass, Ekel und Angst.

Rauls Bruder Ricardo war immer noch in Leipzig und er besuchte uns regelmäßig. Er hatte auch eine neue Frau kennengelernt.
Inzwischen war sie schwanger von ihm. Obwohl sie wusste, dass
Ricardo nach seiner Rückkehr nach Kuba wieder mit seiner Frau
zusammen sein würde, liebte sie ihn so sehr, dass sie immer wieder weinte, wenn er davon sprach. Ich konnte mir nicht im Geringsten vorstellen, wie man einen Mann so lieben und wie man
einen Mann überhaupt lieben konnte. Warum nur liebte sie diesen
Mann so sehr und wie ging das überhaupt? War er denn nicht wie
sein Bruder? Auch das konnte ich mir nicht vorstellen, denn zu oft
sah ich ihn wütend und erkannte darin Züge seines Bruders Raul.

Männer, die über eine Frau dominieren, Unterwürfigkeit und
Gehorsam abverlangen, sich bedienen lassen, keine Geborgenheit geben, die Frau nicht unterstützen, nicht für sie da sind, sie

nicht auf Händen tragen, sie nicht verehren und nicht respektieren – wie konnte eine Frau so einen Mann lieben? Wo ist da die Liebenswürdigkeit? So ein Mann ist schlichtweg nicht liebenswert. Das ist keine Liebe. Auch wenn ich nicht wusste, was Liebe ist, wusste ich, dass ich keine Liebe für Raul empfand. Es waren nur negative Gefühle, die mein Bewusstsein befallen und sich in mir eingegraben hatten.

Ich besuchte oft meine Oma, die Mutter meiner Mutter, in Leipzig. Ich liebte sie, sie war eine starke Frau. Ihr Mann war im Krieg gefallen und sie zog in großer Armut ihre zwei Kinder alleine groß. Bei ihr fühlte ich mich wohl. Sie wusste nichts über Rauls Gewalt mir gegenüber. Hätte ich ihr nur eine Kleinigkeit darüber erzählt, sie hätte mir nicht geglaubt. Als Kind hatte ich mal versucht, mich ihr anzuvertrauen, und wollte ihr über die Gewalt meines Vaters erzählen. Die Gewalt, die er meiner Mutter, meiner Schwester und mir antat. Sie hatte abgewunken und mir zu verstehen gegeben, dass ich übertrieb. „Dir fehlt es doch an nichts", war ihre damalige Antwort. Dieses Erlebnis saß immer noch so tief in mir, dass ich keinen Versuch machte, ihr etwas über meine schreckliche und gewaltvolle Ehe zu erzählen. Ich unterließ es einfach und genoss ihre liebenswerte Fürsorge. Raul war für sie ein wundervoller Ehemann. Diese Ansicht machte mir sehr zu schaffen und ich dachte immer: „Wenn sie nur wüsste." Oft stand ich kurz davor ihr die Wahrheit zu sagen, aber dann machte ich den Rückzug. Sie würde verlangen, mich zu trennen, nur alleine der Fakt, dass ich noch mit ihm zusammen war, würde sie an meiner Aussage zweifeln lassen. Meine Erfahrungen in dieser Hinsicht erlaubten mir nicht, darüber zu sprechen, jemanden zu vertrauen, um Hilfe zu bitten oder Unterstützung anzunehmen, und somit verschloss ich mich immer mehr und begrub alles, was ich nicht zum Ausdruck bringen konnte, in meinem tiefsten Inneren.

Raul hatte auf dem Schwarzmarkt einen alten Skoda gekauft. Wir hatten nun ein Auto, manchmal sprang es an und manchmal nicht. Wenn das der Fall war, bastelte Raul so lange daran rum, bis es wieder ansprang. Dieses Auto machte es uns in vieler Hinsicht leichter und mir dennoch auch schwerer. Denn durch das Auto hatte Raul noch mehr Kontrolle über mich. Nach der Arbeit stand er dann plötzlich vor der Firma um mich abzuholen. „Du hast wirklich einen tollen Mann", sagten meine Kollegen. „Er holt dich jeden Tag von der Arbeit ab." „Und wie toll er ist, allein seine Kontrollsucht und Eifersucht bringt ihn dazu mich abzuholen und nicht, weil er ein toller Mann ist. Denn er ist der schlimmste Ehemann, den ihr euch vorstellen könnt." Diese Sätze formten sich in meinem Kopf zusammen, die ich nie auszusprechen gewagt hätte. Ich stieg in das Auto ein. „Wer war der Mann, der hinter dir gelaufen ist? Ist das der Mann, mit dem du den ganzen Tag rummachst?" „Welcher Mann? Alle verlassen um 16 Uhr die Firma, da sind viele Menschen, die zur gleichen Zeit rauslaufen. Ich kenne den Mann nicht." Unmittelbar griff seine rechte Hand während der Fahrt an meinen Hals und er drückte in höchster wütender Form mit zusammengekniffenen Lippen zu. „Dir werde ich es schon zeigen, warte es ab, bis wir zu Hause sind, ich bringe dich um." Ich riss seine Hand weg und zog die Handbremse. „Was machst du da, lass die Handbremse los." „Du Schwein, lass mich hier raus, ich will hier raus, halte an, ich will aussteigen", schrie ich und versuchte, die Tür zu öffnen. „Bist du verrückt, lass die Tür zu." „Ich hasse dich, halte an, lass mich raus." Er fuhr langsamer, denn schließlich musste er auf den Verkehr achten. Diese Gelegenheit nutzte ich und versuchte, bei der langsamen Geschwindigkeit auszusteigen. „Warte, warte", schrie er. „Ich halte ja an, bevor du das Auto kaputtmachst." Ich stieg aus und knallte die Tür zu. Meine Nerven lagen blank, ich sah nicht, wo ich war, ich sah nicht, wer hinter mir oder vor mir lief, ich nahm nichts mehr wahr. Ich rannte und rannte und wusste nicht wohin. Ausweglos im Rennen genau wie in meinem Leben. Ich konnte nicht mehr. „Was für ein toller Mann, der mich von der Arbeit abholt. Ich will sterben, ich will sterben, ich will doch nur sterben, das ist der einzige Weg, ihn für immer loszuwerden. Ich will dieses Leben nicht mehr."

Die Gedanken, tot zu sein, hatte ich so oft. Nur Raulito hielt mich davon ab. Wie könnte ich ihn alleine zurücklassen. Er war der Grund, warum ich mit Raul zusammen aus Kuba zurückgekehrt war. Raul fuhr neben mir her und ich merkte es erst, als er mir zu rief. „Steig wieder ein, ich tue dir nichts, steig ein, es tut mir leid." Wie oft hatte ich das bereits gehört, es tat ihm leid und er würde es nie wieder tun. Raulito war bestimmt schon aus der Schule nach Hause gekommen. Ich musste einsteigen, ob ich wollte oder nicht, ich musste nach Hause. Als ich einstig, versuchte Raul, mich zu streicheln. „Hau ab und nimm deine Hände weg", schrie ich ihn an. Meine Gegenwehr wurde mit der Zeit immer lauter, ich wurde nicht handgreiflich, dazu war meine Angst zu groß, aber ich wurde immer lauter. Der Hass in mir auf Raul saß so tief, dass ich nicht in der Lage war, zu weinen, und doch schrie ich innerlich, jede einzelne Körperzelle von den zig Billiarden in mir schrie. Eine unsagbare große Verzweiflung, die jeden Raum, jede Zelle meines Körpers einnahm.

Zu Hause angekommen ging Raul wieder auf mich los. Sein Gesicht war nur noch eine Grimasse, bösartige Augen, die mir entgegenfunkelten. Er packte mich und versuchte erneut, mir die Luft abzudrücken, und stieß mich dabei gegen die Wand. „Ich bringe dich um, du gehörst mir. Niemals wirst du einem anderen Mann gehören." Kurz darauf ließ er los, schade, hätte er doch länger zugedrückt, dann wäre es endlich vorbei. Nichts mehr als das wünschte ich mir in diesem Moment, anstatt jetzt in die Küche zu gehen, sein verdammtes Essen zu kochen müssen und dann noch seine unstillbare, sexuelle Lust zu befriedigen. Ich hatte meine Periode und das Blut lief mir schon zwischen den Beinen runter. Die große Aufregung, die damit einhergehende Anstrengung und die lange Zeit zwischen dem letzten Auswechseln meines Tampons, ließen jetzt alles danebenlaufen. Schweigend wendete ich mich ab und ging ins Bad. Ich zitterte am ganzen Körper und sah die roten Flecke an meinem Hals, die Raul morgen wieder als Knutschflecken eines anderen identifizieren würde. Dazu war ich auf keinen Fall bereit und musste das jetzt unbedingt abwenden. „Schau dir nur an, was du gemacht hast, bevor du morgen sagst, es sind Knutschflecke. Mein Hals ist voller Blutergüsse. Ich sollte zur Polizei gehen und dich anzeigen." „Ich habe keine Angst vor der Polizei. Du brauchst mir auch nicht damit zu drohen, die können mich mal. Ich kann mit meiner Frau machen, was ich will. Vielleicht sind es ja auch Knutschflecke, die bereits da waren." Ja, ja die Flecken waren vorher da. Vielleicht sollte ich trotzdem zur Polizei gehen, ich wusste es nicht, ich hatte keine Ahnung, was eine Frau in solch einem Fall machen konnte und welche Möglichkeiten ich überhaupt hätte. Doch um das herauszufinden, müsste ich mich jemandem anvertrauen. Das schaffte ich nicht. „Wenn er wirklich mal länger zudrückt, ich will gar nicht daran denken, was wird mit Raulito? Wie kann ich ihn vor Schlimmerem schützen und bewahren? Ich muss das herausfinden. Mein Vater kennt einen Polizisten, nur wie frage ich ihn. Er wird merken, dass ich von mir spreche. Ich kann nicht länger warten, doch ich habe nicht den Mut. Es ist die große Schuld, die auf mir lastet. Ich bin schuld, dass es so ist, wie es ist." Ein Gedankenkarussell in meinem Kopf, ein Aufbau über das, was kommen würde oder kommen könnte, was ich tun musste und was der richtige Weg war und gleichzeitig fiel wieder alles zusammen wie ein Kartenhaus. „Es geht schon irgendwie. Ich darf einfach nur keinen Anlass für Rauls Eifersucht geben. Ich werde besser aufpassen, dann wird es gehen. Das ist die Lösung." Gedanken der Kapitulation, nur selten spürte ich ein Aufbäumen. Wie immer und jedes Mal siegte die Angst.

Am nächsten Tag ging ich wieder zur Arbeit und tat so, als sei nichts passiert. Ich setzte mein Lächeln auf und freute mich, die Kollegen zu sehen. Die roten Flecke an meinem Hals verdeckte ich mit einem Tuch, es blieb mir auch nichts anderes übrig. „Hast du etwa einen Knutschfleck, oder warum trägst du ein Tuch?", sagte Elena grinsend zu mir. „Ja na klar", antwortete ich ihr lächelnd und dachte: „Wenn du nur wüsstest." Gleichzeitig erinnerte ich mich mit Schrecken an den vergangenen Abend und keiner wusste, wie sehr ich litt, und merkte nichts von meiner inneren Zerrissenheit.

Niemand wusste, was wirklich passiert, was mit mir ist und wer ich war. Denn so wie mich die Menschen wahrnahmen, war ich nicht. Nicht einmal ich selbst wusste noch, wer ich war. Ständig musste ich mich verstellen und tat immer so als wäre alles in Ordnung. Es war, als hätte ich keine Identität mehr. Nach außen war ich ein selbstbewusster Mensch, doch tief in mir sah alles ganz anders aus. Dort saßen die Angst, die Zweifel, die Ohnmacht, die Wut, der Hass, meine Hilfeschreie, die Sehnsucht nach Freiheit und Selbstbestimmung gepaart mit der Sehnsucht, tot zu sein. Da lag alles vergraben, was meine Psyche einengte und wollte ausbrechen. Ein jämmerlicher Zustand. Und trotzdem, Selbstmitleid ließ ich nicht zu, es erschien mir sinnlos. Es war alles meine Schuld.

Eines Morgens bot mir mein Chef an, eine kaufmännische Ausbildung über unsere Betriebsakademie in Form einer Abendschule zu absolvieren. „Petra, du bist so gut in deiner Arbeit, du triffst die richtigen Entscheidungen und du kapierst sehr schnell. Da wäre es ein Fehler, die Ausbildung nicht zu machen. Du wirst mir später dafür dankbar sein, auch wenn du das jetzt noch nicht so siehst und denkst, es geht ja auch so. Das sollte doch kein Problem sein, wenn dein Mann sich um euren Sohn kümmert, während du die Abendschule besuchst. Es ist auch nur zweimal in der Woche und für dich nur ein Jahr, da du schon eine Ausbildung absolviert hast." Oh, wie gerne wollte ich das machen, etwas für mich tun, nur wie sollte ich das Raul erklären, dass ich ein Jahr lang an vielen Abenden nicht da wäre. Er würden sich um Raulito kümmern müssen. Aber es wären ja nur Abende, das müsste doch gehen. „Ich hab's, ich sage ihm, dass ich die Ausbildung machen muss, da ich ansonsten diese Arbeitsstelle verliere. Das ist die Lösung!" – „Ja natürlich wird sich mein Mann um unseren Sohn in dieser Zeit kümmern und ja, selbstverständlich mache ich gerne diese Ausbildung", antwortete ich ihm, nachdem ich meine Gedanken sortiert hatte. „Das ist wunderbar, dann melde ich dich sofort an. Es geht auch schon im Oktober los. Du wirst direkt nach der Arbeit in die Akademie fahren und der Unterricht geht dann bis halb acht." Halb acht, schoss es mir in den

Kopf, ich wäre dann um acht zu Hause, spätestens viertel nach acht. Ich war aufgeregt, war ich den Anforderungen der Ausbildung gewachsen? Mein Chef schien jedenfalls davon überzeugt zu sein und fand, dass ich gut arbeitete, und schlug es mir sogar vor. Das hieß, er vertraute mir, er traute mir das zu. Was für eine Wertschätzung, obwohl ich immer der Überzeugung war, nichts wert zu sein, „was kann ich denn schon, das, was ich kann, kann jeder Mensch. Ich habe kein Selbstwertgefühl und durch meine zwei Persönlichkeiten erscheine ich meinem Chef, als hätte ich Selbstwertgefühl und sei selbstbewusst. Zumindest weiß ich nun, dass es funktioniert. Wenn er wüsste, wie klein und erbärmlich ich tatsächlich bin." Ich rief Maria an. „Stell dir vor, ich darf eine Ausbildung machen und kann schon im Oktober damit anfangen." „Das ist doch wunderbar, das musst du unbedingt machen. Damit hast du dann auch alle Voraussetzungen, falls du mal studieren willst." „Ich und studieren, niemals", dachte ich, soweit voraus konnte ich jetzt noch nicht denken und sagte: „Mach mal langsam, ich weiß jetzt noch nicht, wie ich das Raul sagen soll. Ich werde ihm sagen müssen, dass ich sonst den Job nicht mehr machen kann." „Das ist ja wieder unglaublich, dieses Arschloch. Jetzt musst du ihn auch noch anlügen. Na gut, wenn es hilft, der hat es nicht anders verdient. Lass dich bloß nicht von ihm ausbremsen, du machst diese Ausbildung, das befehle ich dir Schwesterherz." „Zu Befehl", erwiderte ich und lachte. Sie baute mich auf, ich war beflügelt durch ihre Selbstsicherheit in allem. Plötzlich kam so ein Gefühl in mir hoch, ein Gefühl der Leichtigkeit, der Überzeugung von mir selbst, ein Gefühl, dass mir nichts etwas anhaben könnte, das mir sagte, ich mache, was ich will und natürlich mache ich diese Ausbildung und wenn ich abhauen muss. Ein kleines Stück Selbstbestimmung, hervorgerufen durch meine Schwester, wenn auch nur ein kleines Stück, es war ein Anfang.

Da der Oktober nicht mehr weit weg war, musste ich das Thema am Wochenende ansprechen und kam direkt zum Punkt. „Ich muss eine Ausbildung machen, sonst kann ich den Job nicht mehr machen. Sie geht aber nur ein Jahr und der Unterricht ist nur montags und freitags nach der Arbeit." „Wie nach der Arbeit? Wie lange gehen die Stunden und wer soll sich in der Zeit um Raulito kümmern? Ich sicher nicht, ich habe Schichtdienst. Du machst das nicht, die können dich nicht dazu zwingen." Das war klar, dass er das sagte. Mich immer schön klein halten und mein geistiges Niveau herunterreduzieren auf das Level eines Maiskolbens. „Hast du nicht gehört, ich kann dann den Job nicht mehr machen und wenn ich den verliere, bringt uns das auch nichts. Ich kann meinen Vater fragen, ob er Raulito abholt, und ich hole ihn dann bei meinen Eltern ab." „Ich warne dich, bilde dir bloß nichts darauf ein, du hast einfach dafür zu sorgen, dass mein Essen gekocht ist, wenn ich von der Arbeit komme." „Warum vergifte ich ihm nicht einfach sein Essen", dachte ich und fühlte auch gleich die Konsequenzen. „Leider keine gute Idee. Es wird wieder eine große Anstrengung, aber ich bekomme das hin und bis es so weit ist, rede ich nicht mehr davon."

Die Ausbildung begann und mit ihr lernte ich viele nette Leute kennen, die ebenfalls daran teilnahmen. Was für ein Gefühl! Hier war ich frei. Der Unterricht war sehr anspruchsvoll, unter anderem mussten wir Computerprogramme schreiben, ohne zu wissen, was überhaupt ein Computer war. In Wirtschaftsmathematik entwickelte ich wahre Fähigkeiten, obwohl ich in der Grundschule einen Fensterplatz hatte und mich Mathe gar nicht interessierte. Jeden Montag und Freitag freute ich mich darauf, in die Schule zu gehen. Ich fühlte diese Freiheit, diese Anerkennung, auch mal besser zu sein als andere, was sich im Unterricht schnell herausstellte. Schülerinnen fragten mich, wie ich das eine oder andere rechnete. Ich war also gar nicht dumm. Ich wurde nur immer so von Raul behandelt. Er hatte immer recht, auch mein Vater hielt mich für nicht besonders schlau, weil ich zu dumm war, meine Situation in den Griff zu bekommen, und die Schuld daran hatte, dass es so war – und das war nach seiner Ansicht wahre Dummheit. Das Schlimmste daran war, dass ich ihm glaubte. Ich sah meine plötzlichen Geistesblitze in der Ausbildung als Ausnahme und hielt mich damit auch wieder selber klein, um angepasst zu bleiben.

Zu Hause erzählte ich nicht viel über den Verlauf der Ausbildung und tat eher so, als ob ich froh wäre, wenn es vorbei war. Ich regelte alles, kümmerte mich um Raulito und das Essen für Raul. Ließ es die Schicht von Raul nicht zu, dann holte mein Vater Raulito aus dem Schulhort. Raulito hatte seine Freude daran, es gab bei Oma und Opa immer gutes Abendessen. Als ich ihn abholte, fuhr mein Vater uns dann auch mit dem Auto nach Hause. „Jetzt bleib doch noch einen Moment und iss wenigstens noch eine Kleinigkeit", sagte meine liebe Mutter zu mir, als ich eines Abends kam. Oje, ich schaute auf die Uhr, es wurde immer später und ich musste noch das Essen kochen. Wie schön es doch wäre, mich einfach fallen lassen zu können und hier zu bleiben. „Ja gut, Mutti, aber ich muss danach gleich gehen, Raulito muss ins Bett." „Jetzt mach doch nicht so eine Hektik, auf die paar Minuten kommt es auch nicht mehr an, oder ist es wieder wegen Raul? Da hat er halt Pech gehabt, wenn du noch nicht da bist, wenn er kommt." „Das bin wohl eher ich, die da Pech gehabt hat", waren meine Gedanken, gesagt habe ich jedoch was anderes. „Ach Mutti, er ist furchtbar!", kam es aus mir heraus. „Ich halte das nicht mehr aus, ich würde am liebsten abhauen. Er ist ein Tyrann und ein brutaler noch dazu." Meine Mutter hatte selber so einen Mann zu Hause, aber bei mir konnte sie ihre Ratschläge nicht zurückhalten. „Mein Kind, denkst du etwa, ich merke das nicht, lass dich endlich scheiden, du bist noch so jung, er versaut dir dein ganzes Leben." „Ich kann nicht mehr, aber was soll ich denn machen? Zur Scheidung würde es gar nicht mehr kommen, da er mich vorher umbringt." „Ach was, dazu wäre er nicht fähig, er tut nur so und droht damit, aber der Feigling bringt dich nicht um." „Du weißt doch, wie er mir immer wieder auflauert. Ich habe Angst, Mutti ich habe eine Scheißangst, das würde ich nicht überleben. Er ist unberechenbar, das ist ja das Schlimme. Sein Jähzorn ist grenzenlos und niemand weiß, wozu er in diesem Moment fähig ist. Vielleicht droht er nur damit, aber was, wenn nicht?"

„Kommst du mit zur Weihnachtsfeier?", fragte mich Elena am Montagmorgen im Büro. Ich zuckte zusammen, wissentlich, dass mir Raul niemals die Erlaubnis geben würde. Sollte ich ihn doch einfach fragen? „Ja na, klar komme ich mit, das wird bestimmt lustig." Ich musste das schaffen, ich wollte zu dieser Weihnachtsfeier mit meinen Kollegen. Der Termin der Feier fiel auf die Woche, in der Raul Nachtschicht hatte. Damit sanken alle Chancen für mich auf null. „Unsere Firma hat bald Weihnachtsfeier. Ich kann da nicht absagen, es gehen alle hin", sagte ich am Abend zu Raul. „Das kannst du vergessen, was willst du denn bei einer Weihnachtsfeier. Saufen und mit anderen Männern rummachen? Da hast du nichts verloren. Du bleibst zu Hause, wie sich das für dich gehört." „Ich will aber dabei sein. Du gehst doch auch zur Weihnachtsfeier in deiner Firma." „Ich bin auch ein Mann!", erwiderte er. „Sind da etwa keine Frauen dabei, weil alle Männer ihren Frauen verbieten, teilzunehmen?" „Petra", giftete er mich an. „Du gehst da nicht hin und basta. Du warst noch nie bei einer Weihnachtsfeier, wieso sollte ich dir das jetzt erlauben?" Wie ich es hasste, ihn um Erlaubnis fragen zu müssen, immer musste ich nachgeben und ihm damit zeigen, dass er die Macht über mich hatte. Wie sollte ich das jetzt meinen Kollegen erklären? Ich konnte ihnen natürlich nicht sagen, dass mein Mann mir das nicht erlaubte. „Bald ist es so weit. Wir fahren nach der Arbeit alle zusammen. Fährst du mit?", fragte mich Elena. „Ich kann leider nicht mitkommen." „Warum denn nicht, du hast doch zugesagt." Ja das hatte ich und ich hatte nicht den Mut gefunden, es abzusagen. Wie sehr wünschte ich mir Verständnis. „Es geht nicht, ich muss Raulito aus der Schule abholen", stammelte ich rum. „Erlaubt es dir Raul nicht?", kam es aus Elena heraus. „Ja, weißt du, deine Mutter hatte mal was erwähnt, dass es nicht so rosig bei euch aussieht und er dir alles verbietet." Oh Gott, was hatte meine Mutter erzählt? Ich musste sie unbedingt fragen, ich tappte nun völlig im Dunkeln und wusste nicht, was die anderen über mich wussten. Das verunsicherte mich und gab mir komischer Weise gleichzeitig Mut, mich öffnen zu können. Elena sagte es sehr vertrauenswürdig. „Ja, das ist ein Grund, er ist manchmal komisch und hat das nicht so gerne. Er liebt mich eben, aber ich muss trotzdem Raulito abholen", antwortete ich ihr beschämt.

„Na ja, du musst es wissen. Ich an deiner Stelle würde mitgehen, mein Mann dürfte mir das nicht verbieten." Ja, das sind die Antworten, mit denen ich auch immer gerechnet hatte. Ich war schuld. Es lag allein an mir, denn die anderen ließen sich so etwas nicht bieten. Ich wollte jetzt gar nicht daran denken, was ich mir alles noch bieten lassen beziehungsweise was ich noch alles über mich ergehen lassen musste. „Schade", sagte Elena mit großer Anteilnahme, „ich sage den anderen Bescheid, dann bleibt dir das erspart. Ich sage ihnen, dass du Raulito abholen musst, aber rechne damit, dass sie sich auch wundern werden." „Danke", entgegnete ich ihr mit gesenktem Blick.

Meine Ausbildung lief sehr gut für mich. Sie gab mir ein Stück Freiheit, auch wenn es nicht einfach war, Rauls fast täglichen Beschwerden darüber standzuhalten. Ich hoffte innigst, dass ich das Jahr durchhalten konnte und nicht wegen Raul alles hinschmeißen musste. Ständig war ich seinen Vorwürfen ausgesetzt. Er misstraute mir und dichtete mir unendlich viele Verhältnisse mit Lehrern und Schülern an. „Du denkst wohl, du bist was Besseres. Wenn ich es will, dann hörst du mit dieser scheiß Ausbildung auf." Nie sagte ich etwas dazu – in der Hoffnung, dass er damit nicht ernst machte und sich nicht noch mehr hineinsteigerte.

Jedes Mal, wenn ich bei der Akademie war, warteten schon alle draußen, bis es losging. Wir waren alle immer etwas früher da und unterhielten uns. Da nun auch schon alle wussten, dass ich auf Kuba gelebt hatte, waren sie auch immer wieder gespannt auf meine Erlebnisse auf Kuba. Für sie hatte ich schon die große weite Welt gesehen, denn niemandem der bis zum Mauerfall in Leipzig gelebt hatte, war das je möglich. Da waren viele neugierige Fragen zu beantworten und ich tat das auch voller Freude. Ich fühlte dabei diese Anerkennung und ich konnte sie zum Staunen bringen. Meine Erzählungen klangen für sie interessant und erlebnisreich, was sie auch zweifelsfrei waren, aber die Opfer, die ich dadurch erbracht hatte, standen in keinem Verhältnis dazu. In meinen Gedanken spielte deshalb immer ein anderer Film. Ich sah die Frauen, die ebenfalls diese Ausbildung machten, die mir fast neidisch zuhörten, doch viel mehr war ich auf sie neidisch. Ich beneidete sie um ihr freies, selbstbestimmtes Leben. Für sie war es selbstverständlich, hier diese Abendschule zu absolvieren. Keine von ihnen würde sich jede Woche die Teilnahme so erkämpfen müssen wie ich. Das war für mich tausendmal wertvoller als das, was ich zu erzählen hatte, und ich wünschte mir nichts mehr als das. Solche Momente und Situationen erinnerten mich immer wieder schmerzhaft an mein tristes Leben und diese erdrückenden Schmerzen waren schlimmer als jene, die mir Raul zufügte. Denn sie hielten viel länger an und breiteten sich in meinem ganzen Körper aus. Ich nutzte die Abende bei der Akademie, um mir dieses Freiheitsgefühl zurückzuholen, um für die wenigen Stunden in den Genuss dessen zu kommen, was ein Teil meines Überlebensmodus' war. Es war wie in einer anderen Welt. Anschließend kehrte ich wieder zurück in meine dunkel überschattete Realität.

In unserer Firma war ich für die Lehrlinge zuständig. Da ich selber erst 26 Jahre alt war, liebte ich deren Betreuung sehr. Sara, unsere neue Auszubildende, war die 18-jährige Tochter eines lieben Kollegen aus der Technik. Wir wurden sofort Freundinnen. Durch sie hatte ich nun viel mehr Gelegenheiten, um auch mal zur Berufsschule zu müssen. Wir gingen immer gemeinsam, erledigten den Temin und bummelten dann noch mindestens eine Stunde länger in der Stadt. Im Büro sagten wir nichts und niemand fragte uns, wir waren eben einfach so lange in der Berufsschule oder mussten auf die Straßenbahn warten. Das war pure Freiheit und Leichtigkeit. Da gab es keinen Raul, der es mir verbot, mich mit einer Freundin zu treffen und ich musste mich auch nicht verstecken oder Angst haben, gesehen zu werden, denn für ihn war ich arbeiten. Ich kam mir vor, als sei ich selber noch Lehrling. „Wir können doch auch mal am Abend zusammen was trinken gehen?", fragte mich Sara. Für einen Moment lang war ich mit der Antwort verlegen. Ich konnte ihr nicht sagen: „Ich darf nicht am Abend ausgehen." Für mich kam nur ein Tag, an dem ich in die Schule musste, infrage. Das waren die Tage, an denen ich mit Alibi nicht zu Hause sein musste. „Klar, das können wir machen. Lass uns das an einem Montag machen, da ich schon zwei Abende besetzt habe, wäre ein dritter zu viel. Dann schwänze ich die Schule, den Stoff kann ich nachholen." „Super, dann fragen wir noch Hanna, das wird lustig mit ihr." Hanna war die Sekretärin unseres Chefs. Mit ihr hatten wir immer eine Menge Spaß. Raul hatte in der kommenden Woche Spätschicht und mein Vater würde Raulito abholen. Ich rief ihn an: „Vati, nächsten Montag würde ich Raulito erst um neun abholen. Ich schwänze die Schule und gehe mit zwei Kolleginnen nach der Arbeit was trinken." „Kein Problem, dann soll er doch gleich bei uns schlafen und früh bringe ich ihn dann zur Schule." Ich überlegte schnell, wie und ob ich das Raul überhaupt sagte, und kam zu dem Ergebnis, es kurzfristig zu tun. Raulito hatte sich eben im letzten Moment dazu entschieden, bei seinen Großeltern zu übernachten. „Danke, das ist toll, er wird sich freuen." „Und du, wo wollt ihr überhaupt hin?" „Das wissen wir noch nicht, das wird sich finden." „Na dann viel Spaß und melde dich, falls was ist." Er wusste, dass ich keine andere Möglichkeit hatte, mir Freiraum zu verschaffen.

Endlich Montag. Wie verabredet fuhren wir drei Frauen nach der Arbeit in die Stadt und fanden auch gleich ein kleines Restaurant oder eher ein Café. Wir bestellten uns Campari Orange, obwohl ich nicht wusste, was das war. Hanna erzählte uns von ihrer glücklichen Ehe. „Mein Mann und ich waren noch nie getrennt und wir schlafen jede Nacht in einem Einzelbett zusammen." „Was, das glaub ich nicht, das würde ich nicht aushalten", kam es reflexartig aus mir heraus. „Wirklich, es ist so, wir sind unzertrennlich." „So etwas gibt es also doch", dachte ich und dennoch war es für mich kaum zu glauben und eine schreckliche Vorstellung. „Siehst du die zwei Männer da hinten?", unterbrach mich Sara. „Nein, wo?" „Schau dich mal unauffällig um." Ich schaute. „Ja und?" „Der eine schaut dich die ganze Zeit an und er sieht gut aus." „Mich? Ach was, er schaut dich an, aber ist auch egal, ich bin verheiratet." „Ich sag ja nur." „Ist schon in Ordnung", gab ich verlegen zurück und drehte mich nochmal um, währenddessen der Mann sein Glas erhob und mir zuprostete. Das war sehr befremdlich für mich. Das letzte Mal als ich aus war, war ich 17 Jahre alt. Wir lachten trotzdem alle drei zusammen darüber und verbrachten einen amüsanten und lustigen Abend. Für mich war das seit Jahren der erste Abend mit Freunden in Freiheit. Könnte es nicht immer so sein? Die große Sehnsucht danach plagte mich gewaltig. „Ich muss langsam nach Hause", sagte ich so gegen neun Uhr. „Jetzt schon?", entgegnete mir Sara. „Ach, bleib doch noch." Je später es wurde, umso desto wurde ich. Ich musste es schaffen, bis 22 Uhr zu Hause zu sein. „Es geht wirklich nicht, Raul kommt halb elf nach Hause, bis dahin muss ich da sein." Jetzt war es raus. Die Angst saß mir im Nacken und ich war deshalb nicht fähig, eine Ausrede zu finden. „Ist das so schlimm, wenn er schon vor dir da ist?" „Ja und nein", eierte ich herum, „er weiß halt nicht, wo ich bin, und ich möchte nicht, dass er sich unnötig Sorgen macht." „Na gut, dann lass und zahlen. Wir gehen alle zusammen."

Ich rannte von der Bushaltestelle nach Hause und ich wusste, dass ich es nicht mehr schaffen würde, Essen zu kochen. „Was sage ich ihm nur?", dachte ich verzweifelt. „Es brennt Licht, in unserer Wohnung ist das Licht an. Hatte ich vergessen, es auszumachen? Oh mein Gott, bitte nicht. Er ist nicht da und wenn, dann wird das heute der letzte Tag meines Lebens gewesen sein." Der Schlüssel steckte von innen. Ich kam nicht rein und klingelte. Raul öffnete die Tür und schloss sie sofort wieder. Er schrie durch die Tür. „Ich lasse dich nicht rein, du kannst im Treppenhaus übernachten." „Lass mich rein, was soll das denn, wenn das die Nachbarn hören." Die Nachbarn hatten alle schon meine Schreie gehört. Niemand hatte je etwas gesagt. Wortlos liefen sie an mir vorbei und schauten mich herablassend und verachtend an. Ich konnte ihre Gedanken lesen, wie sie mir die Schuld gaben, weil ich mir dies alles gefallen ließ und nichts unternahm und weil ich zu laut wurde, anstatt schweigend alles hinzunehmen, damit sie ihre Ruhe hatten. Aber was wussten sie schon, sie gingen mir aus dem Weg anstatt auf mich zu. Ich schämte mich zutiefst und war froh, wenn ich nie jemanden begegnete.

Ich weinte vor mich hin und wusste, dass das noch nicht alles war. Er würde noch richtig durchdrehen und ich würde es zu spüren bekommen. Eine halbe Stunde später öffnete er die Tür und zog mich mit großer Wucht in den Flur und von da aus stieß er mich ins Wohnzimmer. Durch den Stoß flog ich direkt auf unseren Glastisch. Die Scheibe zerbrach und ein Stück davon blieb in meinem Rücken stecken, ohne dass ich es wahrnahm. Er zog mich wieder hoch, um weiter auf mich einzuprügeln. „Mit mir hast du wohl nicht gerechnet, du Hure. Ich bin krankgeschrieben und das war anscheinend eine gute Idee. Wo warst du und wo ist Raulito?" „Ich war heute länger bei meinen Eltern und Raulito übernachtet dort. Geh weg und lass mich los." „Du lügst", schrie er mich wieder an und umklammerte meinen Hals noch fester, sodass ich nicht mehr in der Lage war, zu sprechen. Jetzt sah er die Glasscherbe in meinem Rücken, welche ich selbst noch nicht bemerkt hatte. Erschrocken schaute er mich an und lockerte seine Hände. „Oh Gott, Petra was ist das?" „Was, verdammt", schrie ich ihn wütend und voller Angst an. „Die Glasscheibe, warte bewege dich nicht, sie steckt in deinem Rücken." Unter Schock über das Geschehene, nahm ich nicht mehr wahr, was er mir da sagte. Ich fiel zu Boden und schloss die Augen. Er rüttelte mich. „Ich habe sie rausgenommen, du blutest. Komm hoch, steh auf." „Ich kann nicht, ich komme nicht hoch." „Bitte steh auf, ich halte dich, es blutet so viel. Oh Petra, es tut mir so leid, ich liebe dich doch, ich werde dich nie wieder verletzen, wirklich bitte glaube mir, aber steh auf." Seine Worte waren leere Worte, Worte der Lüge, die nicht den kleinsten Funken von Glaubwürdigkeit inne trugen. „Ich hasse dich, ich hasse dich", sprudelte es aus mir heraus. „Nein, bitte hasse mich nicht, ich liebe dich." Es half nichts, ich musste erstmal versuchen, mit seiner Hilfe aufzustehen. Langsam kam ich nach oben. „Zieh erstmal die Sachen aus." „Ich gehe jetzt duschen." „Aber beeile dich, damit es nicht noch mehr blutet?" Was ist das für ein geheucheltes Interesse, hatte er etwa Angst? Zugegeben, das Duschen war alles andere als angenehm. Das Wasser färbte sich rot. Mir wurde schwindlig. Ich musste schnellstens aus der Dusche raus. Mit Widerwillen musste ich zulassen, dass Raul mir die Wunde trocknete und einen Verband daraufpresste. In dem

Moment übergab ich mich und wusste nicht mehr, wie ich ins Bett gekommen war. Am nächsten Morgen stand ich auf, ich war geschwächt, aber die Wunde blutete zum Glück nicht mehr. „Bleib doch zu Hause und geh zum Arzt, lass dich krankschreiben", sagte Raul. Für kein Geld der Welt wollte ich mit ihm zu Hause sein. „Was soll ich dem Arzt sagen? Dass ich eine Glasscherbe im Rücken hatte und es mir deshalb nicht gut geht. Ich muss zur Arbeit und danach hole ich Raulito. Ich werde das alles meinen Eltern erzählen", drohte ich ihm, um wenigstens ein Stück Abwehr zu zeigen. „Das ist mir scheißegal", und da war er wieder in seiner gewohnten Aggressivität, hätte mich auch gewundert, wenn nicht.

Ich fühlte mich noch immer sehr schwach, trank eine Tasse Kaffee, nahm noch eine Schmerztablette und ging zur Arbeit. In der Straßenbahn lehnte ich mich noch mal für einen Moment lang zurück und schloss die Augen. Mein Rücken tat weh und ich konnte mich vor Schmerz nicht richtig anlehnen. An der vorletzten Haltestelle stieg Elena dazu. „Hey Petra, schläfst du noch? Das ging wohl lange bei euch gestern Abend." „Nein eigentlich nicht, wir sind um neun gegangen, aber ich bin spät ins Bett." Das sieht man dir an, du siehst sehr müde und blass aus." Ich lachte ihr verkrampft entgegen und sagte: „Heute Abend gehe ich früher ins Bett." Mir war nicht nach Reden, wenn ich jedoch nicht redete, dann könnte Elena merken, dass was nicht stimmte. Wir stiegen aus und das letzte Stück mussten wir zu Fuß weiter. „Du bist so ruhig, irgendetwas stimmt doch nicht mit dir. Was ist los? Bekommst du vielleicht Ärger mit der Schule, weil du gestern geschwänzt hast oder ist was mit Raul?" „Mit der Schule ist alles in Ordnung. Ich habe mich entschuldigt, dass ich aus familiären Gründen nicht kommen kann. Dafür haben sie Verständnis." „Was ist es dann, es hat mit Raul zu tun, nun sag schon. Du weißt, dass ich mit deiner Mutter gut befreundet bin, und sie hat das eine oder andere erwähnt, zumindest, dass du dich trennen willst, weil er so krankhaft eifersüchtig ist." „So ist es", erwiderte ich resignierend. „Aber bitte behalte es für dich, ich weiß ohnehin noch nicht, wie ich das machen soll. Er war gestern schon zu Hause, als ich kam.

In letzter Sekunde fiel mir ein, zu sagen, dass ich bei meinen Eltern war. Hat trotzdem nicht viel genützt. Er ist ausgerastet und hat mich erst nicht in die Wohnung gelassen." „Und was noch? Hat er dir was getan?" „Das auch", antwortete ich, ohne Einzelheiten wiederzugeben. „Das hätte ich nie von ihm gedacht, er ist doch so nett und lieb, wenn er dich abholen kommt." „Ja, ja das denkt jeder, das ist nur seine Fassade." „Das kannst du dir doch nicht gefallen lassen. Du musst was unternehmen. Geh zur Polizei und zeige ihn an oder was weiß ich, aber mach was." Wenn das so einfach wäre, dann hätte ich das schon längst getan." „Was soll denn daran so schwer sein?" „Er ist unvorhersehbar, ich habe einfach Angst." Wir erreichten das Betriebsgelände. „Bitte behalte es für dich", sagte ich noch einmal. „Du kannst dich darauf verlassen. Komm nachher zum Kaffee rüber zu uns ins Büro." „Bis nachher und danke." Eine unerwartete Erleichterung breitete sich in mir aus. Ohne es zu wollen, hatte ich darüber gesprochen und es tat so gut. Es tat gut, mich nicht verstellen zu müssen. Ich hatte einfach keine Kraft mehr, mein anderes Ich auf Abruf hervorzuholen. Diese zweite Persönlichkeit kostete mich so viel Kraft und belastete mich hochgradig. Sie raubte mir meine ganze Energie, Energie, die ich brauchte, um mich jeden Abend aufs Neue zu verteidigen, der Gewalt von Raul standzuhalten und das alles weiter auszuhalten. Ich beschloss, mich jetzt sofort von dieser zweiten Persönlichkeit zu trennen, sie wegzuschicken, ohne Rückkehr in mein Leben. Ich wollte dieses zweite Ich nicht mehr, es gehörte nicht mehr zu mir. Eine große Last fiel plötzlich und unmittelbar von mir ab. „Danke Elena!", sandte ich in dem Moment unbewusst ins Universum. Es war ein erster Schritt, der sich so gut anfühlte. Ein erster Schritt, eines noch vor mir liegenden langen Weges, der einen Stein ins Rollen brachte und die erlebte Gewalt von gestern Abend in den Hintergrund rücken ließ. Mein Gesicht erhellte sich vor Glücksgefühlen und so trat ich in unser Büro ein. „Du strahlst ja richtig", begrüßte mich Rosemarie. „Ihr müsst ja einen schönen Abend gehabt haben." „Das war er, wir hatten sehr viel Spaß zusammen." „Und nun kann der neue Tag beginnen", fügte ich gedanklich hinzu.

Nach der Arbeit holte ich Raulito aus der Schule. Raul tat, als wäre nichts gewesen. Er hatte wie immer nichts gemacht und ich begann, wie gewohnt das Essen zu kochen und alle häuslichen Pflichten abzuarbeiten. „Ich werde mich scheiden lassen", sprudelte es plötzlich aus mir heraus, als Raulito im Bett war. Dieser heutige Tag hatte so eine Angstfreiheit in mir hinterlassen, dass ich jetzt bereit war, die Konsequenzen in den Kauf zu nehmen. Gestern war ich vielleicht dem Tod noch mal davongekommen und ich wusste nun, wie es ist, dem Tod ins Auge zu schauen. Statt dass es mich noch mehr verängstigte, schöpfte ich unbewusst diese Kraft daraus. „Was hast du gesagt, schau mich an", forderte Raul mich auf. „Du hast richtig gehört, oder denkst du, dass ich das noch mein ganzes Leben so mitmachen will?" „Du hast einen anderen, ich habe es immer gewusst. Wenn du dich scheiden lässt, dann bringe ich dich um. Du gehörst mir und wirst niemals jemandem anderen gehören", sagte er jähzornig und umklammert dabei wieder meinen Hals und drückte kurz zu. „Ich weiß, drück doch zu, bring mich doch um", gab ich zurück und spürte, wie auch die Angst zurückkam. Sie hatte immer Oberhand, diese scheiß Angst, die schon allein nur sein Gesichtsausdruck in mir auslösen konnte. Schweigend verließ ich den Raum und Raul tat so, als hätte ich nie von Scheidung gesprochen. Ich konnte kaum glauben, was ich da sagte, ohne zu wissen, dass das meine nächste Eintrittskarte zur Hölle war. In mir nahm diese Vorstellung langsam Gestalt an. Eine Flut von Gedanken kreiste in meinem Kopf. Ich muss es wenigstens versuchen, nur um zu wissen, welchen Verlauf das Ganze annahm. Bei der nächsten Gelegenheit würde ich mit Maria und meinen Eltern darüber sprechen. Am liebsten hätte ich das sofort getan, damit ich nicht wieder einen Rückzieher machte.

Freitag holte ich Raulito wieder bei meinen Eltern ab. „Komm setz dich hin und iss erstmal was. Wir haben dir was übriggelassen und morgen ist Samstag", sagte mein Vater. Raulito schaute ausnahmsweise Fernsehen und das war für den heutigen Freitag in Ordnung. Wir saßen in der Küche. „Wie war es am Montag mit deinen Kolleginnen?" „Es war schön, aber als ich nach Hause kam, war Raul schon da. Er ist schon wieder krankgeschrieben." „Und da hält er es nicht für nötig seinen Sohn bei uns abzuholen, wenn er schon zu Hause ist", regte sich meine Mutter auf. „So ist er, das interessiert ihn nicht. Für ihn war es wichtiger, auf mich zu warten und mir eine Szene zu machen." „Was hat er gemacht? Hat er dich geschlagen?", fragte mein Vater. „Er hat mich nicht in die Wohnung gelassen und dann als ich endlich hineindurfte, fing er an." Ich erzählte alle Einzelheiten, nur nicht, dass ich so stark blutete. Sicher hätten sie mir dann Vorwürfe gemacht, nicht zum Arzt gegangen zu sein. Das wäre mir in der jetzigen Situation zu viel gewesen. Es war schon schwer genug für mich, darüber zu sprechen. „Ich will mich scheiden lassen", schloss ich ab. „Das schaffst du doch sowieso nicht", gab mein Vater zu seinem Besten. „Ach hör doch auf, entmutige sie doch nicht noch!", kam es von meiner Mutter. Nachdem sich die beiden ihren Schlagabtausch gegeben hatten, kamen sie wieder zurück zur eigentlichen Sache. „Dann lass dich scheiden, warte nicht noch länger. Du wirst sehen, wenn die Scheidung läuft, dann ist alles nur noch eine Frage der Zeit und lass dich bitte nicht wieder einschüchtern", mahnte mein Vater. Nur der Gedanke brachte mich innerlich zum Zittern und mir wurde ganz kalt. Zuerst kam ein Anflug von Mut in mir hoch, während ich darüber sprach und in Sekundenschnelle schaltete sich meine Vorstellungskraft ein und die Angst kam zurück. „Warum, verdammt, reicht meine Vorstellungskraft immer nur für all die Eventualitäten was mir alles passiert oder passieren könnte, was er mir antun wird?" Zudem sah ich das Schlimmste, was eintreten könnte, dass Raul seine Drohung wahrmacht. Diese Vorstellung hatte ich akzeptiert. Auch dazu war ich inzwischen bereit, Hauptsache, er machte es schnell. Das genau erkannte ich in diesem Moment. Wenn ich alles durchgestanden hatte, dann gab es keine Angst mehr. Das hieß für mich, ich brauchte Durchhaltevermögen. Hatte ich das nicht bereits? Ich wusste es nicht, Zweifel immer wieder Zweifel in Begleitung von Angst, großer Angst. Jetzt saß ich bei meinen Eltern, was auch immer je passiert war, aber in diesem Moment gaben sie mir Halt allein durch ihren Zuspruch. „Was, wenn sie nicht da sind, wenn ich wieder allein zu Hause bin? Ich schaffe das nicht", war meine Antwort, die mich wieder entmutigte.

Es war spät, als ich nach Hause kam. Raulito war bei mir, das war mein großer Vorteil. Raul erwartete uns schon wütend. Vor ein paar Minuten saß ich noch leicht beflügelt mit Raulito in der Straßenbahn und jetzt musste ich mich gleich wieder auf die Programmänderung einstellen. Als Raulito schlief, fing Raul an mit Vorwürfen. Er attackierte mich ständig verbal und physisch, während ich sein Essen kochte. Er war den ganzen Tag zu Hause und hatte nicht mal gekocht und damit auf mich gewartet. Als Mann wird nicht gekocht, das war unter seiner Würde, dafür sind einzig und allein die Frauen zuständig. Was für eine Strapaze für mich, das ganze Wochenende mit ihm stand mir noch bevor. Da es so schon kaum auszuhalten war, entschied ich, kein Wort von Scheidung zu reden.

Montag wurde ich von liebevollen Kollegen empfangen. Eine Wohltat für mein angeschlagenes Gemüt. Mein Bedürfnis, mit jemandem zu reden, war so stark. Ich musste darüber sprechen. Mir wurde klar, je mehr Leuten ich es erzähle, desto größer war meine Chance, das Vorhaben umzusetzen und durchzuhalten. Dann gab es kein Zurück mehr, weil ich die Erwartungen der Personen erfüllte, denen ich es erzählt hatte. Deren Erwartungen, welche schlussendlich meine eigenen Erwartungen waren, ich aber zu schwach war, sie als meine anzuerkennen. Ich brauchte diese emotionale, unausgesprochene Unterstützung, um stark genug zu sein und zu bleiben. Dieser Prozess in mir fand unbewusst statt, dadurch die geballte Energie meiner Kollegen und Familie zu bekommen und zu nutzen. Der Gedanke stärkte mich. „Ich will die Scheidung und zwar für mich und für meinen Sohn. Ich will endlich frei sein. Raulito soll mit einer glücklichen Mutter erwachsen werden und nicht mit einer abgeschlagenen und von Gewalt gezeichneten Person!"

Rosemarie war schon im Büro, das war meistens der Fall, denn ich kam immer auf den letzten Drücker. Ich freute mich wieder, sehr sie zu sehen. Sie war die Ruhe selbst. Immer brachte sie mir was zu Naschen mit oder Kostproben ihrer Kochkünste. Rosemarie erzählte mir viel über ihren Sohn. Er war so alt wie ich und sie vermisste ihre Enkelkinder, da er in Berlin wohnte. Für sie war ich die Ersatztochter und sie wollte alles über Raulito wissen. Was hatte ich für ein Glück, meine Lebenszeit mit so lieben Menschen teilen zu können. Ich bemerkte auch wie sich mein gequälter Geist und mein missbrauchter Körper tagsüber von den Missetaten, die ich zu Hause erlebte, erholen konnten. „Lass uns rüber zu den anderen Kollegen gehen und einen Kaffee trinken", forderte Rosemarie mich auf. „Oh ja, ich höre sie schon alle lachen." Wir gingen nach nebenan und setzten uns zu ihnen an den großen Tisch. Nach zehn Minuten Unterhaltung ging Rosemarie wieder rüber, ich blieb noch mit den anderen sitzen. Elena schaute mich an, als ich so teilnahmslos still wurde. „Was ist los, Petra?" „Ich werde mich scheiden lassen", brach es aus mir heraus. Sie sah mich mit offenem Mund an. „Du hast richtig gehört. Ich weiß nur noch nicht, was ich tun muss, aber mein Entschluss steht fest." „Du musst zum Gericht gehen. Dort erfährst du, wie du vorgehen musst. Auf jeden Fall wirst du eine Klageschrift schreiben müssen. Ich helfe dir da gerne dabei", kam es aus der Ecke von Kamilla. „Wow, danke, aber was ist eine Klageschrift?" „Du beschreibst darin den Verlauf deiner Ehe und musst begründen, warum du dich scheiden lassen willst. Ach ja, bei der Gelegenheit, warum willst du dich scheiden lassen?" Alle Blicke richteten sich fragend auf mich. Die Blicke der fünf Frauen und des einen Mannes. „Ich kann nicht mehr, ich halte es nicht mehr aus und ich will nicht mehr mit Raul zusammen sein. Seine krankhafte Eifersucht bringt mich um. Ich habe kein eigenes Leben, er erlaubt mir nichts und er ist gewalttätig", schloss ich ohne Einzelheiten ab. Gleichzeitig fühlte ich wieder die Schuld, wegen der Banalitäten ließ man sich doch nicht scheiden und hoffte, keine Anschuldigungen hören zu müssen. „Endlich bist du so weit!", gab Elena zur Antwort. „Deine Mutter hat mir einiges erzählt. Wie du zum Beispiel deine blauen Flecke überschminkst, wie er dir jeden Mann andichtet und dass deine Knutschflecke keine sind, sondern Würgemahle. Dass du das überhaupt so lange mitgemacht hast, ist mir ein Rätsel und so ist es, Leute", richtete sie sich an die anderen Kollegen. „Ja, so ist es und vieles mehr!", antwortete ich unter Tränen und fuhr fort. „Ich habe Angst vor ihm, es wird schwer für mich, das Ganze durchzustehen." „Du schaffst das, wir helfen dir. Sobald du bei Gericht warst, fangen wir an mit der Klageschrift und bis dahin wird dein Mann erstmal nichts mitbekommen", sagte Kamilla. Nun wussten es alle und das war gut so. Endlich konnte ich darüber sprechen. Ich war so froh, dass sie Verständnis hatten und dass Elena das Wort ergriffen hatte. So blieb mir das erspart und sie glaubten mir, anstatt mich als Schuldige abzustempeln. Als ich wieder in mein Büro zurückkam, sagte Rosemarie: „Du warst lange weg, warum war es plötzlich so still, ich habe euch gar nicht mehr lachen hören." „Du warst leider schon weg, aber du sollst es auch erfahren. Ich werde mich scheiden lassen. Das habe ich den anderen erzählt und deshalb die Stille." „Ach, Kind, ich hatte das schon vermutet, dass irgendwas nicht stimmt. Immer diese Ausreden von dir, auch damals, als das mit deiner Hand passiert ist. Eine Scheidung ist nichts Schönes, aber wenn es nicht mehr geht, dann musst du die Reißleine ziehen."

Es war Spätsommer 1989 und politisch wurde es immer unruhiger. Vieles schien undurchsichtig und auch geheimnisvoll. Eine meiner Kolleginnen durfte sogar nach Westdeutschland reisen. Eine Verwandte heiratete und da bekam sie die Genehmigung, auf Besuch für zehn Tage in die BRD zu reisen. Alle sagten, sie käme nicht wieder zurück. Ich konnte das nicht glauben, sie würde zu viel zurücklassen müssen. Doch dann stellte sich heraus, dass die anderen recht hatten. Sie kam nicht mehr, sie blieb in der BRD und nahm damit in den Kauf, niemals mehr in die DDR kommen zu können und ihre Familie wiederzusehen. Auch wenn die Leute behaupteten, nie die Absicht zu haben, in die BRD auszureisen, fiel es jedem schwer, das zu glauben. Jetzt gab es auch offene Grenzen zwischen Ungarn und Österreich, die große Fluchtwelle aus der DDR. Die Menschen, die mich umgaben, waren plötzlich so ruhig, planten sie eine Flucht? Ich war so in meinem Kokon gefangen, dass meine Wahrnehmung verschleiert war, bis Maria mir eines Tages sagte, dass sie am liebsten fliehen würde. „Wohin denn nur?", dachte ich. „Ist das ihr Ernst?" Die Montagsdemonstrationen fingen an und von Schießbefehl war die Rede. Niemand wusste, ob da was dran war und woher diese Informationen überhaupt kamen. Jeder, der was wusste, war auch gleichzeitig verdächtig, ein Insider zu sein. Zugegeben jeder Tag war aufs Neue spannend, aber jede neue Nachricht war auch bedenklich. Wo führte das alles hin?

Ich war noch immer nicht bei Gericht. Es kostete mich große Überwindung, diesen Schritt zu tun. Ständig sah ich die Konsequenzen vor meinen Augen. Maria hatte ich inzwischen auch von meinen Plänen erzählt. „Das glaube ich erst, wenn es so weit ist, dass du dich scheiden lässt." Dabei sah ich sie nur verzweifelt an und wusste, dass sie recht hatte. Mir konnte man das erst glauben, wenn es so weit war. Sie rief mich im Büro an. „Schwesterchen, warst du jetzt mal beim Gericht?" „Nein." „Wie lange willst du noch warten? Es ist jetzt schon mindestens fünf Wochen her. Zieh das jetzt bitte durch. Was muss ich tun?" „Nichts, wirklich nichts. Ich fahre nächsten Dienstag nach der Arbeit zum Gericht, wenn Raul Spätschicht hat, versprochen." „Dann ruf ich dich am Mittwoch wieder an." Ihre Hartnäckigkeit zeigte Wirkung bei mir. Ich wusste, wenn ich es jetzt nicht bald mache, dann bekam ich nie mehr diese mentale Unterstützung und was noch schlimmer war, es würde mir niemand mehr glauben, dass ich diese Absicht ernst meinte.

Freitag schwänzte ich wieder die Schule. Elena kam zu uns ins Büro und fragte mich und Rosemarie: „Habt ihr Lust, am Freitag mit ins Kino zu gehen? Die Mädels von nebenan kommen alle mit. Es läuft ein super Film, Dirty Dancing, das ist ganz sicher was für dich Petra. Du kannst doch so gut tanzen und hast doch in Kuba auch viel getanzt." „Ja klar, ich komme mit." Rosemarie lehnte ab, sie hatte schon andere Pläne für Freitag. Meine Eltern informierte ich, dass ich Raulito etwas später abhole, weil ich ins Kino ging. Der Freitag kam und nach der Arbeit fuhren wir alle in die Stadt. Carola hatte für uns alle Karten reserviert, denn der Film war restlos ausverkauft. Es wurde dunkel und der

Film fing an. Fasziniert sah ich zu und meine Fantasie entführte mich in eine andere Welt, in eine Welt, in die ich unbedingt eintauchen wollte. Die Musik ließ mein Herz höherschlagen. Ich wollte aufstehen und tanzen. Fast zwei Stunden lang war ich beseelt und verzaubert von den Tänzern und den Rhythmen. Die ganze Zeit sah ich mich in diesem Film. Dieser Film rüttelte mich wach. Er zeigte mir, dass ich so wie jetzt nicht weiterleben will, obwohl die Story an sich nicht das Geringste mit meiner Situation zu tun hatte. Es war die Musik und das Tanzen, was mich faszinierte und mir aufzeigte, wenn ich das auch möchte, muss ich frei sein und das wollte ich zweifelsfrei mit jeder Faser meines Körpers. Während des Films kam ich mit mir selbst in Berührung, mit dem Menschen, der ich in Wirklichkeit war. Ich hatte mich selbst wieder gespürt und das wollte ausgelebt werden, das war ich. Eine tiefgreifende Veränderung in mir, die ich unter allen Umständen vollziehen wollte, die mich wieder lebendig machte. Der Film war der letzte Auslöser, der mir die Kraft gab, am Dienstag ganz gewiss zum Gericht zu gehen. Nun war er zu Ende und ich dachte: „Ich will jetzt nicht zurück in die Realität!" Und so versuchte ich, mir dieses Gefühl von Dirty Dancing lange zu erhalten. Ich nahm mir vor, ihn immer wieder in meine Erinnerung zu holen, sobald ich ins Wanken kam und die Angst wieder stärker wurde. So hatte dieser Film den wahrscheinlich größten Einfluss auf mich genommen, der mich aufrecht hielt. Irgendwie musste ich es schaffen, mir die gesamte Musik des Films zu besorgen.

Meine Eltern bestanden darauf, dass ich noch eine Weile bei ihnen bleibe, als ich Raulito abholte. „Jetzt iss erstmal was und erzähl mir von dem Film, der ja so gut sein soll", sagte meine Mutter. „Es war ein großartiger Film", und ich erzählte alle Details. „Ich will auch so leben, ich will auch so tanzen, wann immer ich will." „Das wirst du mein Kind, wir ziehen das jetzt gemeinsam durch." „Danke Mutti, ich liebe dich." „Was haben die bei Gericht gesagt?" „Ich war noch nicht dort, die täglichen Wutausbrüche von Raul haben mich wieder so im Griff. Er weiß, dass ich die Scheidung will und er droht mir immer wieder, mich umzubringen. Aber am Dienstag werde ich zum Gericht gehen, das steht jetzt fest." „Wir müssen zur Polizei, es hilft nichts", meldete sich mein Vater zu Wort.

Es war schon 22 Uhr, als ich nach Hause kam. Raul stand tobsüchtig im Flur. Mit seinem Ausbruch wartete er, bis Raulito im Bett war. „Was fällt dir ein, so spät nach Hause zu kommen. Du denkst wohl, du kannst dir alles erlauben. Und mein Essen, wo ist mein Essen? Du weißt, was ich mit dir mache, wenn du so weitermachst. Ich töte dich, du Hure, dann kann ich endlich mit meinem Kind wieder nach Kuba zurück." Währenddessen stieß er mich hin und her, mal gegen den Schrank, mal gegen den Tisch in der Küche. Immer wieder fiel ich zu Boden und musste schnellstmöglich wieder aufstehen, da ich am Boden absolut wehrlos war und er vielleicht noch zutrat oder mich an den Haaren hochzog. Seine Wut und sein Jähzorn waren unkalkulierbar. Meine Arme würden morgen wieder voller Hämatome und blau sein. Die schlimmste Drohung für mich war, wenn er immer wieder davon sprach, mit Raulito nach Kuba zu gehen. Raulito hatte immer noch seinen kubanischen Pass. Raul hatte ihn an sich genommen und ich wusste nicht, wo er war. Vermutlich hatte er ihn bei seiner Arbeit, damit ich keinesfalls rankomme. „Lass mich doch endlich in Ruhe, die Nachbarn hören alles." „Ja, weil du so schreist, dann hör auf zu schreien." Umso lauter wurde ich jetzt. „Ich hasse dich, du widerst mich an, verschwinde aus meinem Leben. Ich lasse mich scheiden und wenn du mich tötest, dann bin ich wenigstens geschieden von dir." „Das hättest du wohl gerne, dass ich aus deinem Leben verschwinde. Niemals, das verspreche ich dir." „Ich gehe jetzt duschen, du kannst dir das Essen von gestern warm machen. Es ist noch was übrig." Ich wusste, dass ich irgendwie die Normalität wiederherstellen musste. Diese Ausbrüche konnte unmöglich die ganze Nacht anhalten. Während ich unter der Dusche war, hörte ich nicht, wie Raul reinkam und meine Sachen und die Handtücher mitnahm. Ich bemerkte es erst, als ich fertig war. Beim Hinausgehen stellte ich nun auch noch fest, dass er die Tür abgeschlossen hatte. „Mach die Tür auf, lass mich raus. Hör doch bitte auf mit dem Terror", rief ich verzweifelt. Er erwiderte darauf: „Du kannst die ganze Nacht dadrinnen bleiben." Dann wurde es still. Mir war so kalt, ich hockte mich an die Waschmaschine und umschlang mit den Armen meinen Körper, um das Zittern nicht so stark zu spüren. Ich wollte nur noch tot sein, ein schnelles Ende dieses Martyriums. Was hatte er vor? Warum nur wollte er mir immer wieder Leid zufügen, hemmungslos und auf grausame Weise tat er mir dieses Leid an. Wofür wollte er mich ständig bestrafen. Ich hörte ihn in der Küche, er würdenn sich sein Essen machen. Es vergingen Stunde,n bis er die Tür aufmachte, ich konnte meinen Körper nicht bedecken. Ein Loch im Boden sollte sich auftun, damit ich in ihm abtauchen konnte. So oft träumte ich diesen Traum: Der Boden unter mir öffnet sich und bevor ich Gewalt erfahren muss, bin ich in das Loch gesunken und über mir hat es sich verschlossen. Dann stand ich auf der wunderschönen Sommerwiese von Frau Holle voller Blumen. Glücklich bei Sonne ging ich über die Wiese und holte das fertige Brot aus dem Ofen. Danach kam ich zum Apfelbaum und schüttelte ihn, bis alle Äpfel am Boden lagen. Im Traum konnte ich zaubern. Hier jedoch nicht. Er packte mich an den Haaren nach oben und nahm sich noch auf dem Flur, was er brauchte. Mich zu wehren, war zwecklos und ich spürte wieder und wieder den tiefen Hass, der sich wie wachsender Efeu mit seinen kleinen gezackten Blättern um mein Herz schlang. Wie lange noch, wie lange noch sollte ich das ertragen müssen? In Kuba hatte er sich mit seiner Gewalt zurückgehalten. Doch jetzt, die Zeit, seit wir wieder in Deutschland waren, war von mehr Gewalt geprägt als all die Jahre zuvor. Raul hat alles nachgeholt, was er in Kuba versäumt hatte. Ganz egal, wie es nun ausging, ich musste zum Gericht und würde dabei an Dirty Dancing denken, auch wenn mir das im Moment sehr schwerfiel.

Am Dienstag fuhr ich zu Gericht. Ich hörte früher auf zu arbeiten, um noch zur Polizei zu gehen und auch pünktlich zu Hause zu sein. Meine Arme waren immer noch blau und unter meiner Kleidung verbargen sich weitere Spuren von Gewalt. „Sie wünschen", begrüßte mich die Dame beim Gericht. „Ich möchte die Scheidung von meinem Ehemann beantragen. Können Sie mir bitte sagen, was ich tun muss. Bin ich da bei Ihnen richtig?" „Ja, da sind Sie hier richtig." Nachdem ich ihr alle meine Personalien nannte, gab sie mir ein Formular. „Füllen Sie das Formular bitte aus und reichen Sie das zusammen mit der Klageschrift ein. Beschreiben Sie alles bitte ganz genau. Der Richter muss sich schließlich ein Bild machen, ob der Scheidungsantrag gerechtfertigt ist. Sie können es abgeben, aber Sie können es auch mit der Post schicken. Mein Rat an Sie, geben Sie es lieber persönlich ab." Das war eine ausführliche Ansage und das war es auch schon. „So schnell ging das", dachte ich. Ich fühlte mich erleichtert. Das Formular würde ich morgen im Büro lassen, damit Raul es nicht fand. Mein Weg führte weiter zur Polizei. Ich trat ein begrüßte den Beamten und sagte meinen Namen. „Ich möchte meinen Ehemann anzeigen, ich weiß mir leider keinen anderen Rat mehr." „Sie wollen Ihren eigenen Mann anzeigen?" „Ja, deshalb bin ich gekommen, er ist sehr gewalttätig. Ich will die Scheidung und er droht mir, mich umzubringen. „Na so schlimm wird es schon nicht sein." „Und ob es das ist, das geht jetzt schon Jahre. Hier schauen Sie mich an", sagte ich erregt und zeigte meine Arme. „Gute Frau, das könnten Sie sich auch selber zugefügt haben." „Was sagen Sie da, Sie glauben mir nicht? Wie soll ich mir selber so etwa zufügen?" „Na ja, ich müsste Ihren Mann dazu befragen und das bringt bekanntlich nichts. Denn wir von der Polizei dürfen erst einschreiten, wenn wir zur Tatzeit gerufen werden. Rufen Sie uns doch an, wenn er wieder gewalttätig wird, dann stellen wir ihn auf frischer Tat, sozusagen", gab er mir zur Antwort und lächelte dabei. Ich war fassungslos und für einen Moment sprachlos. „Wie soll ich Sie denn anrufen, wir haben kein Telefon. Soll ich ihm sagen, warte mal kurz, bevor du weitermachst, ich muss erst mal die Polizei rufen, damit die sich schon mal auf den Weg machen kann. Bitte tun Sie was, es muss eine Möglichkeit geben. Ich kann nicht mehr." „Wie schon gesagt, Sie müssen uns anrufen. Vielleicht haben Sie ja eine Telefonzelle in der Nähe. Ich nehme jedoch jetzt mal auf, dass Sie hier waren, falls doch mal was passiert." Die Tatsache, dass ich von der Polizei keine Hilfe zu erwarten hatte, machte mich fast ohnmächtig. Obwohl ich musste, konnte ich das nicht glauben und fühlte mich machtlos.

Mittwochmorgen kam ich ins Büro. „Und wie war es bei Gericht?", fragte mich Kamilla. „Ich habe hier das Formular bekommen und muss noch die Klageschrift schreiben, wie du gesagt hattest." „Dann lass uns gleich nachher mal damit anfangen. Du kannst schon mal die Chronologie machen. Also sprich, seit wann zusammen, wann geheiratet und wie das so alles gekommen ist." Inzwischen hatte auch ich in dem Büro der Mädels gearbeitet, da Anita schwanger war und nun zu Hause war. So hatte ich die Gelegenheit, ihren Job zu übernehmen. Das ergab sich alles ganz kurzfristig, innerhalb einer Woche. Rosemarie besuchte ich trotzdem täglich und sie kam immer zu uns zum Kaffee rüber. Bei unserem Arbeitspensum war es auch gar kein Problem, mal so nebenbei die Klageschrift zu schreiben. Natürlich tat ich das heimlich, ohne dass der Chef etwas davon mitbekam. Zu Hause hätte ich das nicht schreiben können und ich war froh, dass Kamilla mir dabei half. Ich schrieb alles mit der Hand und Kamilla diktierte mir hin und wieder, als ich die Einzelheiten beschrieb. Sie war sehr gut darin, vor allem bezog sie sich immer wieder auf die Zukunft, was das alles für mich und meinen Sohn für erschwerende Folgen haben könnte. So gut hätte ich das niemals niederschreiben können.

Zwei Wochen später gab ich alles ab und wusste nicht, wie das jetzt weitergehen und wie lange es dauern würde. Raul erzählte ich nichts. Ich musste jetzt alles auf mich zukommen lassen. In der Zeit, bis es so weit war, wollte ich keine unnötige Konfrontation wegen der Scheidung. Denn das würde schon von ganz allein auf mich zukommen. Nur wusste ich noch nicht, wie.

Einige Wochen später plante Elena einen Kegelabend für alle Kollegen. „Du kommst dieses Mal auch mit", sagte sie zu mir. „Ja, natürlich komme ich mit", und ich wusste, dass ich alles tun würde, um dabei zu sein. Am Wochenende sagte ich Raul: „Nächsten Freitag gehen wir alle zum Kegeln und ich werde mitgehen, ich werde dann auch nicht in die Schule gehen." Es waren Schulferien und das sagte ich ihm nicht und diese zwei Tage der Woche ließ ich mir für mich offen. „Ja, dann geh doch mit, ich habe Frühschicht und kümmere mich um Raulito." Was hatte er da gesagt? Das glaubte ich nicht. Er ließ mich ohne Einwand dabei sein. „Was ist plötzlich los? Ohne eine Gegenwehr sagst du Ja." „Ich habe ein Schreiben vom Gericht bekommen mit alle dem, was du denen geschrieben hast. Wieso hast du denen alles geschrieben? Was hast du gemacht? Du meinst es also tatsächlich ernst." Er meinte die Klageschrift. Um Gottes willen, er hatte sie bekommen und ich wusste nichts davon. Ich wusste nicht, dass er das vom Gericht zugeschickt bekam. Hätte ich doch nur nochmal nachgefragt. „Bitte lass dich nicht scheiden. Du kannst machen, was du willst. Ich werde dir jetzt alles erlauben. Aber bitte keine Scheidung. Ich liebe dich und ich will immer mit dir zusammen sein." Für immer mit ihm zusammen, eine grauenhafte Vorstellung für mich. „Ich werde mich am Kegelabend betrinken", sagte ich ihm, ohne auf sein Gejammer einzugehen. „Ja, das kannst du doch gerne machen, aber bitte lass dich nicht scheiden." „Doch, ich lasse mich scheiden." „Das machst du nicht, ich kenne dich, nimm den Antrag zurück, bitte." Ich antwortete nicht mehr. Wer weiß, wie er seine Meinung bis nächsten Freitag noch änderte. Die ganze Woche war Raul wie gezähmt. Er kochte sogar und half mir beim Geschirr spülen. Immer wieder sagte er: „Ich liebe dich!" Und ich antwortete: „Ich weiß", und drehte mich weg. Dieser Wandel gefiel mir gar nicht. Etwas daran war eigenartig. Ich traute ihm nicht und rechnete jeden Moment damit, dass es umschlägt. Deshalb versuchte ich, so unauffällig wie möglich zu sein, um ihm keinen Anlass für einen seiner Wutausbrüche zu geben.

Der Kegelabend am Freitag war wunderbar. Nach der Arbeit fuhren wir alle zusammen in den Gasthof. Wir hatten so viel Spaß und ich trank Kirschwhisky, leider auch zu viel davon. Es war spät, so gegen 22 Uhr als ich nach Hause kam und ich war betrunken. Raul sagte keinen Ton, er war wie ausgewechselt. Da er nichts sagte, sagte ich zu ihm in meinem alkoholisierten Leichtsinn. „Einmal Arschloch, immer Arschloch." Und jetzt wurde er auch schon wieder wütend. Hatte ich es doch gewusst, diese geheuchelte Reue hielt nicht lange an. Das Schöne daran war jedoch, dass ich dank Kirschwhisky nur darüber lachen konnte. „Petra!", schrie er. „Wie redest du mit mir? Ist das das Leben was du willst? Vergiss es, das kannst du dir abschminken, genauso wie die Scheidung. Du nimmst die Scheidung zurück. Das befehle ich dir. Oder hast du etwa gedacht, dass ich dich weiterhin anbetteln werde. Wir gehen da nächste Woche zusammen hin, dass das klar ist." Ich wollte nicht hören, was er da sagte. „Nein und tausendmal nein", schrie es in mir. Dirty Dancing, ich musste an Dirty Dancing denken. „Ich gehe nicht mit dir dahin, alle wissen es. Meine Kollegen, meine Schwester und natürlich auch meine Eltern. Niemals werde ich die Scheidung zurückziehen, vorher sterbe ich." „Dann stirbst du eben. Was willst du denn machen, willst du etwa ausziehen? Es gibt keine Wohnungen, das weißt du", erwiderte er und packte mich wieder fest am Hals und drückte zu. Mir wurde schlecht, ich musste mich übergeben und drohte fast, daran zu ersticken, denn Raul hatte immer noch seine Hände fest an meinem Hals. Am nächsten Morgen hatte ich starke Kopfschmerzen und wollte nur meine Ruhe. Raul fing wieder an und war nun wieder kleinlaut. „Was soll das denn?", fragte ich mich. Ich wusste nicht, wie ich damit umgehen sollte. Nur eines wusste ich. Dienstag würde ich früher aus dem Büro gehen, um Rauls Auflauern zu entgehen, damit er mich nicht zum Gericht zerrte.

Ich schaffte es für eine ganze Weile seinem Befehl, die Scheidung zurückzuziehen, zu entkommen. Auch bedingt durch seinen Schichtdienst. Doch Raul wurde nun immer ungehaltener. „Du gehörst mir. Es wird keine Scheidung geben." Immer wieder wurde er gewalttätig und vergewaltigte mich.

Ende September war ich fertig mit der Abendschule. Ich hatte mit Bravour bestanden und mein Chef sprach dieses Lob vor allen Kollegen aus. Ich war so glücklich und stolz. In der Schule planten sie eine Abschlussfeier. Natürlich musste ich da dabei sein. Mit meinen Eltern hatte ich alles organisiert, damit Raulito bei ihnen übernachten konnte. Es gab eine offizielle Zeugnisübergabe und anschließend Abendessen mit Umtrunk. Alle waren happy und ich spürte diese Freude der anderen. Bei mir waren es gemischte Gefühle, da ich wusste, was mich wieder erwartete, wenn ich nach Hause kam. Obwohl die Scheidung lief, hatte ich keine Freiheiten. Die kleinen Portionen, die ich mir an Freiheit nahm, musste ich jedes Mal teuer bezahlen. Raul wusste nicht, wo ich war, auch nicht, dass Raulito bei meinen Eltern übernachtete. Dadurch war sein Jähzorn umso größer, als ich nach Hause kam. „Wo kommst du so spät her? Wo warst du?", griff er mich an. „Ich habe heute mein Zeugnis bekommen und danach gab es eine kleine Feier." „Ach was du nicht sagst, eine kleine Feier. Die anderen können doch feiern, aber du nicht und das weißt du. Wieso bist du dageblieben? Hast du wieder mit anderen Männern rumgemacht. Komm her, ich will das sehen." Er zog mich ins Schlafzimmer und riss mir meine Kleider runter. Mit einer Wucht stieß er mich aufs Bett und tastete jede Stelle meines Körpers ab. Hass, Wut und Abscheu stiegen in mir hoch. Hätte ich jetzt ein Messer gehabt, dann hätte ich es in ihn gestoßen. Ich lag auf dem Rücken und er war über mir. Er griff mit der Hand in mich hinein und schrie mich an. „Und was ist das? Das ist von einem anderen Mann. Du hast mit einem anderen geschlafen, du Hure." „Nein habe ich nicht. Nein verdammt nochmal nein, hau ab", schrie ich ihn an. In dem Moment nahm er das Kissen neben mir und drückte mir es auf mein Gesicht. Ich strampelte, versuchte, das Kissen von meinem Gesicht zu lösen, aber es gelang mir nicht. Er war stärker und drückte das Kissen nur noch fester drauf. Ich bekam keine Luft mehr, die schrecklichsten, grauenvollsten und panischsten Sekunden meines Lebens. „Warum geht das so lange, bis ich tot bin?" Ich hatte nun keine Kraft mehr, mich zu bewegen, und drohte zu ersticken und den Überlebenskampf zu verlieren. Er nahm das Kissen weg und sah mich mit einem widerwärtigen Blick an. Ich schnappte nach Luft und traute nicht, mich zu bewegen. Die Angst, er könnte das Kissen nochmal auflegen, steckte tief in mir, denn immer noch rang ich nach Luft. Heiße Tränen rannen über mein Gesicht. „Siehst du, so schnell geht das, wenn du nicht gehorchst", lachte er siegreich und ekelhaft und sein Blick traf mich wie ein Pfeil mitten ins Herz. Dabei hielt er meine Arme fest und stieß in mich hinein und vergewaltigte mich wieder und wieder und strafte mich zusätzlich mit abscheulichen Worten, während ich mich meinem Traum hingab, dass ich zaubern konnte und der Boden sich unter mir öffnete. Denn jetzt zur Telefonzelle zu gehen und die Polizei anzurufen, erschien mir denkbar schlecht und unmöglich zu sein. „Du ziehst am Dienstag die Scheidung zurück, sonst nehme ich das Kissen das nächste Mal nicht mehr von deinem Gesicht." Dann stand er auf. Das Grauen stand in meinen Augen. Der größte Horror, den ich je erlebt hatte. Jedes Kissen in meiner Nähe machte mir nun Angst und nie mehr schlief ich auf einem Kissen.

„Was soll ich nur machen? Niemanden kann ich davon erzählen. Zu groß ist die Scham." Ich fühlte den Schmerz durch dieses große Leid am tiefsten Ort meiner Seele. Leises Leid, bei welchem alle Schreie erstickten und welches ich ganz allein hinter verschlossener Tür erfahren musste und hinter dieser Tür blieb das Leid verborgen. Kein Mensch im Außen bekam davon je etwas mit, sah mein Leid oder nahm Anzeichen davon wahr. Tagsüber konnte ich ins Freie unter Menschen und am Abend kehrte ich wieder zurück hinter diese verschlossene Tür, unwissend, welches Leid mich heute erwartete. „Wo soll ich auch hin. Es ist mir nicht möglich auszuziehen oder mich zu verstecken." Zu meinen Eltern kann ich nicht, er würde mir dort auflauern und sie jeden Tag bedrohen und Frauenhäuser gab es nicht.

Der Dienstag kam und gehorsam tat, ich was er wollte. Ich war gepeinigt von Angst und es war aussichtslos. Dirty Dancing hatte ich verdrängt, obwohl ich inzwischen die Musik des Films hatte. Bei Gericht beantragte ich, die Scheidung zurückzunehmen. Ich füllte dafür ein Formular aus und bekam meine Unterlagen zurück. So einfach und schnell gingen diese Formaltäten. Doch in mir brach eine Welt zusammen. Ich musste wieder kapitulieren. Niemand hatte mir je erlaubt, eine eigene Persönlichkeit zu werden, weder meine Eltern, als ich noch bei ihnen lebte, noch Raul. Niemand hatte mich je sein lassen. Stattdessen hatten sie meinen Willen gebrochen und mir beigebracht, den Kopf zu senken.

So oft wurde ich gefragt: „Warum lässt du dir das gefallen, warum gehst du nicht einfach und beendest das alles, denk doch mal an dies oder an jenes." Doch keiner wusste und verstand nicht im Geringsten, was meine Lebenssituation mit mir machte. Ich war nicht in der Lage, weitgreifende Entscheidungen zu treffen, und es gelang mir nur, solange ich meinen Überlebensmodus halten konnte. Gab es keine Übereinstimmung mit meinem Überlebensmodus, war mir eine Entscheidung nicht möglich. Dieser permanente Missbrauch veränderte mein Gehirn, beeinflusste meine Psyche und meine Fähigkeit, Entscheidungen zu treffen. Wichtige Entscheidungen, die lebensverändernd für mich und meinen Sohn wären. Jedes Mal, wenn ich körperliche und psychische Gewalt durch Raul erlitt, brach mein eigener freier Wille zusammen und meine Sicherheit und mein Vertrauen gingen verloren. Mein Realitätssinn veränderte sich praktisch um 100 Prozent. Ich fühlte mich gefangen und durch Rauls Übergriffe erreichte er, mich ewig gefangen zu fühlen. Seine Aussage, er würde aufhören, mich zu verletzen, wenn ich all das tat, was er von mir verlangte, erzeugte in mir immer wieder aufs Neue falsche Hoffnungen und zog mich nur noch tiefer nach unten und führte zu meinem vollkommenen Sicherheits-, Vertrauens- und Realitätsverlust.

Ich erzählte keinem, dass ich die Scheidung zurückgezogen hatte. Wenn jemand fragte, dann dauerte es eben einfach so lange, wahrscheinlich weil die Unruhen im Land immer größer wurden und die Gerichte anderes zu tun hatten. als Eheleute zu scheiden. Zu Hause entkam ich nicht den häuslichen und ehelichen Pflichten. Meine einzigen Freuden waren Raulito, mein Kaffee am Morgen und meine Kollegen. Damit schaffte ich mir meinen Überlebensmodus.

Es war der Abend des 9. Novembers 1989. Raul hatte Nachtschicht. Raulito schlief schon in meinem Bett. Als ich dann ins Bett ging, schaltete ich wie immer den Radiowecker ein und hörte noch etwas leise Musik. Dabei las ich immer noch in einem Buch.

Es war gegen 21 Uhr, als sie im Radio sagten, dass die Grenzen offen waren. Menschen saßen auf der Berliner Mauer und die Trabis fuhren ohne Kontrolle über die Grenze in die BRD. „Was für ein Quatsch", dachte ich, „jetzt lügen sie uns schon im Radio an." Ich löschte das Licht und schlief ein. Am nächsten Morgen im Büro standen die Leute aufgeregt zusammen. Viele Büros waren leer. Wir schlossen unsere Tür und Elena sagte: „Hast du gehört, die Grenzen sind offen, du kannst rüber zu deiner Familie. Du musst nur zur Polizei dir einen Stempel holen." „Nein, das haben sie schon wieder widerrufen, du brauchst keinen Stempel mehr. Der Andrang bei der Polizei ist zu groß", rief Kamilla dazwischen. „Wo ist Carola", fragte ich. „Sie müsste schon längst da sein." „Sie ist sicher weg und kommt nicht mehr. Irgendwie habe ich ihr angemerkt, dass sie was plant", antworte mir Elena. „Wer weiß, heute sind die Grenzen offen und morgen machen sie sie wieder zu. Lieber jetzt gehen, der will, sonst könnte es zu spät sein. Niemand weiß, ob das jetzt immer so bleibt", legte Elena noch hinterher. „Stimmt, aber ich will nicht rüber oder wäre das die Lösung für mich?"

Nun begann die Zeit des großen Umbruchs. Täglich kamen neue Botschaften. Oskar, mein Kollege sagte einmal zu uns. „Ihr müsst nicht denken, dass jetzt alles so weitergeht wie vorher. Es wird sich noch vieles verändern und so wie wir jetzt arbeiten, bleibt es nicht. Wir werden um jeden Auftrag kämpfen müssen. Falls wir überhaupt unsern Job behalten können." Was meinte er nur, würde wir irgendwann unseren Job verlieren und wieso war er sich da so sicher? Ich wollte mich nicht mit dieser Wendezeit befassen. Viel zu tief steckte ich in meinem persönlichen Dilemma.

Rauls Kontrollen wurden immer mehr zur Belastung für mich. Holte er mich von der Arbeit ab, dann verließ ich das Büro immer etwas früher. So konnte ich vermeiden, dass ein Kollege vor oder hinter mir lief und Anlass zu seinen krankhaften Eifersuchtsszenen gab. Wenn er Spätschicht hatte, nutze ich jede Gelegenheit, um Maria zu besuchen, damit auch unsere Kinder zusammen sein konnten. Raulito sagte ich, er solle doch bitte nichts seinem Vater sagen, wo wir waren. Eine schlimme Situation, die dazu führte, dass Raulito sehr verunsichert wurde. Ich habe es nicht besser gewusst und fühlte mich dabei noch zusätzlich schlecht und als Versagerin. Raulito freute sich auch immer sehr, seinen Cousin zu sehen. Wenn Raul es doch erfuhr, gab es jedes Mal Streit. „Ich verbiete dir, zu deiner Schwester zu gehen. Sie ist kein guter Umgang für dich. Wie oft soll ich dir das noch sagen?", sagte er dann wütend unter Androhung von Strafe zu mir. Doch in der letzten Zeit wurde ich immer mutiger und stellte mich ihm entgegen und sagte. „Ich gehe zu meiner Schwester, wann ich will. Ich lasse mir das nicht mehr verbieten." „Das werden wir ja sehen. Du tust, was ich dir sage." „Aber ja doch", antwortete ich dann und zeigte ihm damit wenigstens etwas Ignoranz. Mit der Zeit hatte in mir ein Wandel stattgefunden. Ich wollte mich nicht mehr ergeben und immer gehorsam klein beigeben. Natürlich wollte ich seiner Gewalt entgehen, um nicht diese körperlichen Schmerzen zu ertragen. Aber mir wurde klar, das Schlimmste was passieren konnte, war, dass er mich tödlich traf. Resigniert hatte ich mich damit abgefunden.

Der Jahreswechsel war vorbei und wir schrieben das Jahr 1990. Immer mehr Menschen aus Westdeutschland waren nun wie selbstverständlich bei uns zu sehen. Viele Händler aus der BRD stellten einfach ihren Stand auf unsere Straßen oder in Fußgängerzonen und verkauften ihre Waren. Das Schlaraffenland hatte sich für uns aufgetan. Wir machten uns darüber keine Gedanken, ob das erlaubt war oder nicht und ob die DDR-Regierung was dagegen hätte. Wir hatten einfach nur unsere wahre Freude daran. So etwas gab es noch nie. Die Waren wurden zwar teuer verkauft, aber das war uns egal, denn von bevorstehender Währungsunion war die Rede und unser bisheriges Geld würde dann nichts mehr wert sein.

Sara und ich mussten in Abständen immer wieder zur Berufsschule, da die Prüfungen bevorstanden. Wir schafften uns damit viel Freiraum. Anschließend gingen wir noch bummeln und blieben immer wieder bei den Händlern hängen. Alles, was ich kaufte, musste ich zu Hause verstecken, da ich sonst in Erklärungsnot geraten wäre und irgendwann sagte ich dann, dass meine Schwester sie mir geschenkt hatte. Diese Stunden mit Sara waren wunderbar und wir wurden enge Freundinnen. Sie übernachtete oft bei mir, damit war sie unbewusst zu meiner Beschützerin geworden. Wenn sie da war, ließ mich Raul in Ruhe.

„Lass uns doch nochmal zusammen ausgehen. Wir wieder zu dritt wie damals", fragte mich Sara. Schnell war bei mir die damalige Situation wieder gegenwärtig, als ich nach Hause kam und Raul schon da war. „Das geht nur, wenn Raul Spätschicht hat. Ich müsste meine Eltern fragen, ob Raulito bei ihnen übernachten kann." „Aber du lebst doch in Scheidung, da kannst du doch jetzt machen, was du willst." „Ach Sara, wenn du wüsstest." „Was denn?" Sara wusste von all den Repressalien, die ich auszuhalten und ertragen hatte, aber sie wusste nicht, dass ich die Scheidung wieder zurückgenommen hatte. Ich beichtete ihr und erzählte ihr, wie Raul das erzwungen hatte. Ihr konnte ich vertrauen. Sie war noch so jung und hatte dennoch ein großes Einfühlungsvermögen und ihre Zuwendung und Liebe zu mir machten ihr Verständnis möglich. „Das kannst du so nicht stehen lassen, es wird nie besser werden. Du willst doch dein Leben zurück, du willst frei sein, aber so wirst du das nie sein." „Ich weiß, es ist auch nicht auszuhalten mit ihm. Dieses Leben mit ihm will ich nicht mehr, aber ich schaffe es nicht allein. Es gibt keine Möglichkeit. Ich muss warten, bis Raulito groß ist." „Aber bis dahin kann so viel passieren." „Lass uns fürs Erste wieder zusammen ausgehen", lenkte ich ab. „Okay, ich frage Hanna, aber über das Thema sprechen wir nochmal in Ruhe", gab Sara mir zu Antwort.

Hanna war natürlich einverstanden und wir verabredeten uns gleich für den nächsten Montagabend, als Raul Spätschicht hatte. Voller Freude fuhren wir drei nach der Arbeit in die Innenstadt. Jetzt war alles anders als früher. Überall hatten die Bars und Restaurants geöffnet, all diese, in die wir früher nicht hineindurften. Aber nun waren die vielen Leute aus Westdeutschland da. Die Straßen waren voll mit ihren großen Autos zwischen den kleinen Trabbis. Ein völlig neues Bild für uns. Wir konnten sie auch schon von Weitem erkennen. Es waren offene, selbstbewusste und gut gekleidete Menschen. Nicht, dass wir nicht gut gekleidet waren, aber dennoch sehr einheitlich und langweilig. Die Hotels waren nun durchweg belegt und nicht nur zur Leipziger Messe. Diesen Leuten wollte man ein Nachtleben bieten. Hanna schlug vor, in eine Hotelbar zu gehen. „Das sind zurzeit die besten Bars, da ist immer was los", sagte sie. „Ich weiß nicht, denkst du, sie lassen uns da rein? Es ist immerhin ein Hotel", entgegnete ich. „Na klar, du wirst sehen, es ist nicht mehr wie früher." Sara schaute mich zweifelnd an. Uns war sichtlich unwohl, aber Hanna strahlte so eine Selbstsicherheit aus, dass ich sagte; „Okay, du gehst vor und fragst." „Na dann los, Mädels, das wird ein lustiger Abend." Ich konnte in solchen Augenblicken für kurze Zeit abschalten und mich in dem Moment freuen, dem Moment der absoluten Freiheit. Es passierte einfach. Leider hielten diese Augenblicke nie lange an, zu schnell kamen die Gedanken der Angst. Es war mir nicht möglich, dieses Gefühlschaos zu steuern, ich spürte jedoch, dass ich ausbrechen wollte und unbewusst lösten diese Momente, dieser abrupte Gedankenwechsel Mut in mir aus. Meine Psyche erweiterte mir mein Blickfeld. Ein Blickfeld, das mir so lange versperrt war. Kurze Augenblicke des Lebensmodus' und nicht nur des Überlebensmodus'. Wir traten ein, Hanna lief vor und wir beide verschüchtert hinter ihr her. Nie wäre ich alleine hier reingegangen. Die Hotelbar war klein und nur schwach beleuchtet, aber sehr gemütlich. Wir setzten uns gleich am Eingang an einen Tisch. An der Bar saßen vier Männer und zwei davon schienen zusammenzugehören. Wir bestellten Campari Orange, was anderes kannte ich auch gar nicht. „Zum Wohl, meine Damen", sagte der Kellner und wir fingen an zu kichern. Mit dem Getränk hatte ich dann auch meine Hemmschwelle überwunden und wir unterhielten uns und lachten fast ununterbrochen. Der Kellner kam zu uns an den Tisch und brachte nochmal drei Campari Orange. „Wir haben nichts bestellt", sagte ich entsetzt. „Ich weiß, meine Damen, das hier ist von dem Herrn da drüben an der Bar. Er möchte Ihnen das spendieren." „Meine Damen, was war denn das?", dachte ich. Etwas beschämt schaute ich zur Bar und der Mann lächelte und prostete uns zu. „Zum Wohl und danke", rief ich zu ihm rüber und wir alle drei mussten sofort lachen. Das ist mir noch nie passiert. „Es ist wirklich nicht mehr wie früher", sagte ich. Einen kurzen Moment später kam der Mann zu uns an den Tisch. „Hallo, ihr Schönheiten, ihr habt es ja lustig, ich bin Beat und wer seid ihr?" Wir stellten uns alle vor. Beat war so im mittleren Alter, hatte graue Haare und eine blau getönte Brille. Er sah sehr gut aus und roch fantastisch. Er hatte sich direkt neben mich gesetzt und ließ mich nicht mehr aus den Augen. Immer wieder suchte er das Gespräch mit mir. „Wieso ausgerechnet ich? Hanna ist doch eher in seinem Alter und schön bin ich doch auch nicht mit meiner hageren Figur." Beat fragte viel und wir erzählten ihm, dass wir Kolleginnen waren und uns einfach nur einen netten Abend machen wollten. „Das ist ja toll, dass ihr euch genau diese Hotelbar ausgesucht habt, oder wie siehst du das Petra?" „Ich wieso ich, ich weiß es nicht. Wir sind eben hier gelandet." „Das heißt, dass wir uns unbedingt wiedersehen müssen." „Wer"?, erwiderte ich. „Na du und ich." „Oh Gott ich bin verheiratet. Aber eigentlich auch nicht", dachte ich. Er war so vereinnahmend und ließ nun nicht mehr locker. „Gib mir doch bitte deine Telefonnummer." „Du kannst mich nur im Büro erreichen, da ich ansonsten kein Telefon habe." „Egal, dann gib mir diese Nummer. Ich muss jetzt auch gleich weiter zu einem Termin, aber ich rufe dich an." „Ist gut", sagte ich in der Gewissheit, dass er ohnehin nicht anrufen würde. Als Beat ging, konnten wir unser Gelächter nicht mehr zurückhalten. „Der ist viel zu alt für dich", richtete sich Sara an mich. „Ich will ja auch nichts von ihm." „Er würde aber gut zu dir passen", meldete sich jetzt Hanna zu Wort. „Wie soll das denn gehen?" „Du bist doch sicher bald geschieden, dann bist du frei für was Neues." „Er sieht echt gut aus, das muss ich schon sagen und wie er riecht." Der Abend ging dem Ende zu. Es war ein wunderbarer, ausgelassener Abend. Ich musste gehen, denn ich musste noch Raulito abholen und dann schnell nach Hause. Im Hotel rief ich noch bei meinen Eltern an, um Bescheid zu sagen, dass ich mich etwas verspäten würde. „Raulito schläft schon, ich bringe ihn morgen Früh zur Schule, genieße du mal deinen Abend", sagte mein Vater am anderen Ende. Den Mädels sagte ich nichts, damit sie mich nicht überreden würden, noch zu bleiben. Denn ich musste vor Raul zu Hause sein. Unsere Wege trennten sich nun am Hauptbahnhof. Jede von uns nahm eine andere Straßenbahn. Als ich zu Hause ankam, hatte ich Glück, niemand war da. Dennoch es war spät und das Essen musste ich auch noch machen. Ich wusste, dass ich es nicht schaffen würde, aber es war mir egal. Beflügelt von Beat und die dadurch anfangende Öffnung meiner Augen führte zu einer geringen Form der Gleichgültigkeit. Er hatte förmlich geistig von mir Besitz ergriffen. Ich hatte einen wunderschönen Abend. Dieser Abend zeigte mir, was die Welt da draußen noch so bot. Auch wenn es nur ein klitzekleines Stück war, aber es schien, als würde sich ein Knoten lösen, wenn auch nur in ganz geringem Maße. Ich hatte einen anderen Mann kennengelernt, ich hatte mit ihm gelacht und mit ihm getrunken und war ihm dabei ganz nah. Im Grunde genommen geschah genau das, was Raul mir immer wieder vorwürf, wofür er mich unbegründet strafte und misshandelte. Diese Gedanken gaben mir so eine Befriedigung, dass ich genau das tat, dass es mir umso mehr egal war, wenn er jetzt kam und sein scheiß Essen noch nicht fertig war, auch wenn es bereits 22 Uhr war. Ich hörte ihn kommen. „Was machst du da, wieso kochst du jetzt erst das Essen? Wo warst du?" „Ich war bei meinen Eltern und es wurde spät. Raulito schläft bei ihnen. Mein Vater bringt ihn morgen früh zur Schule." Als ich das sagte, musste ich sogar innerlich grinsen, seine Fragen und meine Antworten interessierten mich gerade gar nicht. Ich dachte die ganze Zeit an Beat. „Du lügst." „Ja ich lüge, in Wirklichkeit war ich aus und habe mich mit einem Mann getroffen." Meine Antwort war spontan und ich wusste, dass er mir das jetzt nicht glaubte, obwohl das ja die Wahrheit war. „Es ist doch egal was ich dir antworte, du glaubst mir sowieso nicht." „Wie redest du mit mir? Das würdest du dir nie getrauen, du weißt, dass ich dich umbringe, wenn das stimmen würde. „Ja ich weiß." Immer wenn ich bei meinen Eltern war oder vorgab, dort zu sein, gab er schneller Ruhe. Er würde sie auch nie fragen, ob ich tatsächlich da war. Raul war sich nie sicher, was meine Eltern von seiner Gewalt wussten und was nicht. Es gefiel ihm nicht, wenn ich bei ihnen war, aber er versuchte, sein Gesicht zu wahren. Zumindest nach seinem Verständnis. Aus Angst vor seiner Gewalt rechtfertigte ich mich jedes Mal zu seinen Vorwürfen. Doch so langsam merkte ich, dass ihn das nur stärker an seinen Vorwürfen festhalten ließ. Zu weit gehen durfte ich jedoch nicht. Ich behielt ihn im Auge und lehnte mich auch nicht allzu weit aus dem Fenster. Er behielt die Oberhand.

Sara kam am nächsten Morgen auf mich zu. „Und wie war es zu Hause? War er schon da?" „Nein, aber er hat natürlich gemerkt, dass ich nicht zu Hause war, weil sein Essen noch nicht fertig war. Diesmal blieb es jedoch nur bei einer Diskussion." „Mensch Petra, du musst die Scheidung wieder einreichen. Das nimmt kein gutes Ende, wenn du bei ihm bleibst. Ich kann doch meinen Vater fragen, ob du zu uns ziehen kannst." „Raul würde euch das Leben zur Hölle machen, wenn er das rausfindet. Vielleicht schaffe ich es, die Scheidung durchzuziehen, aber ich habe Angst. Das, was beim letzten Mal alles passiert ist, würde ich kein zweites Mal überleben." Sara schaute mich sprachlos und enttäuscht an, was bei mir das Gefühl hinterließ, ihr gerecht werden zu müssen.

Gegen elf Uhr klingelte das Telefon. „Hallo Petra, hier spricht Beat. Bist du gut nach Hause gekommen?" – „Er ruft tatsächlich an, er ist es wirklich, das glaube ich ja nicht." – „Hallo Beat, ja bin gut nach Hause gekommen." „Wo arbeitest du? Ich könnte dich zwölf Uhr zum Mittagessen abholen. Was meinst du dazu?" „Äh ja um zwölf, warum nicht", stotterte ich in den Hörer. „Dann gib mir doch bitte die Adresse. Ich hole dich zwölf Uhr ab." Ich legte auf. „Sara, hast du das gehört, hast du mitbekommen wer am Telefon war?" „Ja, natürlich habe ich das mitbekommen", lächelte sie. „Ich kann es kaum glauben. Bitte komm' mit, ich traue mich nicht allein." „Das machst du schön alleine, da komme ich nicht mit. Wie sieht das denn aus, ich bin doch nicht dein Kindermädchen." Oje, da muss ich alleine durch. Ich war so aufgeregt. Kurz vor zwölf Uhr standen wir am Fenster in unserem Büro. Wir wussten nicht, ob und mit welchem Auto er kommt. „Schau da, das muss er sein." „Wo?" „Na da, der große, hellgrüne Marcela, doch das ist er, ich habe sein Gesicht gesehen." Meine Beine zitterten. „Ich will nicht gehen, ich lasse das lieber." „Du gehst jetzt schön nach unten und machst jetzt eine Stunde Mittag mit ihm. Was ist schon dabei? Du verbringst nur deine Mittagspause mit ihm", forderte mich Sara auf. Aus der Nummer kam ich jetzt nicht mehr raus. „Also gut, ich gehe." „Viel Spaß", grinste Sara mich an. Im höchsten Maße verschüchtert und gehemmt stand ich vor dem Betriebseingang als Beat mich sah. Er hielt an. „Steig ein, schöne Frau!" Oh mein Gott, er war so offen und redegewandt, was mich nur noch mehr einschüchterte. Mit mulmigem Gefühl stieg ich ein. Wir fuhren in das Hotel vom Vorabend und gingen dort ins Restaurant. „Ich habe nicht viel Zeit, nur eine Stunde." „Dann lass uns nur etwas Kleines essen. Erzähl mir was von dir." Was sollte ich ihm erzählen. Es verschlug mir die Sprache und ich lenkte auf ihn. „Wo kommst du her?" „Ich bin aus Dortmund und jetzt nach dem Mauerfall komme ich jede Woche und baue mir hier was Geschäftliches auf." Er erzählte noch einige Einzelheiten, die ich jedoch nicht ganz verstand. Dazu fehlte mir der Einblick in die westdeutsche Geschäftswelt. „Ja und du, was machst du sonst so außer arbeiten?" Ich lebe in Scheidung", kam es aus mir heraus. „Ich bin auch schon geschieden. Das ist eine unschöne Angelegenheit, aber wenn sich beide einig sind, geht es ganz schnell." Ganz schnell und beide einig blieb bei mir hängen. Nichts davon traf zu. Da hatte er wohl mehr Glück. Wir unterhielten uns die ganze Zeit und ich hing an seinen Lippen und sah ihn nur noch durch eine rosarote Brille. Da war auch wieder sein Duft, wie gut er roch. Seine offene Art faszinierte mich. „Lass uns doch heute Abend treffen. Kannst du vielleicht so gegen acht Uhr da sein?" In dem Moment wurde mir klar, dass ich noch so fasziniert sein konnte von ihm, aber es würde nichts werden. Ich konnte nicht am Abend kommen und ihn treffen. Ich konnte weder kommen noch ihn treffen, niemals. „Es geht leider heute Abend nicht. Ich habe einen Sohn und da kann ich nicht weg. Gestern Abend war das eine Ausnahme." „Vielleicht morgen Abend, übermorgen fahre ich wieder nach Dortmund." „Es geht wirklich nicht." „Dann lass uns nächste Woche treffen. Ich rufe dich an und jetzt bringe ich dich erstmal wieder zurück in dein Büro." Dieses Auto war riesig. Es roch alles so gut und wie toll das alles aussah, so komfortabel und wie toll er aussah und was er anhat, er war so schön gekleidet. „Halte bitte hier an", sagte ich ihm circa 50 Meter vor dem Betriebseingang. Beat umarmte mich und gab mir einen Kuss auf die Wange. Schüchtern schaute ich nach unten, verabschiedete mich und stieg aus. Bis zum Eingang fuhr er neben mir her und lächelte mir liebevoll zu, bis ich hinter der Tür verschwand. Sein Geruch war an mir. Die ganze Zeit konnte ich ihn riechen. Er hatte mich geküsst, was hatte ich da nur getan. Ich fühlte mich, als wäre ich fremdgegangen. „Wie soll ich das nur verbergen? Hoffentlich riecht Raul nichts. So gerne möchte ich Beat wiedersehen, es wird jedoch leider nicht möglich sein. Ich bin in einer Sackgasse." Immer wenn ich einen Schritt nach vorne tat, befand ich mich sofort wieder in einer Sackgasse und von da aus ging es nicht mehr weiter. Wenn ich einen Samen gesetzt hatte, wurde dieser wieder im Keim erstickt. Ein schreckliches und lähmendes Gefühl. Immer musste ich aufgeben, bevor etwas Großes daraus wachsen konnte. Erfolglos auf der ganzen Linie, das ganze Leben. Das war mein Fazit. Dabei blieb mir immer die Sicht auf meine tatsächlichen Erfolge in meinem Leben versperrt. Ich hatte zwei abgeschlossene Berufsausbildungen, ich hatte einen gesunden Sohn geboren und war ihm eine gute Mutter. Ich hatte auf Kuba gelebt und mein Leben dort gemeistert. Ich hatte Spanisch gelernt, ich hatte mich gegen die Immigration durchgesetzt, hatte alles organisiert, was die Einreise nach Kuba und die Ausreise aus Kuba möglich machte. All das sah ich nicht, meine Sicht darauf war gekrümmt, wie die Erdkrümmung. Bis zum Horizont sah ich nur meine Misserfolge und verurteilte mich selbst dafür. Alle diese Misserfolge schienen mir viel größer als die Erfolge, denn was war das schon, eine Berufsausbildung zu absolvieren oder ein Kind zu bekommen. Das konnte doch jeder. Meine Erfolge in meinem Leben hatten so wenig Gewicht, dass ich sie nicht sah und ich dadurch daraus nicht gestärkt hervorgehen konnte. Meine Sicht darauf war getrübt durch mein Versagen. Ich hielt mich klein, so klein, dass einige Menschen um mich herum davon profitieren konnten. Und der größte Profiteur davon war Raul. „Erzähle mal, wie war es, ich will alles wissen", empfing mich Sara freudevoll. „Es war toll, er ist toll, einfach großartig. Ich bin hin und weg", schwärmte ich ihr vor. „Riech mal an mir, riechst du was? Rieche ich nach ihm?" „Ja ein bisschen, das riecht gut. Wir müssen rausfinden, was das ist. Wann siehst du ihn wieder?" „Im Moment weiß ich das nicht. Er wollte mich heute Abend treffen, aber es geht nicht." „Ach man Petra, normalerweise könntest du und jetzt bist du wieder ausgebremst. Wir müssen deine Scheidung planen, nur diese eine Scheidung ohne Rückzug, dann hast du es für immer hinter dir." „Ja, aber das ist jetzt auch nicht die Lösung. Beat wird nächste Woche anrufen, dann sehen wir weiter." Sie sah das alles so leicht, ich wünschte, es wäre alles so einfach, aber das war es nun mal nicht. Beat ging mir nicht mehr aus dem Kopf. Immer wieder roch ich an meinem Arm und sah ihn dabei vor mir. Er war ununterbrochen in meinen Gedanken, die mich so stark verzauberten, dass ich von der Realität abschweifte. Das tat mir gut, obwohl ich wusste, dass es nur hoffnungslose Träumerei war. In meiner Fantasie sah ich das schönste Leben. Ich konnte mich unglaublich lange und intensiv meinen Tagträumen hingeben. Alles erschien in Bildern vor meinem inneren Auge, jedes Mal entführte ich mich in eine andere Welt. Eine Welt der Liebe, Fürsorge, Geborgenheit, Sicherheit, Warmherzigkeit und Vollkommenheit. Wann immer ich es wollte, organisierte ich meinen Geist, meine Gedanken, meine Gefühle und meine ganze Lebensenergie in diese Richtung und schaffte mir damit meine neue Welt. Die einzige und schönste Welt für mich, entstanden aus meiner gesamten Vorstellungskraft. Wunderschöne Bilder, die auf mich absolut real wirkten, auch wenn sie nur auf meiner Sehnsucht basierten. Unbewusst hatte Beat in mir dieses Talent geweckt. Ich wusste nicht genau, ob er der Auslöser war oder allein die Tatsache, dass es ihn gab, dass er in mein Leben getreten war.

Die Tage vergingen. Wir hatten Juni 1990. Die Währungsunion fand statt und die Deutsche Mark war jetzt offizielles Zahlungsmittel. Es gab nun von allem alles zu kaufen. Das Paradies tat sich uns auf, Markschreier waren jetzt überall zu sehen. Sie priesen ihre Waren an und schmissen mit Bananen um sich. Nicht einmal auf Kuba hatte ich so viel köstliches Obst gesehen. Ein absoluter Gaumen- und Augenschmaus. Maria und ich und unsere Kinder gingen nun öfters zu diesen Marktschreiern auf dem alten Messegelände. Wir fühlten uns wie in eine andere Welt hineingebeamt. Meine schönsten Momente und mein größtes Highlight fand ich jedoch nicht bei den Marktschreiern, sondern auf den Baumärkten. Ich konnte Stunden dort verbringen. Mein Vater der Tischlermeister, er entführte mich in diese Welt der Baumärkte ohne, dass es seine Absicht war. Auch er fühlte sich wie im Paradies und es war ihm eine wahre Freude, mir alles bis ins kleinste Detail zu erklären. Überall blieb ich stehen. Noch nie hatte ich so viele WC-Schüsseln und Badewannen an einer Wand bis unter die Decke hängen sehen. Eine Vielzahl von Lampen und Spiegelschränken in allen erdenklichen Ausführungen. Raulito ließ keine WC-Schüssel aus, die am Boden stand, auf die er sich setzte und lachte. Vieles Unbekanntes entdeckte ich hier, ohne den Gebrauch davon zu kennen. Es gab alles in allen Größen, Formen und Farben, Duschkabinen, Mülleimer, Küchenkleinmöbel, Fliesen, Holz und Tausende weitere Artikel. Für uns ein Luxus auf gefühlt höchstem Niveau. Während andere jetzt in die Kinos gingen, ging ich mit Raulito und meinem Vater in die Baumärkte.

Zu Hause hielt ich es kaum noch aus, denn noch immer war Beat in meinem Leben präsent und noch immer gab ich mich meinen Tagträumen hin. Wir konnten uns nur in der Mittagspause treffen. Doch oft hatte ich Angst, dass Raul das herausfinden würde. Beat roch immer noch so gut und ich hatte Angst, dass Raul durch den Geruch, der dann immer an mir war, Verdacht schöpfte. Obwohl ich mir gar nichts vorzuwerfen hatte, denn unsere Treffen beschränkten sich lediglich auf die Mittagszeit. Nachdem es ja nun alles zu kaufen gab, hatten Sara und ich herausgefunden, welchen Duft Beat benutzte. Durch unsere spontanen Bummelaktionen zwischen Berufsschule und Büroarbeit verschlug es uns immer wieder in die Drogeriemärkte. Auch das war ein neues, großartiges Paradies für uns. Wir besprühten uns und rochen an allen Duschbädern, die uns vor die Augen kamen. „Komm mal schnell her!", rief Sara mir zu. „Was ist denn?" „Riech mal hier, das Duschbad, es riecht nach Beat." „Zeig her. Oh, wie himmlisch, genau, ganz genau das ist sein Duft. Das ist ja kaum zum Aushalten, jetzt kann ich ihn wenigstens immer riechen. Wie heißt das?" Ich las: „Cool Water, klingt gut. Das muss ich unbedingt kaufen. Gibt es das auch als Lotion?" „Ich schaue mal nach, wenn ja, dann finde ich es." Jetzt musst du auch keine Angst mehr haben, dass Raul was merkt. Jetzt benutzt du es selber", sagte Sara. „Ja genau, das ist genial. Ich hoffe nur, dass Raul es nicht benutzt, ich will nicht, dass er so riecht wie Beat." Sara tat mir so gut. Sie kam aus einem wohlbehüteten Elternhaus, sie war gerade mal zehn Jahre älter als Raulito und irgendwie dadurch nicht nur wie eine treue Freundin, sondern auch wie eine Tochter. Sie wollte immer und zu jeder Zeit, dass es mir gut ging. Wenn ich nachdenklich war, fragte sie sofort, was mit mir war. Jeden Störfaktor zwischen uns musste sie sofort beseitigen, damit wir in absoluter Harmonie sein konnten. Was für ein Glück für mich, dass Sara mich umgab, dass ich mit ihr Zeit verbringen durfte. In Ihrer Nähe war ich immer erfüllt von großer Dankbarkeit. Niemals fiel ein böses Wort zwischen uns. Ihr Vater war überaus glücklich, dass wir uns so gut verstanden. Sara war sehr schmächtig und er war so froh, dass sie mit mir zusammen immer genügend Nahrung zu sich nahm.

Das Zusammenleben mit Raul verschlimmerte sich immer mehr. Sein Besitzanspruch an mich kannte keine Grenzen. So gut wie jeden Tag machte er mir deutlich, dass ich ihm gehörte. Unfreiwillig musste ich seine sexuelle Lust befriedigen. Ich konnte und wollte das nicht mehr. Noch zehn Jahre würde ich das nicht schaffen. Ich wäre so gerne von ihm geschieden, warum nur hatte ich mich kleinkriegen lassen. Ich wollte nur frei sein, endlich in Freiheit und Selbstbestimmung leben können. Die deutsche Einheit stand vor der Tür, es war nur noch eine Frage der Zeit. Dieser Zustand ließ ihn zu Höchstformen in seinen Aggressionen wachsen. Den Grund dafür konnte ich mir nicht erklären und doch sollte ich später die daraus resultierenden Leiden spüren.

Beat holte mich am Mittag von der Arbeit ab. Er parkte immer in einer Seitenstraße, denn ich wollte es vermeiden, dass ich von irgendjemand gesehen wurde. Es war geradezu ein Wunder, dass er sich noch mit mir traf, denn für ihn war es zu wenig Zeit, die wir zusammen verbrachten. „Jetzt komm doch heute Abend zu mir ins Hotel und lass uns wenigstens zusammen was essen." „Es geht wirklich nicht. Zu groß ist das Risiko. Mein Mann ist nicht wie andere Männer, die du vielleicht kennst. Ich habe zu große Angst vor seinen Gewaltausbrüchen." Einzelheiten ließ ich weg, nur keine Details dachte ich. Es ist ohnehin schon schwer genug und ich wollte unsere Treffen nicht mit diesem Elend überschatten. Doch wusste ich, dass das alles so unglaubwürdig auf Beat wirkte. Im Stillen wünschte ich mir, ihm alles erzählen zu können und dass er mein Retter war. Doch das war Wunschdenken, völlig unreal. „Was soll er denn schon machen, du lebst in Scheidung, er hat kein Anrecht mehr auf dich." „Nein kein Anrecht, ich gehöre ihm, das ist mehr als nur ein Anrecht", waren meine Gedanken. „Ich muss warten, bis wir endgültig geschieden sind." Beat schaute mich ungläubig an und auch enttäuscht und verständnislos zugleich, so als würde er mir nicht glauben. Aber das kannte ich ja, kaum ein Mensch glaubte mir. Es war jedoch meine Psyche, meine eingeengte Psyche, die mein Handeln steuerte. Keiner von den ungläubigen Menschen steckte in meiner Psyche und leider kaum einer von ihnen machte sich Gedanken darüber, dass meine Psyche Heilung braucht. Nicht einmal ich war mir dessen bewusst. Hier und jetzt konnte ich jedoch Beat keine andere Antwort geben und ebenso wenig konnte ich ihm irgendwas in Aussicht stellen, auch wenn unsere Treffen sich dadurch dem Ende näherten.

„Wir gehen am Dienstagabend alles zusammen zu einer kleinen Betriebsfeier. Kommst du auch mit?", kam Elena auf mich zu. „Ja, ich komme mit." Sara kam mir entgegengerannt: „Hast du schon gehört, nächsten Dienstag?" „Ja habe ich." „Du kommst auch mit, eine Ausrede lasse ich nicht gelten." „Ich habe doch schon zugesagt. Ich werde meine Eltern bitten, sich um Raulito zu kümmern." Raul hatte Nachtschicht. Ich organsierte die Kinderbetreuung mit meinen Eltern. Ich war so froh, dass ich sie zu jeder Zeit darum bitten konnte. Sie waren mir dabei immer eine große Hilfe und Raulito war gerne bei ihnen. Sein Opa erlaubte ihm fast alles und es gab auch immer Taschengeld. Oma hingegen kochte jedes Mal Spagetti für ihn und anschließend gab es Eis. Für meinen Schatz ein Gaumenschmaus.

Wir fuhren alle zusammen nach der Arbeit ins Gohliser Schlösschen. Ein wunderschönes Restaurant im Leipziger Norden. Früher konnten wir es lediglich von draußen anschauen, doch jetzt durften wir hinein. Natürlich saßen Sara und ich nebeneinander. Wir aßen, lachten rauchten und hatten unendlich Spaß. Nach dem Essen gab es Musik und es wurde getanzt. Raul sagte ich nichts von alle dem und ich wusste, dass er jetzt wütend zu Hause saß und entweder zur Nachtschicht ging oder auf mich wartete. Es war das Ungewisse, was mir leider doch den Abend zu zerstören schien. Die Ungewissheit darüber, was mich zu Hause erwartete. Getrübt von meinen Gedanken, rüttelte Sara mich wach. „Was ist denn los? Du bist plötzlich so abwesend." „Ich dachte nur gerade an das, was mich zu Hause erwartet. Diese Gedanken, dieses Gefühl machen mich krank. Ich kann es nicht ausblenden, ich ertrage ihn nicht mehr." „Dann sag ihm das und zieh die Scheidung durch. Komm lass uns tanzen." Wir tanzten ausgelassen und anschließend gingen wir an die Bar. „Zwei Campari Orange", bestellte Sara. „Prost meine Liebe, auf Beat", grinste sie mich an. „Auf die Freiheit", antwortete ich. Wir tranken und lachten und waren bei bester Laune in bester Stimmung. Meine getrübten Gedanken waren verscheucht. Dann das Lied, sie spielten ein Lied von Freddy Mercury, I want to break free. Schon wie es anfing, da bekam ich Gänsehaut. „Komm los Tanzen", sagte ich und zog Sara auf die Tanzfläche. Wir sangen beide laut zusammen dieses Lied und tanzten dazu. „I want to break free", schrie ich. Ich war wie in Trance und spürte jeden Akkord, jeden Count, jeden Takt dieses Liedes in meinen Gliedern. Es war wie in einem Zauberwald. Durch und durch ergriff mich dieser Klang und dieser Text, der seine Wirkung hervorrief. Sara und ich sahen uns beim Tanzen an und sangen laut im Duett, während wir unsere Arme wie Freddy zur Decke streckten. „I've fallen in love, I've fallen in love for the first time, and this time I know it's for real, I've fallen in love, yeah. God knows, God knows I've fallen in love. Oh, how I want to be free, baby. Oh, how I want to be free Oh, how I want to break freeeee." Glücklich gingen wir wieder an die Bar, ich nahm mein Glas, sah Sara an und sagte: „Prost mein Schatz, auf meine Scheidung, ich lasse mich scheiden, das habe ich gerade entschieden." „Prost, was hast du gesagt? Sag das nochmal, die Musik ist so laut. Wirklich, oh Petra, bitte sag, dass ich richtig gehört habe." „Ja du hast richtig gehört. Am Dienstag gehe ich zum Gericht." „Ich komme mit, ich mache das mit dir zusammen, damit du auch wirklich hin gehst und keine kalten Füße bekommst." Überglücklich über meine Entscheidung strahlte ich. Was war plötzlich mit mir los? War es das Lied von Freddy? Hatte dieses Lied die Zündung losgelassen oder hatte Beat hier sogar eine Schlüsselfunktion oder war es Sara, ihre Liebe und ihre bindungslose Annahme und Hingabe, die mich bestärkten und zu meiner für mich mutigsten Entscheidung führte. Oder setzte doch alles zusammen endlich die Ursache, die ihre Wirkung nicht verfehlte. Der Abend ging zu Ende und ich musste nach Hause. Diesmal war es anders. Ich ging nicht ohne Angst, aber da war dieses Gefühl, ein Gefühl, welches mir sagte, dass die Angst nicht mehr lange mein Gegner sein würde. Natürlich war Raul zu Hause. Das ließ er sich nicht entgehen, zu sehen, wann ich nach Hause kam. „Wo ist unser Kind und wo warst du?", empfing er mich zornig und zog mich an den Haaren. „Lass' mich los, wir waren alle zusammen zu einer Betriebsfeier, du hast doch Nachtschicht, wieso bist du da?" „Das kann dir doch egal sein, mit wem hast du dich rumgetrieben, du Schlampe? Du hast nicht zu einer Betriebsfeier zu gehen und das weißt du ganz genau!" Während er das sagte, haute er mir mitten ins Gesicht und ich fiel in Ohnmacht. Ich weiß nicht,wie lange ich in der Küche zusammengesackt am Boden lag. Sicher währte es nicht lange, denn der Schmerz fühlte sich ganz frisch an. „Komm hoch, tue nicht so." Er packte mich, zerrte mich über den Flur ins Schlafzimmer und brüllte mich an: „Zieh dich aus, oder muss ich nachhelfen?" „Ich hasse dich, ich hasse dich so sehr, ich lasse mich scheiden und es ist mir egal, was du mit mir machst. Ich ziehe mich nicht aus." Er riss mir die Sachen herunter, ich wehrte mich dagegen und versuchte, meine Kleidung zusammenzuhalten, doch es gelang mir nicht. Noch schlimmer als je zuvor kontrollierte er demütigend jede Stelle meines Körpers, obwohl ich mich dagegen versperrte. Das machte es nur noch unerträglicher. „Du hast es mit einem anderen Mann getrieben, das sehe ich." „Ja das habe ich", schrie ich ihn an. „Du gehörst mir, nur mir allein." Mit dieser Aussage holte er sich, was er brauchte. Ich konnte meine Tränen nicht zurückhalten. Zu extrem waren die Gegensätze vor meinem geistigen Auge. Ein paar Minuten früher war ich glücklich und schien in einem zeitlosen Raum zu sein, mit Beat fühlte ich die Herzlichkeit und hier Gewalt und blankes Entsetzen.

„Heute ist Dienstag", begrüßte mich Sara am Morgen. „Gehen wir heute zu Gericht? Du hast es dir hoffentlich nicht anders überlegt, nachdem Raul dich wieder so schlimm behandelt hat." „Wir gehen heute zu Gericht, ich ziehe das jetzt durch. Bei ihm zu bleiben, ist schlimmer, als tot zu sein." Wir gingen etwas früher aus dem Büro und ich war froh, dass meine kleine Sara bei mir war. Sie sprach kein einziges Wort auf dem Weg mit mir. Ich kannte sie, so war sie, sie hielt jetzt so sehr daran fest, dass sie dachte, jedes jetzt gesagte Wort würde mich wieder aus der Bahn werfen. Sie würde nichts Beeinflussendes sagen, nicht bevor wir bei Gericht waren. Dort angekommen wurde ich in das Besprechungszimmer hineingebeten. Sara kam mit mir. „Guten Tag, ich möchte die Scheidung einreichen, die Scheidung von meinem gewalttätigen Ehemann", sagte ich mutig. „Sie können nicht im Alleingang die Scheidung einreichen. Sie müssen sich erst einen Anwalt nehmen und der übernimmt das dann für Sie." „Seit wann denn das? Das war doch früher auch so möglich. Ich brauche da keinen Anwalt, das kann ich auch allein. Ich habe das selber schon gemacht, nur leider habe ich die Scheidung zurückgezogen." „Heute ist das leider nicht mehr so. Die Gesetze haben sich geändert. Ich kann Ihnen hier nur eine Adresse von einem Scheidungsanwalt geben. Mehr kann ich nicht für Sie tun. Am besten Sie gehen gleich zu ihm, er hat heute Sprechstunde." „Was ist überhaupt ein Anwalt?", fragte ich noch beim Hinausgehen. Eine Antwort erhielt ich jedoch nicht mehr. „Wir fahren jetzt sofort dahin, es ist nicht weit von hier. Wir können laufen oder zwei Haltestellen mit der Straßenbahn fahren", sagte Sara bestimmend. Wortlos folgte ich ihr zu Fuß zu dem Anwaltsbüro. Wir traten ein. Es war niemand weiter da außer wir. „Das Gericht hat mich zu Ihnen geschickt. Ich möchte die Scheidung einreichen und Sie sagten, das ginge nicht mehr ohne einen Anwalt. Aber ganz ehrlich, ich brauche keinen Anwalt. Kann ich das nicht alleine machen?" „Leider nein, Sie brauchen einen Anwalt, der Sie bei Gericht vertritt, besser gesagt Ihre Interessen. Die Gesetze haben sich geändert und sicher wird da noch mehr kommen, denn wir steuern auf die Deutsche Einheit zu." „Was hat meine Scheidung mit der Deutschen Einheit zu tun." „Nun ja, wie kann ich Ihnen helfen?" Ich erzählte ihm meine Lebenssituation und auch, dass ich die Scheidung schon einmal zurückgenommen hatte, weil mein Ehemann mich dazu gedrängt hatte. Ich sprach über unseren Sohn, über Kuba, dass ich auch schon bei der Polizei war, über all die Umstände und über Rauls Gewaltausbrüche. Es fiel mir sehr schwer, meine Tränen zu unterdrücken. Sara stand bewegungslos neben mir und rührte sich nicht vom Fleck. Ihre Augen waren weit geöffnet, als ob sie mit den Augen statt mit den Ohren zuhörte. „Das ist ja eine ganze Menge, was Sie da erzählen. Ich werde eine Klageschrift aufsetzen. Sie müssen jedoch eine Anzahlung von 400 Mark leisten." „Was, 400 Mark? Wieso und für was denn? Das verstehe ich nicht. So viel Geld habe ich nicht." „Sie können das Geld auch bei unserem nächsten Termin mitbringen. Wir müssen dann auch die Klageschrift noch besprechen und eventuell gibt es noch mehr Einzelheiten von großer Wichtigkeit." Ich war sprachlos, dies hier war jetzt der einzige Weg und kein anderer führte daran vorbei. „Dann machen wir das so, das Geld ist kein Problem, wann ist denn der nächste Termin?", gab jetzt Sara von sich. Ich schaute sie an und sie lächelte. Ein vertrauenswürdiges Lächeln strahlte mir entgegen. Ich bekam meinen Termin. Er legte ihn auf die Mittagszeit, so konnte ich schnell in der Pause zu ihm fahren. Als wir wieder draußen waren, sagte Sara zu mir. „So ist es doch viel besser. Er wird sich um dich kümmern und vor allem auch dafür sorgen, dass du keinen Rückzieher machst. Vielleicht zieht das jetzt viel mehr bei Raul. Du hast jetzt einen Beistand an deiner Seite. Du wirst am Freitag zu dem Termin gehen, ihm das Geld geben und dann wird alles sicher mit einem Anwalt nicht mehr lange dauern." Ich ließ das Ganze erstmal sich setzen und hoffte, dass sie recht hatte. „Jetzt läuft es, ich sollte glücklich sein, doch das schaffe ich gerade nicht. Ich habe etwas Geld durch diese ganze Tauschaktion von Ostmark in Deutsche Mark. Du weißt doch, Elena hatte mir Geld gegeben, weil es bei ihr nicht mehr eins zu eins getauscht wurde. Bei mir wurde alles eins zu eins getauscht und dafür hatte sie mir 500 Mark gegeben." „Dann ist ja alles gut, komm jetzt, lache endlich wieder, schau nicht so bedrückt und niedergeschlagen." Wir umarmten uns, gingen zur Straßenbahn und fuhren in getrennte Richtungen nach Hause. In meinem Kopf arbeitete es. Ja, ich war glücklich und fühlte mich sicher, dass ich auf keinen Fall einen Rückzug mache. Dieser Anwalt gab mir unbewusst ein Stück Sicherheit. Mit ihm wurde es leichter. Sara hatte recht und sie war die einzige Person, die davon wusste, dass ich nun zum zweiten Mal die Scheidung eingereicht hatte. Ich beschloss jetzt, so zu tun, als sei es das erste Mal. Auch meinen Eltern und Maria konnte ich davon nichts sagen. So war es besser, wichtig war, dass die Scheidung lief. Ich wollte sie nicht enttäuschen. So blieb ihnen auch der Grund für den ersten Rückzug erspart. Es war ohnehin sehr schwer für mich, den Mut ein zweites Mal zu fassen. Dann hat es eben so lange gedauert, weil ich jetzt einen Anwalt brauchte. Ich musste ihn am Freitag unbedingt fragen, wie es weiterging, was als Nächstes kam. Als ich nach Hause kam, nahm ich Raulito und fuhr zu meinen Eltern. Maria war da, was für eine große Freude. „Na da ist ja die Familie komplett. Komm rein, Kind, Maria ist auch da", empfing uns meine Mutter. Max und Raulito fanden sofort zueinander, hockten sich auf den Boden und spielten Karten. „Was gibt es denn zu essen?", fragte ich gespielt fordernd." „Ihr esst mir noch die Haare vom Kopf. Es gibt Spagetti mit Tomatensoße. Das wird hoffentlich für alle reichen", erwiderte meine Mutter mit einem Lachen im Gesicht. Was für eine wohltuende und gelassene Atmosphäre! Wir Frauen standen zu dritt in der Küche und tranken ein Glas Wein. Es war beinah wie in Kuba. Das war wie Balsam für meine Seele. Ich war froh, gekommen zu sein. Nachdem Sara mir so guttat und jetzt die Familie, spürte ich, wie mich das erwärmte. Kein schlechtes Gewissen mehr oder den Fragen ausweichend, wie weit es nun mit der Scheidung war. Sie konnten jetzt alles erfragen und ich konnte mit voller Überzeugung sagen, dass alles läuft. Ein so schönes Gefühl. Als wir beim Essen saßen, kam die Frage von meinem Vater. „Sage mal, wie lange dauert das denn noch mit der Scheidung? Hast du mal was gehört? Das kann doch nicht ewig dauern, da tut sich ja gar nichts." Was für eine Erleichterung in mir, jetzt ein Stück weit konkret antworten zu können. „Es gibt jetzt die Auflage, dass ich einen Anwalt haben muss und ich war heute dort und er nimmt das Ganze jetzt in die Hand. Nur leider kostet das jetzt erstmal 400 Mark. Am Freitag habe ich einen Termin bei ihm und dann besprechen wir das weitere Vorgehen." „Was einen Anwalt, wozu denn das?", sagte meine Mutter. „Die Gesetzte haben sich geändert, hieß es." „Ach Mutti, reg dich nicht auf, mit einem Anwalt kann es nur besser werden!", mischte sich nun Maria ein. „Schwesterchen, scheiß auf das Geld, das ist gut investiert." „Dann muss es aber jetzt vorwärtsgehen, wenn er schon so viel Geld nimmt", sagte abschließend noch mein Vater und ich fühlte mich gut dabei, weil es jetzt wirklich vorwärtsging und weil meine Familie trotz meines ständigen Rückzuges mir immer noch beistand.

Freitag ging ich wie verabredet zu meinem Anwalt. „Lassen Sie uns zusammen die Klageschrift durchgehen. Ich möchte nichts vergessen haben und eventuell haben Sie dem noch etwas hinzuzufügen." Er las mir vor und ich war so erstaunt über sein Deutsch und seine gewählte Aussprache. Für mich hörte es sich an, als würde er Raul kennen. „Ich habe dem nichts mehr hinzuzufügen. Aber was passiert jetzt als Nächstes?" „Die Klageschrift wird jetzt dem Gericht und Ihrem Mann zugestellt." „Oh Gott, meinem Mann, das macht mir Angst." „Da führt kein Weg dran vorbei. Ihm werden alle diese Punkte zur Last gelegt und er muss die Gelegenheit bekommen, sich innerhalb einer Frist dazu äußern zu können. Lässt er diese Frist verstreichen, wird dann als Nächsten ein Gerichtstermin angesetzt. Wir werden auch einen Dolmetscher beantragen, sonst laufen Sie Gefahr, dass er erscheint und sagt, dass er kein Wort versteht. Das Recht hätte er, da er Kubaner ist." „Aber wieso, er kann doch Deutsch." „Sicher kann er das, aber er kann behaupten, dass er die Sprache nicht spricht, und dann erst wird ein Dolmetscher bestimmt. Deshalb beantrage ich das bereits schon jetzt, verstehen Sie." „Ja ich verstehe."

Nun begann wieder die Zeit, in der ich jeden Tag damit rechnete, dass Raul die Klageschrift bekommen hat. Wie würde er dieses Mal reagieren? Ohne Umschweife sprach mich Raul darauf an. „Ich habe Post bekommen von einem Anwalt. Was soll das? Wieso hast du einen Anwalt?" „Ich habe die Scheidung eingereicht, deshalb hast du das bekommen." „Die Scheidung? Wir waren uns doch einig, du hast die Scheidung zurückgenommen." „Wir waren uns nie einig. Ich will die Scheidung und ich will nicht mehr mit dir zusammen sein." „Du kannst noch tausendmal die Scheidung einreichen. Du gehörst mir, ob geschieden oder nicht. Du bist meine Frau und du wirst nie unser Kind bekommen, das lasse ich nicht zu", schrie er mich jähzornig an. Ich wusste es und seine Aussage, ich wäre sein, ich würde ihm gehören, war so voller krankhafter Wut und traf mich jedes Mal bis ins Knochenmark. Mir schauderte bei dieser Aussage. Sein Schrecken erregender Gesichtsausdruck dabei ließ alle bösartigen

Vermutungen zu. „Dein Anwalt kann mich mal!" Während er das sagte, zerriss er die Klageschrift. Ein entsetzlicher Anblick. „Warum willst du mit mir zusammen sein, wenn ich doch nur weg von dir will und will, dass du für immer aus meinem Leben verschwindest." Er packte mich mit beiden Händen an den Schultern, drückte mich dabei zusammen und schrie mir ins Gesicht. „Ich liebe dich und du bist meine Frau. Niemals wird dich je ein anderer Mann haben." Ein grauenhaftes Szenario. „Verdammt nochmal, was ist Liebe? Das ist Liebe? Ich weiß nicht, was Liebe ist!", schrie es in mir. Die Vorstellung, es würde so kommen, wie er sagte, schien meinen Kopf zu zerschmettern. Machtlos, unfassbar machtlos erschütterten mich diese Worte. Zu wissen, mein Leben lag allein in seinen Händen. Ich wollte schreien, laut schreien, wie der größte und stärkste Bär brüllt, der seine Feinde in die Flucht schickt. Genauso wollte ich ihn in die Flucht schicken, damit er für immer aus meinem Leben verschwand. Ein unglaublicher Kampf in mir, der mein Herz so stark ergriff, dass es war, als ob ich einen Herzinfarkt erlitt. Mein Herz lag gefesselt in Stahlketten und ich versuchte, sie zu sprengen, doch es gelang mir nicht. Dieses Gefühl rief so enormen Schmerz in mir hervor, welchen ich um ein Vielfaches schlimmer spürte als jegliche Art von Gewalt, die ich in meinem bisherigen Leben erfuhr. „Ich bin gefangen, stehe mit dem Rücken zur Wand und bin ihm auf Verderb ausgeliefert. Wie soll ich mich je aus dieser zupackenden Zange befreien?" Niemals hatte ich an seinen Worten gezweifelt. Es gab an seinem Sein keine Schwachstelle, die ich für mich hätte nutzen können. Für mich stand fest, dass er jedes einzelne Wort ernst meinte.

Die Zeiten waren turbulent. Wir wussten nicht, ob wir unseren Arbeitsplatz verlieren. Alles sprach dafür. Die alten Eigentümer unserer Firma waren aufgetaucht und hatten Rückübertragungsanspruch aufgrund der Enteignung von 1949 gestellt. Sie würden sicher nicht das Personal übernehmen, zumindest nicht alle. Für uns war dies Neuland. Der ganze Umbruch, arbeitslos zu werden und all das, was noch auf uns zukommen würde. „Das sind die Schattenseiten des Kapitalismus", sagte mein Kollege. „Aha, was denn für Schattenseiten und was sind dann die Sonnenseiten? Das ist mir alles zu kompliziert. Ich will das alles gar nicht wissen", wandte ich mich ab. Tatsächlich hatte ich andere Sorgen. Es war Ende August 1990. Mein Scheidungstermin war für Anfang September angesetzt. Raul wollte das alles nicht wahrhaben. Für ihn ging alles so weiter wie vorher. Ich war seine Frau und hatte alles uneingeschränkt für ihn zu machen. Die herrschende Wohnungsnot ließ es nicht zu, dass ich die eheliche Wohnung verlassen konnte. Um all das zu ertragen, tat ich weiterhin, was er verlangte, und hoffte, dass sich mit dem Scheidungstermin alles ändern würde. Wenn ich erstmal geschieden war, dann war ich frei und nichts würde mich daran hindern. Meine Freiheit geregelt vom Gesetz durch ein Scheidungsurteil.

Noch im August erhielten wir alle zum Ende September unsere Kündigung. Unser großes Glück war jedoch, dass wir eine kleine Abfindung bekamen. Für mich bedeutete dies jetzt, öfters zu Hause zu sein und dadurch noch mehr Zeit mit Raul verbringen zu müssen. Das alte Stasigebäude in Leipzig wurde zum Arbeitsamt umfunktioniert, Ironie des Schicksals. Schlangen türmten sich vor dem Gebäude. Keiner wusste, wie das alles funktionierte. Genauso wie ich wurden sehr viele Leute aus anderen Betrieben, die jetzt schließen mussten, entlassen. Nach stundenlangem Warten bekam ich die notwendigen Unterlagen, um mich arbeitslos zu melden und Gelder zu beantragen. Wie sollte das weitergehen? Wie und wann würden wir neue Arbeit bekommen. Das wusste niemand. Wir saßen noch alle zusammen im Büro und sahen ungewissen Zeiten entgegen. Solch eine Situation hatten wir noch nie und die Ungewissheit trübte all die schönen Veränderungen, die seit dem Mauerfall passiert waren. Das Positive an dieser Ungewissheit war jedoch, dass wir uns kein großes Ausmaß dessen bewusst machen konnten, da wir nicht im Geringsten irgendeine Konsequenz vom Verlust der Arbeitsstelle kannten. Wir hatten gelernt, immer für uns zu sorgen, und daran konnte sich doch gar nichts ändern, auch jetzt nicht. Diese Einstellung war die beste, die wir ohne Absicht haben konnten. Sie war einfach gegeben, keine Schwarzseherei und deshalb blieben wir alle bei guter Laune und genossen noch unsere letzten Stunden zusammen im Büro. Zum Glück hatte Sara gerade noch ihrem Berufsabschluss geschafft. Als wir dies gerade zusammen feierten, erhielt ich einen Anruf von meinem Anwalt. „Gut, dass ich Sie erreiche. Soeben erreichte mich ein Schreiben vom Gericht. Der Scheidungstermin für nächste Woche wurde kurzfristig abgesagt, weil der Dolmetscher erkrankt ist." „Was, oh bitte, tun Sie mir das nicht an. Meine einzige Hoffnung, dass mein Mann endlich begreift, wie ernst es mir ist. Ich halte es nicht mehr aus, ich kann keine Sekunde länger als nötig mehr mit ihm zusammenleben. Wir brauchen keinen Dolmetscher. Bitte rufen Sie den Richter an und sagen Sie ihm das, er soll den Termin stehen lassen." „Das ist zu spät, wenn ein Termin erstmal abgesagt wurde, kann man den nicht erneut aufleben lassen, zumindest nicht bei Gericht. Außerdem haben wir bereits einen neuen Termin bekommen, doch der ist am 4. Oktober 1990. Da kann ich Ihnen auch gleich sagen, dass der nicht stattfinden wird. Denn wie Sie wissen, ist am 3. Oktober die Deutsche Einheit und damit treten alle DDR-Gesetze außer Kraft und das bundesdeutsche Recht tritt in Kraft." Das war zu viel, zu viel von Unklarheiten, die er mir da präsentierte. Das alles nur wegen dieses verdammten Dolmetschers. Warum nur musste er ihn beantragen? Ich war sprachlos und nicht in der Lage, das alles zu begreifen. Was war denn da so anders an dem bundesdeutschen Recht? „Hallo, sind Sie noch da?" „Ja, ja, ich bin noch da, ich kann das alles nicht glauben. Sie müssen da was machen, tun Sie was, um das zu verhindern." „Mir sind da die Hände gebunden und vor allem das Scheidungsrecht ist dann ganz anders als zuvor. Wenn Ihr Mann das möchte, kann er auf drei Trennungsjahre bestehen." „Was denn für Trennungsjahre, ich bin doch schon getrennt von ihm." „Ja, aber so ist dann nun mal die neue Gesetzeslage. Es kann auch passieren, dass Ihr Mann seine unbegrenzte Aufenthaltsgenehmigung verliert, da diese auf Gesetzesgrundlage der DDR erteilt wurde, die nun nicht mehr gegeben ist." Das war mir zu viel Gesetzesrederei, völlig fremd für mich und dadurch umso schwerer zu verstehen. „Vielleicht wird er dann ausgewiesen, könnte das sein?" „Wenn er auf die drei Trennungsjahre besteht, kann sich in dieser Zeit noch viel ändern. Solange sie mit ihm verheiratet sind, behält seine unbegrenzte Aufenthaltsgenehmigung Ihre Gültigkeit." Solange Sie mit ihm verheiratet sind, so lange behält er … blieb als einziges bei mir hängen, mit ihm verheiratet sind, verheiratet sind. Oh mein Gott, bitte nicht. Das musste Raul schon vermutet haben. Das war der Grund, warum er in diesem Zusammenhang immer so aggressiv wurde und warum er mich besitzen wollte. Ich war seine Aufenthaltsgenehmigung und jetzt war ich bald arbeitslos und ständig zu Hause und musste dann täglich seinen Aufenthalt genehmigen. Abstrakte Gedanken schwirrten in meinem Kopf rum, gepaart mit Hilflosigkeit, die alles nur noch schlimmer machte. „Bitte versuchen Sie, den Termin noch vor den Tag der Deutschen Einheit zu legen, das muss doch möglich sein." „Ja, vielleicht wäre es möglich, aber der Dolmetscher hat frühestens am 4. Oktober Zeit." Schon wieder dieser Scheiß-Dolmetscher. „Dann sollen Sie doch einen anderen Dolmetscher nehmen." „Die gibt es nun mal nicht wie Sand am Meer." „Dann mache ich eben die Übersetzung." „Sie sind befangen und deshalb nicht zugelassen." Befangen, was hieß das, immer diese geschwollene Anwaltssprache. „Bitte versuchen Sie es." „Ich melde mich wieder bei Ihnen, sobald ich was Neues weiß." Aufgelegt, Telefonat beendet, noch nie in meinem Leben hatte ich so ein schwerwiegendes Telefonat, was meinen Geisteszustand fast zum Erliegen brachte. Ein schicksalhaftes Telefonat. Ich war verwirrt und unfähig, zu sprechen. Sara sah mich an. „Was ist los, was wollte er, was ist passiert? Sag' doch was." Ich legte meinen Kopf auf meine Arme auf den Tisch und weinte. Es war mir nicht möglich, das alles in Einzelheiten zerlegt zu realisieren, und ich redete wirres Zeug. „Ich verstehe nichts, was meinst du mit drei Jahren?" „Warum wurde der Termin verschoben?" „Ich muss erstmal wieder Fassung erlangen, bevor ich dir antworten kann." Drei weitere Jahre Martyrium sollten vor mir liegen. Immer wieder türmten sich Felsbrocken auf meinem Weg vor mir auf, die mich zwangen, gegen die unvorhergesehenen Ereignisse zu kämpfen. Mir fehlte die Kraft, ich wollte nicht fortwährend kämpfen müssen.

Raul hatte seine wahre Freude an der Terminverschiebung. Für ihn war es ein Sieg, ein Zeitgewinn und das genoss er sichtlich. „Du wirst sehen, es wird nie zur Scheidung kommen." Ich antwortete ihm nicht, zu tief saß der Schock und das sollte er nicht merken. Stattdessen tat ich so, als ließe mich das unberührt.

Inzwischen arbeitete ich nicht mehr. Die Zeit mit Raul zu Hause kam mir endlos vor, auch wenn er noch arbeitete. Oft machte er ein paar Tage krank. Dann war es noch unerträglicher mit ihm. Das Schlimmste wäre jedoch, wenn auch er seinen Job verlor. Immer noch ließ er sich von mir bedienen und ich tat es. Ich war um jeden Moment froh, wenn er nicht da war. Es fiel mir dennoch schwer, das Haus zu verlassen, da ich mir nie sicher war, ob Raul unverhofft zurückkehrte. Eine Möglichkeit, mich mit Beat zu treffen, gab es nicht. Telefonisch war ich nicht mehr erreichbar und ich wusste nicht, ob und wann er in Leipzig war. Als ich noch arbeitete, trafen wir uns jede Woche. Beat fragte ständig, ob es was Neues gab, und ich konnte ihm einfach keine Antworten geben. Dass in meinem Fall alles so enorm kompliziert war, verstand er nicht. Durch sein Unverständnis war er mir keine Hilfe. Mit seinem unbeschwerten Leben konnte ich nicht mithalten. Doch die Hoffnung blieb, dass wir mehr Zeit hätten, wenn ich erstmal frei war. Ich klammerte mich unbewusst an diese Vorstellung, die mich antrieb. Warum konnte Raul nicht eine andere Frau kennenlernen? Das wünschte ich mir so sehr. Wenn er sich neu verliebt, dann würde es ein schnelles Ende geben. Ab und zu fuhr ich zu meinen Eltern oder zu Maria. Kurze Momente der seelischen Entspannung. „Schwesterchen, ich habe gehört, dass sie die alte Diskothek in der Nähe unserer Eltern in ein Frauenhaus umbauen. Lass uns mal dahin gehen. Fragen schadet nichts." „Ein Frauenhaus? Wenn das stimmt, dann wäre das meine Rettung." Wir fuhren noch am selben Tag zu dieser alten Diskothek. Eine Frau stand davor und schien damit etwas zu tun zu haben. „Hallo, guten Tag. Entsteht hier wirklich ein Frauenhaus?", ging Maria direkt auf sie zu. „Ja, das wird hier entstehen, aber das dauert noch eine Weile, bis es so weit ist." „Meine Schwester lebt in Scheidung und ihr Mann ist hochgradig gewalttätig. Er besteht auf die drei Trennungsjahre nur scheint es, als würde sie das nicht überleben. Es besteht akuter Handlungsbedarf. Sehen Sie vielleicht eine andere Möglichkeit für sie, unterzukommen?" Nachdem Maria noch weitere Einzelheiten geschildert hatte, antwortete die Frau und wandte sich an mich. „Das tut mir wirklich leid, ich werde mich umhören. Ich gebe Ihnen meine Telefonnummer. Rufen Sie mich bitte an. Sie können jederzeit anrufen. Vielleicht finde ich als Übergang eine andere Möglichkeit." „Vielen Dank", sagte ich und ich fühlte mich nach ihren Worten so gut aufgehoben, obwohl sie nichts für mich tun konnte. Doch ihre spürbare Anteilnahme gab mir ein beruhigendes Gefühl. Wir unterhielten uns noch eine ganze Weile. Diese Frau hatte Großes vor und wollte mehrere Frauenhäuser eröffnen. Wir verabredeten uns für die nächste Woche auf einen Kaffee. Als wir uns trafe,n fragte sie nach der aktuellen Situation bei mir zu Hause. Ich liebte ihre liebevolle und Mut zusprechende Art. „Wir finden eine Lösung, halte durch! Komm mit, ich stelle dir noch meine Kolleginnen von der Uni vor. Wir arbeiten zusammen an diesem Projekt Frauenhaus." Es waren noch vier Frauen, die mich unglaublich liebevoll empfingen. Sie strahlten mich an, bestärkten mich damit und schienen in mir einen handfesten Grund darin zu sehen, dass das, was sie gerade aufbauen, das Richtige ist. Wir verabschiedeten uns und versprachen uns, in Kontakt zu bleiben. „Du weißt, du kannst mich jederzeit anrufen." Das zu wissen, jemand der mir Hilfe anbot, war ein unbeschreibliches ermutigendes Gefühl.

Raul war wieder mal krankgeschrieben. Er befriedigte damit immer mehr seine Kontrollsucht über mich. Seine ständigen Drohungen, mich unkenntlich zu verletzen, machten mir zunehmend Angst. „Du hast zu machen was ich dir sage. Du wäschst und kochst für mich und ich schlafe mit dir, wann immer ich es von dir verlange. Du bist meine Frau. Trennungsjahre interessieren mich nicht. Es wird keine Trennung geben, vorher bist du tot. Du wirst nicht meine Aufenthaltsgenehmigung aufs Spiel setzen.

Schließlich bin ich wegen dir hier nach Deutschland gekommen." Da war es, ich hatte mich verpflichtet. Und wieder umklammerte er meinen Hals, während er mir dies direkt ins Gesicht brüllte. „Ich hasse dich. Du machst mir keine Angst mehr", entgegnete ich ihm, obwohl meine Worte nicht mit meinem tatsächlichen Empfinden übereinstimmten. Aber in mir wollte alles ausbrechen. Doch durch meine Ergebenheit, meine Machtlosigkeit, gelangte ich in eine unermessliche Verzweiflung, begleitet von großer Wut. Immer wieder fragte ich mich, warum nur hatte es mein Anwalt nicht geschafft, die Scheidung noch vor der Deutschen Einheit durchzubringen. Diese verdammten Trennungsjahre. „Lass mich los", schrie ich und stieß ihn weg und sah in dem Moment das große Brotmesser auf dem Küchenschrank. Ich nahm es und hielt es ihm entgegen. „Das würdest du nie tun", rief er und lief auf mich zu. In dem Moment wusste ich sofort, die Nummer mit dem Messer würde er nicht ungestraft lassen. Ich nutzte diesen einen Meter Abstand, rannte zur Wohnungstür, lief die Treppe hinunter und auf die Straße. Ich rannte und rannte in eine Richtung, in die ich sonst nie ging. Instinktiv ergriff ich diese Richtung, um auszuschließen, dass Raul mich auf diesem Weg verfolgte. Ich hatte nur ein dünnes, schwarzes Kleid an und keine Schuhe. Getrieben von Angst und Panik. Es war, als ob ich nicht mehr bei Sinnen war, nicht mehr ich selbst und ich fühlte mich wie ein gejagtes Tier. Ich wollte nur weg, einfach nur weit weg von ihm mit dem sehnsüchtigen Gefühl, wenn ich zurückkommen würde, wäre er nicht mehr da. Weit wegrennen, so lange, bis es vorbei war. Auf Umwegen und zu Fuß lief ich zu meinen Eltern. Bevor ich jedoch den Hauseingang erreicht hatte, stand Raul blitzartig vor mir. Mitten auf der Straße erfasste er mich und zog mich in Sekundenschnelle ins Auto. „Was soll das denn? Du glaubst doch nicht, dass dir das was bringt, davonzulaufen. Ich finde dich überall." Hilflos ergab ich mich wieder. Es war so gegen 17 Uhr und Raulito war mit den anderen Kindern auf dem Spielplatz. Ich musste nach Hause. Das Weglaufen war nur ein Traum, für einen kleinen Moment, als mich meine Sinne verlassen hatten.

Dienstag ging ich zu meinem Anwalt. Er war meine einzige Hoffnung, einen Weg zu finden, die eheliche Wohnung zu verlassen. „Guten Tag Herr Kaufmann. Entschuldigen Sie, dass ich hier so unangemeldet reinplatze. Ich kann nicht mehr, Sie müssen mir helfen." Nach diesen Worten liefen mir die Tränen und ich schluchzte ununterbrochen. „Bitte helfen Sie mir, tun Sie was. Ich kann so nicht mehr leben. Mein Mann macht mit mir, was er will. Es ist die blanke Hölle für mich, mit ihm unter einem Dach zu leben. Ständig droht er mir, mich umzubringen." „Ich kann nichts für Sie tun, wenn er auf die Trennungsjahre besteht. Sie dürfen ihm nichts zu essen machen und auch seine Wäsche nicht waschen. Wenn er das vor Gericht angibt, dann beginnen die Trennungsjahre von Neuen." „Selbst, wenn ich nicht für ihn koche und wasche, wird er es immer vor Gericht behaupten", antwortete ich verzweifelt. Dass er mich nach wie vor sexuell missbrauchte, davon sagte ich kein Wort. Zu sehr schämte ich mich. „Dann müssen Sie das bestreiten. Am besten, Sie verlassen die eheliche Wohnung." „Aber wie denn? Es gibt keine Wohnungen und auch kein Frauenhaus. Ich brauche Hilfe, verstehen Sie das denn nicht? Ich weiß nicht mehr, was ich machen soll." „Ich bin nur Ihr Anwalt, ich kann wirklich nichts für Sie tun." „Können Sie nicht den Scheidungstermin bei Gericht vorziehen lassen, es muss doch irgendeine Möglichkeit geben." „Ich werde es versuchen, aber versprechen kann ich Ihnen nichts." Er wird es versuchen. Ich wusste nicht, ob ich ihm das glauben konnte. Am Ende hatte ich wieder einmal nichts erreicht. Direkt vom Anwalt aus fuhr ich zu meinen Eltern. „Was machst du denn hier, komm rein", empfingen mich meine Eltern. „Ich komme gerade vom Anwalt", und erzählte ihnen, warum ich bei ihm war. „Es gibt nur eine Möglichkeit, du musst ausziehen. Vielleicht habe ich da eine Lösung", sagte mein Vater und wandte sich meiner Mutter zu. „Der Alfred hat doch geheiratet und ist zu seiner Frau gezogen, aber seine Ein-Zimmer-Wohnung hat er doch noch." „Soweit ich weiß, hat er sie noch", entgegnete ihm meine Mutter. „Kind, wir klären das ab. Wenn er die Wohnung noch hat, dann kannst du vielleicht vorübergehend da einziehen. Wir geben dir morgen Bescheid, ruf mich auf Arbeit an. Aber er wird sicher nicht wenig dafür verlangen." „Das wäre so wunderbar, wenn das klappt. Egal was es kostet, es wird schon irgendwie gehen." Mit diesem kleinen Lichtblick fuhr ich nach Hause und fieberte der Nachricht meines Vaters entgegen.

„Du hast Glück gehabt, er wollte die Wohnung schon kündigen. Du kannst sofort einziehen, seine Möbel sind noch drin. Er will allerdings 190 Mark pro Monat. Egal, auch wenn es knapp wird, du nimmst die Wohnung. Du ziehst das jetzt durch." Was für eine wunderbare und trostreiche Nachricht seit Langem. Gleichzeitig betete ich, dass ich das alles schaffte, ohne dass Raul etwas merken würde. „Oh mein Gott, danke. Ich kann es kaum glauben. Morgen fahre ich dorthin, um eine neue Schule für Raulito zu finden." „Du wirst ihn aber noch nicht bei der alten Schule abmelden. Mach das bloß nicht. Du musst jetzt aufpassen, dass Raul nichts merkt. Raulito darfst du auch nichts sagen, nicht, dass er sich bei Raul verplappert. Du behältst das jetzt alles für dich", unterwies mich mein Vater. „Wie recht er hatte", dachte ich nur. Zum Glück denkt er an alles. „Wir warten, bis Raul Spätschicht hat", sagte er noch. „Er hat in zwei Wochen Spätschicht." „Gut, bis dahin sehen wir uns noch und besprechen alles. Kümmere dich um den Schulwechsel." „Mache ich, bis später und danke."

Raul hatte diese Woche Frühschicht, die nächste Nachtschicht und dann kam die Spätschicht. Mein Gedankenkarussell quälte meinen Geist enorm. Einerseits war da die große Hoffnung, dass der Horror endlich ein Ende fand, und andererseits plagte mich die Angst, es nicht zu schaffen, diese eine Chance aus irgendeinem Grund nicht durchziehen zu können oder dass er mich fand. Auf keinen Fall durfte er etwas mitbekommen. Am nächsten Morgen, nachdem Raulito in der Schule war, fuhr ich zu dieser neuen Wohnung. Es war eine Plattenbausiedlung und sie war weit weg, im anderen Stadtteil von Leipzig, eine Stunde Fahrweg entfernt. Das war gut, je weiter weg umso besser und sie hatte Heizung und ein Bad. Die Größe war unwichtig. Auf dem dortigen Rathaus erfuhr ich, zu welcher Schule diese Straße gehörte, und lief direkt dorthin. Raulito war in der dritten Schulklasse. Nachdem ich mich anmeldete, kam die zuständige Klassenlehrerin auf mich zu. Sie war so alt wie ich und unfassbar nett und liebevoll. Ich erzählte ihr alles, die gesamten Hintergründe, die mich hierher zu ihr geführt hatten. „Niemand darf je etwas erfahren, dass er hier zur Schule geht", schloss ich ab. Immer wenn ich darüber sprach, musste ich weinen. Dieses Elend, das mich seit Jahren begleitete, brachte mich immer und überall zum Weinen, sobald ich daran dachte oder gar darüber sprach. Jahrelanges, aufgestautes Zurückhalten ließ mich jedes Mal hemmungslos schluchzen, ohne dass ich es verhindern konnte. Die Lehrerin fing ebenso mit an zu weinen. Sie war so berührt von meiner Geschichte, dass sie mit mir litt und in Tränen ausbrach. „Bringen Sie Ihren Sohn zu jeder Zeit. Wir werden alle Formalitäten erledigen, sobald er hier ist. Ich rede inzwischen mit der Schulleitung. Niemand sonst wird davon erfahren." „Vielen Dank", sagte ich und verabschiedete mich. Glücklich, diesen Schritt geschafft zu haben, fuhr ich nach Hause. Dennoch fühlte ich noch dieses Restrisiko, das bis zuletzt bleiben wird. Noch etwas mehr als zwei Wochen, dann war es geschafft.

In der folgenden Woche hatte Raul Nachtschicht. Es war kaum auszuhalten, mit ihm tagsüber zu Hause zu sein. Ich versuchte, ihm alles nur irgendwie recht zu machen, damit er nicht im Geringsten Verdacht schöpfte. Die Wohnung konnte ich nur verlassen, wenn ich zum Einkaufen ging. Dabei nutze ich die Gelegenheit und rief meinen Vater aus der Telefonzelle in seinem Geschäft an. „Hast du schon die Schlüssel bekommen?", fragte ich ihn. „Ja habe ich und wir werden das Ganze schon diesen Freitag durchziehen. Ich habe keine Ruhe mehr, nicht, dass sich Raul nächste Woche wieder krankschreiben lässt. Dann kannst du die Aktion vergessen. Denn ich bin nicht sicher, ob Alfred die Wohnung so lange freihält." „Aber Raul hat Nachtschicht, wann sollen wir das denn machen?" „Freitagnacht, wir sind Freitag so nach 22 Uhr bei dir, dann können wir sicher sein, dass er auf Arbeit ist. Ich sage Sascha und Maria Bescheid. Wir kommen mit dem Hänger, damit du die Waschmaschine und die

Schleuder mitnehmen kannst. Schau, was du sonst noch mitnehmen willst. Ich bringe dir Mutti, dann hole ich Sascha ab. Er muss mit Tragen helfen. Ich nehme Raulito mit und lasse ihn bei Maria und Max, damit er nicht unter Schock steht und wir auch schnell vorankommen. Hast du das verstanden?" „Ja, ich habe alles verstanden, aber ich werde nichts weiter mitnehmen. Ich habe Angst, dass Raul sonst noch mehr durchdreht, wenn er in eine leere Wohnung kommt." „Das musst du wissen, du hast ja erstmal alles in Alfreds Wohnung."

Es war Freitag, der 9. November 1990, genau ein Jahr nach dem Mauerfall. Den ganzen Tag war ich angespannt und zitterte innerlich. Die Stunde der Flucht war so nah und doch noch gefühlt Lichtjahre entfernt und unerreichbar für mich. Ich hatte kein Vertrauen in mich selbst. Zu oft wurde ich an meinen eigentlichen Vorhaben gehindert, zu viele Rückschläge hatte ich eingesteckt. Rückschläge aus Angst vor den Konsequenzen durch meinen eigenen Rückzug. Das durfte heute auf keinen Fall passieren. Nur noch dieser eine Tag. „Ich muss an Dirty Dancing denken, das hatte ich mir doch vorgenommen, wann auch immer ich schwach werde. Hoffentlich schöpft Raul keinen Verdacht. Meistens schlief er nach der Nachtschicht bis 14 Uhr, dann bleiben noch sieben Stunden zu überstehen und durchzuhalten. Nichts durfte darauf hinweisen, dass ich heute mit meinem Sohn diese Hölle verlasse." Ich verhielt mich ruhig und als Raulito aus der Schule kam, machte ich mit ihm die Hausaufgaben, obwohl er sie nicht mehr vorzeigen musste. Das war sein letzter Schultag in dieser Schule und er wusste davon nichts. Damit die Zeit verging, wollte ich mich so lange wie möglich daran aufhalten. Mit meinen Gedanken war ich jedoch ständig abwesend. Es war 17 Uhr, immer noch trennten mich fünf Stunden von meiner Flucht. Meine Aufregung stieg, deshalb fing ich schon an, das Essen zu kochen. „Wieso kochst du schon jetzt?", fragte mich Raul. „Hast du etwa später noch was vor?" Oh mein Gott, er hatte es gemerkt, ich schaffte es nicht, mein Gesicht abweichend zu meinen Gefühlen aufzusetzen. Mein Herz pulsierte in meinem Hals. Doch ich schöpfte Mut bei dem Gedanken, dass meine Eltern so oder so 22 Uhr da sein werden. Was auch immer bis dahin passierte, sie würden mich retten und ich würde endlich frei sein. „Ich habe doch jetzt Zeit und kann schon mal damit anfangen. Wenn du weg bist, will ich in Ruhe mit Raulito Fernsehen schauen, heute ist Freitag." „Wenn ich weg bin? Das überlege ich mir noch, ob ich gehe. Irgendwas hast du doch vor." Er bluffte, er würde nicht einfach hierbleiben. Er wollte mir nur Angst machen. „Dann bleib doch hier", forderte ich ihn auf und hoffte, dass er daraus schlussfolgerte, dass ich nichts vorhatte, sonst würde ich ihn nicht auffordern, hier zu bleiben. Ich ging meiner Arbeit nach und ignorierte ihn und verhielt mich so unauffällig wie nur möglich. Es war jetzt 20.45 Uhr. Um neun ging er, das war immer seine Zeit. Nun war es so weit, endlich ging er. Im Dunkeln ging ich ans Fenster, um zu sehen, dass er abfuhr. Erstarrt, ohne jegliche Bewegung stand ich anschließend mindestens zehn Minuten im Flur. Ich lauschte, ob ich ihn nicht zurückkommen höre. Schreckliche Minuten, in denen ich zitterte. „Mami, was ist los, komm jetzt!", rief mich Raulito. „Da bin ich ja schon." „Ich ließ die Tür im Wohnzimmer angelehnt. „Mami, es ist kalt, warum lässt du die Tür auf und warum hast du Socken an? Du hast nie Socken an." „Weil es kalt ist, mein Schatz." „Es ist immer kalt und du hast trotzdem nie Socken an zu Hause." Es stimmte, warum hatte ich die Socken angelassen. Hoffentlich war das kein Indiz für Raul. Ich saß mit Raulito auf dem Sofa und war außerstande, mich zu bewegen geschweige denn unsere Sachen zu packen. Sollte Raul zurückkommen und mich dabei ertappen, war ich geliefert. 22 Uhr, es klingelte zweimal in kurzen Abständen. Das waren meine Eltern, das war immer unser Klingelzeichen. Ich rannte die Treppe runter, schloss die Tür auf und meine Eltern kamen nach oben. „Mami was ist los, Opa, was machst du denn so spät hier?" „Komm, mein Schatz zieh dich an ich bring dich zu Max, er freut sich schon auf dich." Raulito spürte ganz genau, dass etwas nicht so war wie sonst. „Mami, Mami, ich will hierbleiben", weinte Raulito. Er hörte nicht mehr auf, zu weinen, und klammerte sich an mich. „Mein Schatz, was ist los? Ich hole dich nachher mit Opa wieder ab."

„Nein, Mami, bitte, bitte ich will nicht weg." Mein armer kleiner Schatz, so viel hatte er schon durchgemacht. Die Angst stand ihm ins Gesicht geschrieben. Es zerriss mir das Herz. „Beruhige dich, wir holen dich alle zusammen nachher ab", sagte mein Vater, nahm ihn und ging. „Los beeil dich stehe hier nicht rum, du musst was packen." „Mutti, ich nehme nichts mit, nur unsere Kleidung." „So weit kommt's noch. Du gehst hier nicht mit leeren Händen. Du wirst noch froh sein, wenn du das Nötigste hast. Bis die Männer da sind, sind wir fertig." „Ich habe nur den einen Koffer." „Vergiss den Koffer, der ist viel zu klein. Nimm ein Betttuch und halte es auf, mach jetzt, los. Schmeiß alles rein was darin Platz hat." Meine Mutter, was für eine super Idee. „Das machen wir, komm ins Schlafzimmer." Wie unter Strom öffnete ich die Schränke und warf alles hinein. Handtücher, Bettwäsche, Kleidung und Raulitos wenige Spielsachen. In ein separates Tuch packten wir die Schulbücher und alle meine Ordner mit verschiedenen Dokumenten. Die Schuhe verstauten wir in der Babybadewanne. „Das reicht jetzt. Wir brauchen sonst zu viel Zeit, um alles im Hänger unterzubringen." Es war dunkel und kalt. Ich zitterte immer noch am ganzen Körper und hatte das nicht mehr unter Kontrolle, obwohl meine Mutter mir durch ihre tatkräftige Unterstützung und ihre Anwesenheit die Angst nehmen konnte. Wir waren fertig und warteten, dass mein Vater und Sascha zurückkamen und sie nur noch alles verladen würden. Nur noch wenige Minuten und alles war geschafft. Die Zeit verging. Wo blieb nur mein Vater mit Sascha. „Wieso dauert das denn so lange, hoffentlich ist nichts passiert", sagte meine Mutter. „Oh Mutti, hast du das Geräusch im Hausflur gehört? Oh mein Gott, was ist das?" Schlagartig überkam mich ein Weinkrampf. Das Zittern saß mir in allen Knochen. Mein Kopf sank auf meine Knie. „Ich will hier weg, ich will keine Sekunde mehr länger hierbleiben, ich will frei sein." Ich halluzinierte und konnte meinen Körper nicht mehr beherrschen. Eine hochgradige Belastung und Anspannung machten sich breit. Durch und durch war ich von Panik ergriffen. „Kind, bitte beruhige dich und sei still. Hör doch, sie sind da, du hast Vati doch den Schlüssel mitgegeben." Die Tür öffnete sich. Sascha und mein Vater kamen rein und sahen mich auf dem Boden wie einen Haufen Elend sitzen. „Was ist denn hier los? Bewegt euch. In fünf Minuten sind wir hier raus. Raulito war nicht mehr zu bremsen. Wir müssen ihn gleich wieder abholen. Ich habe es ihm versprochen."

In zehn Minuten hatten wir alles nach unten getragen, nur noch die Ladung absichern, dann konnten wir los. Ich war sicher, dass uns die Nachbarn gehört hatten und froh, dass niemand auftauchte und Fragen stellte. Endlich saßen wir alle erleichtert im Auto und fuhren los. Im selben Moment fiel eine unfassbar und spürbar große Last von mir. Endlich frei, ich war frei und für immer weg von diesem Ort der Hölle. Die Hölle nicht endend wollender Misshandlungen. Misshandlungen an meiner Psyche und meiner Seele, die schlimmer zu ertragen waren als all die körperlichen Misshandlungen. Ich würde niemals mehr hierher zurückkehren. Ich war erfüllt von unendlicher Glückseligkeit und Dankbarkeit. Ich fühlte mich jetzt so unglaublich beschützt, während ich angelehnt an meiner Mutter hing. Sie legte ihren Arm um mich, hielt mich fest, so wie eine Mutter ihr Kind beschützt. Innere Ruhe breitete sich in mir aus und große Freude, mit meinem Sohn allein leben zu können. Niemals hätte ich diesen letzten und so wichtigen Schritt ohne die hartnäckige Hilfe meiner Eltern geschafft. Immer wieder hätte Raul mich kleingekriegt, bis ich meiner Sehnsucht nach dem Tod gefolgt wäre. Erleichtert und doch erschöpft sah mich meiner Mutter an. „Kind, endlich hast du es geschafft. Du glaubst gar nicht, wie froh ich bin. Diese Aktion werde ich mein ganzes Leben nie mehr vergessen." „Ich auch nicht und jetzt nur noch Raulito abholen." Wir kamen bei Maria an, es war bereits halb zwölf. Mein Vater und ich gingen schnell nach oben. Raulito war völlig aufgelöst und stand unter Tränen. „Mami, Mami nimm mich mit." „Natürlich nehme ich dich mit, das habe ich dir doch gesagt! Komm, ich erzähle dir alles im Auto." „Maria, was war los?", wandte ich mich an meine Schwester. „Er hat die ganze Zeit geweint. Wir konnten ihn nicht beruhigen. Was wir auch probierten, es war nicht möglich." Mein armer, kleiner Schatz war geplagt von seinen Verlustängsten. Ich wusste das und es bereitete mir große Sorgen. Schon in Kuba plagten ihn diese Ängste. „Los komm jetzt wir müssen weiter!", rief mein Vater mir zu. „Danke, Maria, wir sehen uns bald. Ich werde nur die nächste Zeit nicht kommen können, da Raul mich überall suchen wird." „Da finden wir schon einen Weg, geht jetzt erstmal!" Wir umarmten uns, liefen schnell wieder zum Auto und fuhren in unser neues, kleines und warmes Zuhause. Es war eine Ein-Zimmer-Wohnung im sechsten Stock in einem Plattenbau. Wohnzimmer und Küche waren vollständig ausgestattet. Für uns kleine Zwei-Personen-Familie absolut ausreichend. Die Angst, Raul könnte mich hier finden, verdrängte ich. In der Nacht um ein Uhr waren wir fertig und hatten alles nach oben gebracht. Raulito hatte sich inzwischen vollständig erholt und beruhigt. Im Auto hatte ich ihm alles erzählt und auch erklärt, warum ich ihm vorher nichts sagen konnte. Ich war überglücklich und konnte mein Glück kaum fassen. Zum Abschied lagen wir uns alle in den Armen. Meine Mutter teilte so sehr meine Freude, die ich selber kaum realisieren konnte. „Du bist jetzt frei und hab keine Angst. Er wird dich hier nicht finden." „Du gehst hier erstmal nicht aus dem Haus, außer nur schnell zum Einkaufen. Ich komme morgen Nachmittag mal kurz vorbei und schaue nach dem Rechten", sagte mein Vater noch zum Abschied.

Nun standen Raulito und ich allein in der Wohnung. Die Tür war abgeschlossen, den Schlüssel ließ ich von innen stecken. Mein Vater hatte noch die zwei Schaumstoffmatratzen für uns als Schlafplatz mitgebracht. Ich bereitete die Betten vor. Zum Glück hatte meine Mutter daran gedacht, das alles mitzunehmen. Eng umschlungen und voller Liebe legten wir zwei uns hin. Wir waren beide so aufgewühlt, dass wir noch eine ganze Weile lang redeten. In völliger Ruhe habe ich Raulito alles nochmal erklärt und all seine Fragen beantwortet, bis wir erschöpft einschliefen.

Wir erwachten spät am nächsten Morgen. Es war, als hätte ich das alles nur geträumt, doch es war wahr. Sofort waren meine Gedanken bei Raul und mir war klar, dass er jetzt bereits gesehen hatte, dass wir weg waren und auch was alles fehlt. Daraus würde er schließen, dass wir nicht zurückkommen. Ich stellte mir vor, wie wütend er jetzt war und wie er außer sich war. Es passierte einfach, diese Vorstellungen ließen sich nicht einfach so abschalten. Angst ergriff mich, er könnte direkt zu meinen Eltern fahren und ihnen was antun oder zu Maria. Er würde wissen, dass sie informiert waren, und es würde seine erste Anlaufstelle sein. Hoffentlich lauerte er ihnen nicht auf und fuhr meinem Vater hinterher. „Mami, bleiben wir jetzt für immer hier? Muss ich in eine andere Schule?" „Wir bleiben erst mal hier, solange es geht und du kannst jetzt auch nicht mehr in deine alte Schule zurück. Aber hier gibt es auch eine ganz tolle Schule und die Lehrerin ist sehr lieb. Wir gehen da am Montag zusammen hin." „Ich will nicht in eine andere Schule." „Ich weiß, mein Schatz, deshalb komme ich ja auch mit, aber jetzt müssen wir erstmal was einkaufen, los lass uns gehen." Die Gegend kannte ich nicht, aber es gab sicher ganz in der Nähe einen Supermarkt. Zusammen erreichten wir ihn nach ungefähr zehn Minuten. Immer wieder drehte ich mich um. Ich achtete auf alles. Es könnte sein, dass hier in dieser Gegend Kubaner wohnten, die Raul kannten. Unter den Kubanern sprach sich das sofort rum und auch Raul würde alle informieren, nach mir Ausschau zu halten. Schnell kauften wir alles, was wir brauchten, und das war mehr als üblich, denn wir benötigten die ganze Grundausstattung. Es war ein unbeschwertes Gefühl, auch wenn ich mich immer wieder umschaute, aber ich fühlte Erleichterung. Raulito blieb noch bei den Zeitschriften stehen und durfte sich auch eine aussuchen. Er war so tapfer und hatte das alles mit mir durchgestanden. Lange wollte ich mich nicht aufhalten. Mit zwei schweren und vollbepackten Taschen liefen wir nach Hause. Der Gedanke, Raul könnte plötzlich direkt vor mir stehen, war unerträglich. Zu oft war das schon passiert. Ich sprach mit mir selbst: „Es ist ausgeschlossen, er weiß nicht, wo wir sind, er kann nicht einfach so vor mir stehen." „Was sagst du, Mami?" „Ach nichts, mein Schatz, mir ist nur kalt und ich möchte schnell zu Hause sein." In unserem neuen Zuhause und ganz schnell die Tür wieder hinter uns schließen." „Komm dann rennen wir." „Nein besser nicht, die

Taschen sind so schwer." Endlich zurückgekehrt, packte ich alles aus und dann frühstückten wir erstmal ausgiebig und in einem absolut glücklichen Zustand. Ich lauschte nach jedem Geräusch, ging zum Balkon und schaute nach unten, um mich immer wieder zu versichern, dass Raul nicht unten herumschlicht. Es klingelte an der Tür. „Psst, ganz still!", deutete ich Raulito. Denn der kleine Flur war offen zum Wohnzimmer. Ein zweites Mal klingelte es. Das war zu früh für meinen Vater und es war auch nicht das Klingelzeichen. Mutig ging ich zur Tür. „Wer ist da?" „Ich bin die Nachbarin." Eine Frauenstimme, zum Glück eine Frauenstimme. Ich spürte, wie mein Herz klopfte und ich fing wieder an zu atmen. Unbewusst hatte ich den Atem angehalten. Ich öffnete die Tür. „Guten Tag, ich bin Monika, Ihre Nachbarin, auf gute Nachbarschaft." Ein kleiner weißer Hund, oder besser ein kleines Wollknäuel sprang mir entgegen und lief in die Wohnung. „Entschuldigung, das ist Happy, du brauchst keine Angst vor ihr zu haben." „Nein habe ich nicht. Ich bin Petra und das ist Raulito, mein Sohn. Komm rein." Sie war so eine liebe, aufgeweckte Person und mir sofort sympathisch. „Wenn du mal was brauchst, einfach nur nebenan klingeln." „Das ist sehr lieb, danke." „Warum bist du denn mitten in der Nacht eingezogen?" Es war, als würden wir uns schon jahrelang kennen und ich vertraute ihr. Ich erzählte Monika kurz die Umstände, die uns hergeführt hatten und auch, dass niemand wusste, wo wir waren. „Das ist ja furchtbar, wir werden ab sofort noch besser aufpassen, dass die Haustür abgeschlossen bleibt. Ich sage meinem Mann auch Bescheid."

Dieser erste Samstag in Freiheit und in dieser schönen, warmen Wohnung war von einer unbeschreiblichen Glückseligkeit in mir begleitet. Ich saß mit Raulito friedlich auf dem Sofa und genoss diese neuen, unbekannten und gleichzeitig wohltuenden Empfindungen. Noch nie war ich in meinem Leben so beseelt vor Glück, noch nie war ich so glücklich. Das absolut Schönste und Höchste nach der Geburt meines Sohnes, was ich je empfinden durfte. Der glücklichste Moment in meinem Leben voller Erlösung. Hier zu sein, zu wissen, es bis hierher geschafft zu haben. Das Gröbste überstanden zu haben, zu wissen, dass niemand kam und meinen Körper und meine Psyche plagen würde, ohne in Schrecken und Angst zu sein. Diese Befreiung löste unbeschreibliche, große Glücksgefühle in mir aus. Mein Kopf kam mir vor, als würde er sich öffnen und alle angesammelten, schlechten Erlebnisse und Ereignisse strömten wie eine dunkle Rauchwolke heraus. Ich fühlte diese große Menge Platz, die dadurch frei wurde. Ich spürte ein Stück meines wahren Selbst, das unter all dem jahrelang vergraben lag. Freiheit in meiner tiefsten inneren Natur. Niemals würde ich dieses Gefühl vergessen, das wusste ich. Nur Raulito und ich zusammen in einer Harmonie. Mein Herz begann sich zu befreien von all den Fesseln, dem Stacheldraht, dem Efeu und diesen dicken Mauern. Nie mehr würde ich mir dieses Wohlgefühl nehmen lassen. Ich spürte, wie mein Herz klopfte vor Freude und Liebe, die nun in mir waren und alles ausfüllten. Es war wie im Märchen bei Frau Holle, nur dieses Mal war ich nicht bei ihr aus Angst und Verzweiflung. Ich musste nur noch zu ihr die Betten aufschütteln. Endlich konnte ich mit Raulito die freie Zeit unbeschwert genießen. Nicht nur die Zeit, die frei war, sondern die tatsächliche freie Zeit in Freiheit. Ohne Druck, ohne Beschimpfungen, ohne Befehle, ohne Schrecken, ohne Gewalt und ohne Angst. Der Moment meines neuen Seelenfriedens. Mit diesem Wohlbehagen warteten wir auf meinen Vater. Ich war mir sicher, dass er gut aufpasste, und bald würde er da sein. Natürlich wusste ich, dass ich weiterhin vorsichtig und achtsam sein musste. Nichts durfte in irgendeiner Form auffällig sein. Jedes Vorhaben außerhalb von unserem neuen Zuhause musste ich planen und vorbereiten. Sobald ich das Haus verließ, musste ich mit allem rechnen und sofort handeln können, denn Raul konnte überall sein und uns auflauern. Doch verglichen mit meinem vorherigen Leben war das nicht. Alles, was zuvor geschehen war, war um ein Vielfaches schlimmer.

Es war halb vier, als es zweimal klingelte. Das musste mein Vater sein, doch obwohl ich das wusste, wurde ich ängstlich. „Raulito, bleib bitte hier in der Wohnung. Das wird Opa sein, ich gehe schnell nach unten und öffne ihm die Haustür. Ich lasse die Wohnungstür offen." „Mami, ich will lieber im Treppenhaus warten." „Ja gut, dann bleib schnell hier stehen." Ich lief die sechs Etagen runter, vor den letzten Treppen blieb ich stehen und schaute um die Ecke um zu sehen, ob es tatsächlich mein Vater war. Er war dicht an die Tür gepresst, um mir das Nachschauen zu erleichtern. „Du bist es zum Glück", sagte ich zur Begrüßung. „Na wer denn sonst." „Opa, Opa bist du es?", rief Raulito durch das ganze Treppenhaus. Für ihn schien es abenteuerlich zu sein. Doch lieber so als ein Psychodrama in seinem kleinen Kopf. „Opa, da bist du ja endlich." „Ja mein Schatz. Hast du gut und lange geschlafen? Wie geht es euch?" „Gut, Opa, Mami und ich waren schon einkaufen", strahlte er. „Willst du nicht jetzt das Märchen im Fernsehen schauen. Hier nimm, ich habe dir deine Lieblingskekse mitgebracht", entgegnete ihm mein Vater und sah mich dabei an. „Hast du aufgepasst, seid ihr jemanden begegnet, der euch kennt?" „Nein, ich glaube nicht. Wir waren auch ziemlich zügig wieder zurück." „Wir waren gestern Abend auch erst halb drei im Bett", sagte mein Vater. „Und jetzt habe ich eine Stunde gebraucht, bis ich hier war. Ihr seid hier sicher. Das ist so weit weg, das wird Raul nicht finden. Er stand übrigens vorhin hinten bei den Garagen bei uns mit einem Baseballschläger." „Was, oh nein, hat er dich gesehen?" Nur zu gut konnte ich mir seine tiefe Wut vorstellen. „Na klar, ich musste doch das Auto aus der Garage holen. Aber du kennst mich ja, der macht mir keine Angst. Ich bin mit dem Brecheisen in der Hand gegangen. Kurz bevor ich ihn erreicht hatte, drehte er um und zog davon." „Er wird nicht lockerlassen, er wird dich überraschen, wo du nicht damit rechnest und kein Brecheisen bei dir haben wirst." „Jetzt hör auf, den Teufel an die Wand zu malen, ich habe keine Angst vor ihm. Der soll ruhig kommen. Du bleibst jetzt die nächste Zeit besser zu Hause. Es ist immer gut, wenn etwas Zeit vergangen ist. Hier nimm die 200 Mark, du musstest ja heute einen Großeinkauf machen und die erste Miete habe ich Alfred bereits gegeben. Dann musst du dir darüber erstmal keine Sorgen machen." „Danke Vati, ich bin so froh und überhaupt ich bin so froh und dankbar für eure

Hilfe." „Ja, ja schon gut, aber jetzt gibt es kein Zurück mehr, hast du das verstanden?" Nur schon alleine bei seiner Aussage und dem Gedanken daran zurückzugehen, wurde mir ganz unwohl. „Niemals, das verspreche ich dir und mir und Raulito. Ich bin frei, für immer frei." Während ich das aussprach, spürte ich wieder dieses Wohlbehagen von vorhin und das fühlte sich so gut an. Mein Vater setzte sich nun endlich auf das Sofa, schaute sich um und sagte: „Mensch, das ist wirklich eine kleine, gemütliche Wohnung und sie reicht vollkommen für euch zwei. Es ist warm und du brauchst jetzt keine Kohlen mehr aus dem Keller zu holen und den Ofen einheizen. Da hast du es jetzt richtig gut und sei froh, dass du gerade nicht arbeitest." „Oh ja, es ist Luxus für uns. Wir werden heute Abend in die Badewanne gehen. Raulito freut sich schon." „Dann schließe ich dir noch schnell die Waschmaschine an und dann muss ich auch schon wieder los." Irgendwie wollte ich nicht, dass er so schnell wieder ging. Ich genoss diese Normalität und diese damit verbundene entspannte Ablenkung. Doch ich spürte auch die Sehnsucht nach meiner Mutter. Sie war so ein kraftvoller und tröstender Part auf unserer gestrigen Flucht, die gerade mal 18 Stunden zurücklag. „Fertig, jetzt kannst du Wäsche waschen. Ich mache jetzt los! Rufe bitte morgen an, am besten du meldest dich jetzt jeden Tag. Wir wollen wissen, ob alles in Ordnung ist, und wenn ich es schaffe, dann komme ich vorbei." „Tschüss Opa!", rief Raulito noch und weg war er. Ich drehte den Schlüssel zweimal um und ließ ihn stecken. Herrlich, einfach herrlich. „Soll ich uns heute Spagetti mit Tomatensoße kochen, mein Schatz?" „Oh ja Mami, lecker." „Komm, dann lasse ich dir dein Badewasser ein, ich mache in der Zwischenzeit das Essen." Raulito liebte es, wie wohl jedes Kind, in der Badewanne zu liegen und zu spielen. Er genoss es und ich war so froh, dass er nicht nach seinem Vater fragte und ausgelassen und glücklich war. Nachdem auch ich in der Badewanne war, aßen wir im Schlafanzug ausgiebig zusammen, lachten und freuten uns des Lebens und jeder hätte uns ansehen können, was wir gerade gegessen haben. Mein kleiner Schatz war so ein warmherziges, liebevolles und liebenswertes Kind. Ich wusste, ich entzog ihm seinen Vater, und ich wusste auch, dass es schwer war. Es war jedoch richtig schwer und nicht falsch schwer, ja es war schwer, aber es war richtig. Ich war einfach nur froh, dass ich ihm die Zukunft mit einer geprügelten Mutter ersparen konnte, froh, dass er nicht den Rucksack meines ungelebten Lebens tragen musste. Ihn da hindurchzubringen, war eine tiefgreifende Entscheidung, auch für ihn – doch zu bleiben, dort wo wir waren, hätte bedeutet, noch mehr Unglück in sein Leben zu bringen. Ich wollte Freiheit und Frieden für ihn und ich wollte, dass er seine Gefühle kennt und fühlt und nicht eines Tages, wenn ich ihn danach frage, zu mir sagt: „Mama, ich weiß nicht, wo meine Gefühle sind." Ich wollte, dass er Liebe fühlen kann, Liebe wahrnehmen kann und Liebe geben kann. Wir kuschelten uns auf das Sofa und schauten zusammen noch lange fern und es war mir egal, ob es spät wurde. Morgen ist Sonntag, den wir unbeschwert verbringen würden. Seine Nähe gab mir so viel Lebensenergie, so viel Liebe, Wärme und Seligkeit und ich wusste, dass Raulito die größte Liebe meines Lebens war. Ich würde dafür sorgen, dass er zu einem wunderbaren Menschen heranwächst, zu einem verantwortungsbewussten, mitfühlenden, liebevollen Mann, wie ich ihn gerne gehabt hätte.

Der Sonntagabend näherte sich. Morgen musste Raulito das erste Mal in die neue Schule. „Komm, mein Schatz, lass uns deine Tasche für die Schule packen." Er fing an zu weinen. „Mami, ich will nicht in die Schule, bitte lass mich zu Hause bleiben, nur eine Woche." „Ich komme doch mit dir und bringe dich hin und wenn du willst, dann bleibe ich noch eine Weile da." „Nein, Mami, bitte nicht, ich will nicht." Ich konnte seine Traurigkeit nicht ertragen. Es schnürte mir die Kehle zu, ihn so zu sehen. Mir war nur wichtig, dass er glücklich war, und ob er sofort oder später zur Schule ging, war mir jetzt auch egal. Die Vorstellung, morgen zur Schule zu gehen, quälte ihn so sehr. Ich nahm ihn in die Arme, „Beruhige dich, mein Schatz, wir bleiben morgen zusammen zu Hause. Wir können ja morgen mal zur Lehrerin gehen und ihr Bescheid sagen, dass du einfach noch ein paar Tage zu Hause bleibst." Seine Erleichterung war spürbar groß und ich blendete alles aus, was für ihn mit Pflicht zu tun hatte. Auch ich konnte so schnell nicht in das Alltagsleben zurück. Vor zwei Tagen war er noch in einer anderen Schule und sollte, ohne davon erfahren zu haben, zwei Tage später die Schule wechseln. Das konnte ich Raulito nicht antun. Seine Panik vor der neuen Schule rüttelte mich wach. Wir brauchten diese gemeinsame Zeit des Abstands von allem, was mein und sein Leben zuvor so stark beeinträchtigt hatte. Raulitos Belastungsgrenze war weit überschritten. Ich konnte und wollte ihm nichts mehr zumuten. Jetzt brauchte er Erholung, genau wie ich. Meine Psyche schrie nach Heilung, ebenso wie Raulitos Psyche und er hatte das intuitiv erkannt. Raulito sah mich an und ich sagte: „Mein Schatz, du hast wirklich recht, es ist besser, wenn wir erstmal ein paar Tage zu Hause bleiben und uns erholen."

Am Montagmorgen standen wir früh auf. Raulito sollte noch nicht in die neue Schule gehen, ich wollte jedoch noch vor Beginn der ersten Stunde bei der Lehrerin sein. Wir hatten seit unserem letzten und einzigen Treffen keinen Kontakt mehr. Sie musste wissen, dass wir da waren und wie es weiterging. „Mami, wir gehen hin, aber ich bleibe nicht dort." „Nein mein Schatz, das habe ich dir doch versprochen. Wir nehmen auch keine Schulsachen mit. Wir geben erstmal Bescheid, dass wir da sind und dass du ab nächster Woche kommst." Es war 07:30 Uhr, als wir ankamen und wir gingen direkt in das Klassenzimmer. Die Lehrerin war schon da, zum Glück auch allein im Raum. „Guten Morgen", entgegnete sie uns freundlich. „Da sind Sie ja, hat alles geklappt? Und du bist sicher Raulito." Plötzlich kamen ihm die Tränen. Ich beugte mich zu ihm und umarmte seinen kleinen Kopf. „Beruhige dich, mein Schatz." „Lassen Sie uns doch schnell ins Lehrezimmer gehen, dort können wir in Ruhe reden", sagte die Lehrerin. „Wenn Sie nichts dagegen haben, können wir uns gerne duzen, ich bin Stefanie." Ja gern, ich bin Petra." Es kam mir vor, als würde ich sie schon jahrelang kennen. Eine unglaublich ruhige und positive Energie ging von ihr aus. Sie sah mich an und ich hatte das Gefühl, als würde sie mich verstehen, ohne dass ich ein einziges Wort aussprach. „Wann seid ihr angekommen?" „Freitagnacht, es war sehr anstrengend, aber wir sind so froh, auch wenn wir noch vorsichtig sein müssen." „Das ist wirklich unvorstellbar und hört sich an wie ein Krimi für mich. Raulito, du brauchst auch keine Angst zu haben, es wird dir ganz sicher bei uns gefallen. Vielleicht bleibt ihr noch ein paar Tage zu Hause und lebt euch erstmal ein." Ein Stein fiel mir vom Herzen, als Stefanie das sagte. So musste ich nicht darum bitten. „Das würden wir gerne tun. Das alles hat uns beide sehr mitgenommen und unsere Grenzen überschritten." „Die Stunde fängt gleich an. Ich habe heute 14 Uhr Schulschluss. Kommt doch am besten zur Schule. Ich wohne hier ganz in der Nähe. Dann können wir bei mir einen Kaffee trinken und alles in Ruhe besprechen. Meine Kinder werden auch da sein. Da lernst du sie auch schon mal kennen, Raulito." „Das ist eine gute Idee. Wir sind 14 Uhr wieder hier." Raulito lächelte erleichtert. Wir verabschiedeten uns und gingen glücklich nach draußen. Auf dem Weg nach Hause machten wir noch einen Zwischenstopp beim Bäcker und Raulito verschlang noch auf dem Weg eine ganze Streuselschnecke. Er liebte dieses Gebäck, was augenblicklich dazu beitrug, den Kloß in seinem Hals zu lösen. Wir machten uns zusammen einen gemütlichen Vormittag, befreit und freudvoll genossen wir diese Gemütlichkeit. Ich konnte es selbst noch kaum glauben, wir waren frei. Stück für Stück konnte ich wieder lernen, eigenständig Entscheidungen zu treffen, und ohne hindernde Einflüsse darüber nachdenken. Meine zurückgewonnene Selbstbestimmung war noch sehr ungewohnt und in sanfter Zurückhaltung, aber ich spürte die Ankunft meiner eigenen Persönlichkeit in mir mehr und mehr. Durch meine jahrelange Unsicherheit konnte ich nicht sofort meine Psyche umprogrammieren. Doch ich würde lernen, damit umzugehen und mit jedem Tag würde es besser werden. Wir warteten vor der Schule auf Stefanie und als sie kam, gingen wir zusammen zu ihr nach Hause. Das war eine so willkommene neue Abwechslung für mich. Ich konnte allmählich eintauchen in mein neues Leben. Stefanie kam mir gar nicht so vor wie eine Lehrerin. Zu fest hatte sich die Vorstellung einer älteren, autoritären Person in mich gegraben. Sie war etwas kleiner als ich und hatte blonde, lockige Haare. „Ich mache uns Kaffee, setzt euch einfach hin, wo Platz ist." Wir saßen in der Küche, sie war klein und eng, aber gemütlich. „Ich muss nur noch schnell das Essen für meine Kinder warm machen. Willst du auch noch was mitessen, Raulito?" „Nein danke, ich habe schon gegessen." Stefanies Kinder kamen nach Hause, eine Tochter und ein Sohn. „Da seid ihr ja, ab die Hände waschen und essen kommen", entgegnete ihnen Stefanie bei der Begrüßung. Als die Kinder fertig waren, gingen alle drei nach nebenan ins Wohnzimmer. „So jetzt haben wir unsere Ruhe. Ich bin so gespannt auf deine Erzählung. Seit du damals in der Schule bei mir warst, konnte ich an nichts anderes mehr denken. Die ganze Zeit habe ich mich gefragt, hoffentlich schaffst du das alles. Denn ich kann mir nicht vorstellen, wie ich so eine Flucht machen würde." Stefanies Offenheit gab mir ein so gutes Gefühl und ich fing an zu erzählen von meinem jahrelangen Martyrium, von meiner Angst und meiner Verzweiflung. Einige Situationen beschrieb ich ihr ausführlicher und einige weniger ausführlich. Stefanie konnte ihre Tränen nicht unterdrücken und auch ich wurde wieder von meinen Tränen übermannt. „Raulito hat viel durchgemacht. Wir sind Freitagnacht hier angekommen. Er wusste von alledem nichts. Ich bin froh, dass er sich über das Wochenende wieder etwas gefangen hat, aber die kleinste, unbekannte Veränderung würde ihn noch mehr den Boden unter den Füßen nehmen. Seine Belastungsgrenze ist überschritten, deshalb kann ich ihn nicht gleich nach zwei Tagen wieder in die Schule schicken und so tun, als wäre nichts gewesen. Wir können nicht sofort zum Alltag übergehen. Er braucht erstmal wieder Stabilität", schloss ich ab. „Das ist mir völlig klar, nach den Ereignissen würde ich meine Kinder auch nicht gleich auf eine neue Schule schicken. Das sind ja wirklich Horrorgeschichten. Er muss sich langsam eingewöhnen. Wir können uns gerne am Mittwoch wieder treffen. So kann er etwas Vertrauen gewinnen und nächste Woche versuchen wir es mal mit der Schule." Ich war so erleichtert. Zu wissen, dass Raulito sofort in der Schule saß und ich zu Hause war, raubte mir fast den Verstand. Das Leid, welches ich ertragen musste, sollte nicht sein Leid sein und auch keine weiteren Auswirkungen auf ihn haben. Auch wenn jetzt alles anders war, auch wenn wir aufpassen mussten, dass uns niemand sah und auch wenn er seine Großeltern die nächste Zeit nicht so oft sehen würde. „Gerne kommen wir Mittwoch nochmal vorbei, das ist wirklich lieb von dir." „Das ist für mich selbstverständlich. Ich werde alles dafür tun, dass Raulito sich wohlfühlt." Stefanie erzählte nun auch etwas über sich und wir konnten nun auch endlich wieder lachen. Sie liebte die Musik von Matthias Reim und ließ sein Lied „Verdammt ich lieb' dich" laufen, drehte es laut auf und wir sangen mit. Welch wunderschöne ausgelassene Stimmung! Wir passten unglaublich gut zusammen. Die Kinder kamen aus dem Wohnzimmer und schauten uns an. Raulito konnte seine Freude über unser Zusammentreffen nicht verbergen. Doch ich sah ihm an, dass er sich fragte: „Ist das wirklich meine Lehrerin?"

Auf dem Heimweg hielt ich an einer Telefonzelle und rief bei meinen Eltern an. „Hallo Mutti, ich bin es." „Mein Kind geht's dir gut? Ist alles in Ordnung?" „Ja, alles in Ordnung. Ich bin achtsam und schaue, dass uns niemand folgt." „Wie war es in der Schule?" „Raulito war nicht in der Schule. Er ist noch nicht bereit, für ihn war es auch nicht leicht. Wir kommen gerade von der Lehrerin. Sie ist einverstanden und er muss erst ab nächste Woche in die Schule." „Na gut, dann geht jetzt beide schnell nach Hause. Wir kommen morgen so gegen um fünf zu euch. Brauchst du noch etwas?" „Nein, Mutti! Danke, wir haben alles, ich freue mich auf morgen." „Ja bis morgen." Ich erzählte Raulito, dass seine Großeltern morgen kurz kommen würden. Er freute sich und ich auch. Schnell waren wir zu Hause, Raulito hielt ich immer an meiner Hand. Ich schloss die Tür auf und direkt hinter uns wieder zu. Wir waren in Sicherheit. Auch wenn ich mich stets umschaute, wenn wir draußen waren, dennoch blieb in mir ein unsicheres Gefühl. Erst wenn wir in unserer kleinen Wohnung waren, fühlte ich mich sicher und konnte aufatmen. Meine langsam zurückkehrende Freiheit, wenn sie auch noch eingeschränkt war, beflügelte mich im höchsten Maße. Jede Minute dieser neuen Freiheit erleichterte meine Psyche. Dieses unbeschreibliche Glücksgefühl mit meinem Sohn in unserer sicheren Wohnung erfüllte mich so sehr.

Am nächsten Tag kamen meine Eltern. Es klingelte, ich wusste, dass sie es waren, war jedoch vorsichtig, als ich zum Hauseingang ging. „Hallo Opa", rannte Raulito meinem Vater entgegen. „Na mein Schatz, wie geht's dir?" „Gut Opa." Ich umarmte meine Mutter und war so glücklich, sie zu sehen. „Ist Raul bei euch aufgetaucht?", fragte ich meinen Vater. „Nein, ich habe ihn zumindest nicht gesehen. Du bleibst aber weiterhin vorsichtig. Es ist ganz gut, dass Raulito erst nächste Woche in die Schule geht." Wir verbrachten noch zwei unbeschwerte Stunden zusammen. Dann mussten sie auch schon wieder gehen. „Mach dir keine Sorgen mein Kind, er wird dich hier nicht finden, aber geht bitte nur raus, wenn ihr was einkaufen müsst und ruf uns jeden Tag an", sagte meine Mutter zum Abschied.

Raulito und ich hatten die schönste Woche seit Jahren, auch wenn wir uns fast ausschließlich in unserer Wohnung aufhielten. Lediglich zum Einkaufen und Telefonieren gingen wir raus und Mittwoch wie verabredet zu Stefanie. Wir schliefen lange am Morgen und gingen spät zu Bett. Ich kochte immer eines unserer Lieblingsessen. Wir spielten zusammen, sangen Lieder und nahmen alles auf Kassette auf und hörten sie uns immer wieder an. Raulito sang das Lied aus seinem neuen Telespiel, welches ihm sein Opa geschenkt hatte; „Wir feiern eine Party in dem Bienenstock, dem Bienenstock, dem Bienenstock", und genau das machten wir. Wir feierten täglich unsere Freiheit. Samstag kam dann meine ganze Familie, meine Eltern, Maria, Sascha und Max. Es gab viel zu erzählen, denn wir waren trotz unserer schönen Zeit auch abgeschottet. Jetzt konnten wir endlich wieder mal alle zusammen sein, auch wenn unsere neue Wohnung klein war, hatten wir allee Platz. Glücklich vereint saßen unsere Kinder auf dem Teppich. Mein Vater stand vor dem großen Balkon und schaute sich kopfschüttelnd die vielen Plattenbauten ringsherum an. Sascha gesellte sich zu den Kindern und Maria, meine Mutter und ich hockten dicht aufeinander und redeten. Raul

schien nicht bei meiner Familie aufgetaucht zu sein. Obgleich ich
darüber froh war, beunruhigte es mich. „Ich habe ihn verlassen,
ich bin mit seinem Sohn abgehauen. Das muss sein Ego enorm
getroffen haben. Das wird er nicht einfach so auf sich sitzen lassen." „Zerbrich dir jetzt darüber nicht den Kopf. Dann lässt er
es eben nicht auf sich sitzen. Das wird ihm nur nichts nützen,
weil er dich nicht findet. Davon musst du jetzt einfach ausgehen",
entgegnete Maria mir forsch. „Kind, du hast es geschafft, glaub
mir, auch wenn es erst eine Woche her ist. Solange du gut auf-
passt und ihr die meiste Zeit zu Hause seid, seid ihr sicher. Das
braucht jetzt erstmal alles seine Zeit. Lass uns jetzt das Thema
wechseln", meldete sich meine Mutter zu Wort. Sie hatte Kuchen mitgebracht, wir tranken Kaffee und genossen ihren selbst
gebackenen Kuchen. Ein wunderschöner, entspannter Samstag-
nachmittag ging zu Ende. Zum Abschied sagte mein Vater noch
„Wir fahren nur ein Stück weg mit dem Auto, bleiben jedoch
noch in der Nähe und behalten die Haustür im Auge, um sicherzugehen, dass er uns nicht gefolgt ist und euch jetzt auflauert."
Das war eine gute Idee und beruhigte mich, doch als alle weg
waren, beschlich mich die Angst und ich fühlte mich schutzlos.
Erst nach einer halben Stunde wurde ich ruhiger.

Es war Montagfrüh, Raulito wusste, dass heute der erste Schultag in der neuen Schule auf ihn wartete. Ihm war nicht wohl,
das sah ich ihm an, doch er tat so, als sei alles in Ordnung. Das
hatte er wohl von mir gelernt. Wir hatten noch ein paar Minuten Zeit, als wir in der Schule ankamen. „Mama, bleib bitte
noch hier." „Ja natürlich bleibe ich noch, wir warten auf Stefanie und gehen zusammen rein." „Guten Morgen, ihr zwei!", rief
Stefanie uns von Weitem entgegen. „Kommt mit!" Wir kamen
ins Klassenzimmer, einige Kinder waren schon da und schauten uns an. Raulito umklammerte meine Hand noch fester. Es
klingelte, der Unterricht begann und ich stand immer noch mit
Raulito an der Tür. „Komm her, Raulito", sagte Stefanie. „Das
ist Raulito, er gehört ab heute zu unserer Klasse. Ihr werdet es
sicher alle gut zusammen haben." Schüchtern stand Raulito da
und alle anderen Kinder lächelten ihn an. „Setz dich am besten

dort vorne hin in die zweite Reihe." Jetzt sah er zu mir, denn ich stand immer noch wie versteinert da. In mir schrie alles auf, ich wollte ihn nicht alleine lassen. Stefanie erkannte die Situation und sagte zu mir, „Petra, bleib doch einfach hier. Du kannst dich dort ganz nach hinten setzen." Ich nahm Platz und Raulito schaute sich zu mir um. Sein Blick verriet mir sein Flehen, da zu bleiben. Seine Einschulung in Kuba war sofort wieder präsent. Die gleiche Situation sollte sich nun wiederholen und mir war klar, ich konnte nicht gehen. Niemals mehr wollte ich ihn so in Panik sehen wie damals. So blieb ich im Unterricht und in den Pausen, bis die Schule zu Ende war. Bevor wir nach Hause gingen, kam Stefanie noch auf mich zu. „Komm einfach jeden Tag mit und bleib so lange hier im Unterricht, bis er bereit ist, ohne dich zu bleiben." „Das werde ich machen, es ist besser für ihn, er braucht diese Sicherheit." Raulito war gelassen und erleichtert, als wir nach Hause kamen. Kein Wort sprach ich darüber und wartete ab, ob er was dazu sagte. Doch er sagte nichts, so ließ ich ihn einfach sein, damit er keine Schuldgefühle hatte, dass ich wegen ihm in der Schule bleiben musste. Ich war sogar froh mit ihm in der Schule zu sein. Meine Angst, Raul könnte ihn entführen, war noch lange nicht vorbei. Es klingelte an unserer Tür. Erschrocken blieb ich bewegungslos stehen. Ein zweites Klingeln, „Ich bin es, Monika, die Nachbarin." Mit dem Schrecken in den Knien öffnete ich die Tür. „Komm rein, Monika." Die kleine Happy, ihr Hund, kam aus ihrer Wohnung gerannt und direkt zu uns hinein. „Kommt ihr nachher zum Kaffee rüber? Raulito, wir können dann zusammen mit Happy Gassi gehen." „Oh ja, gerne", antwortete er ihr. Unser Tag versprach wieder schön zu werden.

Nach der ersten Woche in der Schule sollte es für Raulito besser werden. Inzwischen hatte er sich auch schon angefreundet und wir waren auch nochmal bei Stefanie zu Hause. „Was meinst du, Raulito, soll ich heute noch bleiben oder schaffst du es allein?" „Mami, du kannst heute ruhig wieder nach Hause gehen." „Super, mein Schatz, ich hole dich dann am Mittag wieder ab und wenn irgendwas ist, sprich bitte mit Stefanie." Die dritte Woche in Freiheit begann und wir lebten unseren Alltag in glücklicher Zweisamkeit. Die neue Umgebung, die gemütliche Wohnung und Menschen wie Stefanie, Monika und alle anderen Nachbarn gaben uns seelischen Halt, ohne dass sie es wussten, denn sie waren für uns da und fingen uns auf. Sie streichelten meine Seele und berührten mein Herz. Bevor ich hierherkam, war ich in Angst, Panik und Verzweiflung. Ich fühlte mich verfolgt, verfolgt von Raul. Doch jetzt hatten wir uns gut eingelebt und diese Menschen hatten mich gestärkt. Sie kannten nun alle meine Geschichte und machten mir stets Mut. Dadurch bekam ich ein Stück Stabilität zurück und ich war sicher, sollte Raul auftauchen, würde ich mich ihm entgegenstellen können. So verging die Zeit, in der ich oft in der Schule war und gemeinsame Nachmittage mit Stefanie und den Schulkindern zusammen gestaltete. Jeden Tag rief ich bei meinen Eltern an und zweimal die Woche kamen sie uns besuchen. Wir waren nicht mehr bei ihnen und auch nicht bei Maria. Wir wollten alle kein Risiko eingehen, dass Raul uns abfangen könnte. Ich hatte jeglichen Kontakt zu Freunden und ehemaligen Kollegen abgebrochen, zu groß war meine Sorge, dass jemand uns verraten könnte. Auch zu meinem Anwalt, denn mein Vertrauen war sehr eingeschränkt. Ich informierte ihn nur darüber, jeglichen Briefverkehr an die Adresse meiner Eltern zu senden. Ebenfalls hinterließ ich bei allen Ämtern ihre Adresse. Es war jetzt Mitte Dezember und ich bekam Post vom Arbeitsamt. Die DEKRA suchte Leute und ich sollte einen Vorstellungstermin vereinbaren. Ja, ich freute mich, aber ich konnte mir einfach noch nicht vorstellen, arbeiten zu gehen und den ganzen Tag von Raulito getrennt zu sein. Doch ich brauchte einen Job, denn mein Einkommen war knapp. Nachdem ich bei der DEKRA war, bekam ich auch gleich die Zusage, ab Januar anfangen zu können. Das monatliche Gehalt war mit 1.200 Mark sehr spärlich, aber ich hatte keine Wahl. Der Arbeitsweg war sehr lang und dauerte nach zweimal Umsteigen und zehn Minuten zu Fuß etwas länger als eine Stunde. Raulito würde dann in den Kinderhort müssen. Da es gerade kurz vor Weihnachten war, blendete ich das zunächst aus. „Weihnachten sind wir alle bei Maria", sagte mein Vater am Telefon. „Ich hole euch ab und ihr bleibt dann über die Feiertage bei ihr." Diese freudige Nachricht erwärmte mich. „Wie schön, ich freue mich!" „Ich bin 14 Uhr bei euch. Du weißt ja, bis zu Maria dauert es länger als eine Stunde, bis wir durch ganz Leipzig durch sind." Er hatte recht, Leipzig war groß und ich war tatsächlich sehr weit weg und das war auch gut so.

Es war eine lange Zeit vergangen, seitdem ich Beat das letzte Mal gesehen hatte. Er wusste auch nicht, dass ich ausgezogen war. Da ich nicht mehr arbeitete, konnte er mich auch nicht erreichen. Nach dem Telefonat mit meinem Vater packte mich der Mut und ich wählte seine Nummer in Dortmund, die er mir gegeben hatte. Es klingelte am anderen Ende. „Hallo", meldete sich eine Frauenstimme. Ich antwortete, „Oh Entschuldigung ich habe mich verwählt." Davon fest überzeugt wählte ich die Nummer ein zweites Mal und wieder meldete sich die Frauenstimme. „Hallo, wer ist denn da, wer sind Sie?" „Entschuldigen Sie bitte, ich wollte den Beat sprechen, aber ich muss eine falsche Telefonnummer haben." „Beat ist nicht da, er kommt erst am Abend nach Hause." Peinlich berührt und beschämt sagte ich: „Vielen Dank!" und legte schnell auf. Traurig schaute ich auf das Telefon und mir wurde klar, dass ich gerade mit Beats Frau oder Partnerin gesprochen hatte. Er war also vergeben oder verheiratet. Warum hatte er mir das nicht gesagt, ich hätte mich nie auf ihn eingelassen. Fragen über Fragen, die mir durch den Kopf gingen, während ich immer noch in der Telefonzelle stand. Ich wünschte, ich hätte nicht angerufen. „Mami, was ist denn los, komm jetzt." „Ja, mein Schatz, lass uns schnell nach Hause gehen", sagte ich gedankenversunken.

Der 24. Dezember 1990. Die ganze Familie vereint bei Maria. Sie hatte alle Vorbereitungen getroffen und für eine schöne weihnachtliche Atmosphäre gesorgt. Wir saßen alle im Wohnzimmer und tranken Kaffee. Der Tisch war reichlich gedeckt mit Weihnachtsgebäck. Es war halb vier, als es plötzlich Sturm an der Tür klingelte. Jemand drückte auf die Klingel und ließ nicht los. Das war Raul, einzig und allein er konnte das sein. Mein Herz pochte bis in meinen Hals. Seine Wut zeigte sich in der Art des Klingelns, zu gut wusste ich, wie er war, wenn er hochgradig in Rage war. Natürlich konnte er sich denken, dass wir Weihnachten alle zusammen waren und sicher war er auch vorher schon bei meinen Eltern und hier bei Maria sah er ihr Auto unten stehen. Ich sollte es wissen, er wusste genau, wie es ging, jemandem aufzulauern. Hatte mein Vater es nur nie gemerkt? Hatte ich mich zu früh zu sicher gefühlt oder einfach nur Glück gehabt? „Oh mein Gott, das ist er!", rief ich panisch. „Bleib ruhig, alle ruhig, sofort, er wird wieder gehen", sprach mein Vater. Kurze Zeit Pause. Doch dann wieder die Klingel, ohne Unterbruch. Die Kinder hatten kein Lächeln mehr im Gesicht. Maria nahm Max zu sich und ich Raulito. „Mami, was ist los?" Sascha antwortete instinktiv und sah mich dabei an. „Da erlaubt sich wohl jemand einen Scherz. Ich gehe mal nachschauen, vielleicht ist es ja auch der Weihnachtsmann." „Es gibt keinen Weihnachtsmann", antworteten beide Kinder fast synchron. Sascha lief in die Küche und versuchte, am Fenster jemanden auszumachen, doch er sah nichts. Erstarrt saßen wir im Wohnzimmer, Sascha kam aus der Küche zurück, schaute meinen Vater an und sagte. „Ich gehe runter, bleib du bitte an der Wohnungstür stehen." Meine Mutter nahm meine Hand. „Bleib ruhig, Sascha macht das schon." Ich wollte ihr glauben, konnte es jedoch nicht. Zehn Minuten waren vergangen, als Sascha wieder zurückkam. „Er ist wieder gegangen. Er hatte versucht, mich zur Seite zu schieben und ins Haus zu kommen, sein Fuß stand schon drin. Ich habe ihn schnell zurückgedrängt. Zuerst war er sehr wütend, doch ich konnte ihn etwas besänftigen. Ich habe ihm gesagt, dass es nichts bringt, hier unten vor der Tür zu stehen und Theater zu machen. Das Geschenk hier hat er noch für Raulito abgegeben." „Das ist alles und er ist wirklich gegangen?", fragte ich. „Dieser Mann will alles mit Gewalt erreichen, seine Sprache ist Gewalt und Aggression", waren meine Gedanken. Nur schwer konnte ich abschalten und zur Tagesordnung übergehen. „Was wäre, wenn mir das passiert, wenn ich allein mit Raulito bin. Ich muss unbedingt stark sein, für Raulito und für mich." So langsam kehrte wieder Ruhe ein und die Stimmung lockerte sich wieder. Nach dem Abendessen klingelte es erneut an der Tür. Dieses Mal nicht ganz so lange. Er gab nicht auf. Nach den fünf Wochen hatte er uns endlich gefunden und wusste gerade genau, wo wir waren. Das arbeitete in ihm hochgradig, das wusste ich. Mir wurde kla,r er war eine Bedrohung, noch immer war er eine Bedrohung für mich. Erst recht, wenn er sogar noch ein zweites Mal auftauchte. Diese Momente ließen mich so schwach werden, innerlich zerbrach meine erst kürzlich sacht zurückkehrende Stärke. Sascha stand auf, mein Vater ebenfalls, beide gingen zur Tür. Mein Vater blieb oben stehen und Sascha ging hinunter. „Mensch, Petra, schau nicht so ängstlich. Denkst du, Sascha ist ihm nicht gewachsen? Er wird ihn schon in die Schranken weisen, er weiß sich zu wehren, wenn Raul ihn angreift", sagte Maria. Ich hatte einfach kein Vertrauen und sprach Raul jegliche erdenkliche Macht zu. Von diesen Gedanken muss ich mich lösen. „Ich bin beschützt", sagte ich mir. „Meine Familie ist bei mir." Es vergingen wieder ungefähr zehn Minuten. Sascha kam zurück. „Also jetzt fängt er an, mich zu nerven. Er bestand darauf, unbedingt seinen Sohn zu sehen, und er wurde sehr laut. Auch ich musste laut werden und ihm sagen, dass er verschwinden soll, wir lassen ihn nicht rein und er braucht auch nicht wieder zu kommen. Ich weiß nicht, ob er jetzt gegangen ist. Hoffentlich wiederholt sich das nicht die nächsten Tage." Wir alle hörten Sascha zu und niemand von uns sagte dazu etwas. Zu groß war das Entsetzen, jeder hing seinen Gedanken nach, ob sich das jemals ändern würde. Spät gingen wir zu Bett, meine Eltern waren wieder nach Hause gefahren und wir blieben für die nächsten drei Tage bei Maria. Wir hatten schöne, entspannte Weihnachtstage, doch die Gedanken, dass Raul in der Nähe war, quälten mich, was dazu führte, dass wir die Wohnung nicht verließen.

Den Jahreswechsel verbrachten wir, Raulito und ich, zusammen mit Max und all unseren Nachbarn.

Der Januar war kalt und es war der Monat, in welchem mein neuer Job anfing. Es half nichts, es musste weitergehen. Raul zahlte keinen Unterhalt und auch das staatliche Kindergeld bekam er. So war das damals geregelt, weil er auch der Erste von uns war, der wieder eine Arbeit hatte, als wir aus Kuba zurückkamen. So kam es, dass er diese Bezugskarte für das Kindergeld in seiner Firma abgegeben hatte. Noch im alten Jahr rief ich bei der Firma an, mir diese Karte auszuhändigen, doch sie lehnten ab. Ohne das Einverständnis von Raul sei das nicht möglich und ich sollte das mit ihm klären. Raul machte auch keine Anstalten mir dieses, ihm nicht zustehende Kindergeld auszuzahlen, obwohl mein Anwalt ihn dazu aufgefordert hatte. Nur zu gut konnte ich mir vorstellen, wie Raul mich damit kleinbekommen wollte. Kein Geld der Welt wäre das für mich wert. Lieber verzichtete ich. Umso mehr war es für uns wichtiger, dass ich wieder Arbeit hatte. Doch wusste ich, dass ich irgendwann diese Bezugskarte bekommen musste.

Es waren lange Arbeitstage. Die Kollegen waren sehr angenehm und die Arbeit an sich auch. Ich war immer wieder froh, wenn ich nach der langen Heimfahrt endlich zu Hause war und Raulito abholen konnte. Wenn ich es nicht innerhalb der Kinderhortzeit schaffte, nahm Stefanie ihn mit nach Hause. Das hatte sie mir angeboten und ich war froh, dass er in ihrer Obhut war. Wir waren nun schon seit zweieinhalb Monaten hier in unserem neuen Zuhause. Ich hoffte, dass Raul sich mit der Situation abgefunden und sich auch daran gewöhnt hatte. Die Zeit arbeitete für mich, so musste es einfach sein. Mein Gefühl, dass wir es endlich geschafft hatten, bestärkte mich immer mehr und ich fühlte mich zumindest sicherer als zu Beginn unseres Umzuges. Ich war sehr froh darüber und wir fuhren auch endlich wieder meine Eltern besuchen, auch wenn mein Vater darauf bestand, uns anschließend mit dem Auto nach Hause zu fahren. „Wenn es dem Esel zu gut geht, geht er aufs Glatteis", sagte er immer. Er hatte ja recht, es war besser so. Raul könnte unverhofft irgendwo auf uns lauern und wenn uns das auf dem Heimweg passierte, dann würden meine Eltern so schnell nicht davon erfahren. Sich zu sicher zu fühlen, konnte ein zu großes Risiko für uns sein. Doch es war und bleibt noch für unbestimmte Zeit eine Herausforderung für mich. Alle meine Gedanken, Taten und Vorhaben waren nicht zu planen oder zu organisieren, ohne das Risiko mit einzubeziehen. Das erschwerte uns vieles, aber es war immer machbar, das wusste ich. Zudem war es nichts gegenüber allen Ängsten, die ich vor meinem neuen Leben aushalten musste. Meine Sehnsucht nach Normalität wurde immer größer. Die Sehnsucht danach wandelte sich allmählich in Stärke und Stabilität um, ein in mir unbewusst stattfindender Prozess. Mein Leben wollte sich verändern und wartete auf den Sinn, den ich ihm nun gebe. Wir scheinen nicht zu wissen, was in unserem Unterbewusstsein bewegt wird, aber nach allem was ich erlebt hatte, wusste ich, dass ich mich tausendprozentig darauf verlassen konnte und dass mein Unterbewusstsein mir den Weg weist und meine Psyche immer mehr Heilung findet.

An einem Montagabend, nachdem ich von der Arbeit kam, nahm ich all meinen Mut zusammen und rief in der Firma von Raul an. „Kann ich bitte mit Raul sprechen?", sagte ich am Telefon. „Raul hat Frühschicht, da müssen Sie morgen nochmal anrufen." Ich bedankte mich und beschloss, gleich am nächsten Tag anzurufen. Irgendwie war ich froh, dass er nicht da war, denn mein Herz schlug wieder bis zum Hals. Fürs Erste war es wie eine Übung, aber ich würde morgen anrufen, das war mein feststehender Plan. Ich musste diese Bezugskarte für das Kindergeld haben und ich musste wissen, wie die Situation war. Nur so konnte ich herausfinden, inwieweit ich mich sicher fühlen konnte, nur so konnte ich mehr Sicherheit für Raulito und mich bekommen. Am nächsten Tag nutzte ich das Telefon im Büro und rief bei Raul an. „Moment, warten Sie, ich muss ihn erst holen." Hochgradig aufgeregt wartete ich am Telefon, als ich plötzlich diese Stimme hörte. „Hallo, wer ist da?" Diese Stimme erzeugte in mir eine große Abwehr und ich war kurz davor, aufzulegen. Mich schüttelte es. „Petra, bist du das?" „Ja ich bin es." „Mein Chef hat mir schon gesagt, dass du gestern angerufen hast. Wie geht es dir und Raulito? Wo seid ihr?" Aus seiner ersten Frage hörte ich so ein kleines Stück Besorgnis heraus, doch seine zweite Frage klang fordernd. „Warum bist du gegangen, ich tue dir doch nichts. Weißt du, wie das war, als ich nach Hause kam und ihr wart weg." Was für eine Farce, was er da sagte. Sollte ich jetzt etwa noch Mitleid mit ihm haben, war es Dummheit oder wieder eines seiner lügenhaften Spielchen. Ich entschloss mich, einen weichen Ton anzuschlagen und sagte: „Uns geht es gut. Können wir uns am Samstag treffen und du bringst mir die Bezugskarte für das Kindergeld mit?" „Wir können uns gerne treffen", erwiderte er, „aber nur, wenn du Raulito mitbringst." Natürlich, so kannte ich ihn ja, er stellte die Forderungen. „Wir kommen nur, wenn du diese Karte mitbringst. Das Geld steht dir nicht zu, es gehört Raulito. Können wir uns treffen oder nicht?" „Ja gut, wann denn?" „Samstagmittag, 13 Uhr in der Stadt in dem Café am Marktplatz." Raul sagte zu und ich legte auf. Ich fragte mich, wie ich das alles einordnen sollte, was sagte mir seine Stimme über seinen Zustand und seine Absichten. Einerseits war er wie immer, doch andererseits auch wieder nicht. Zwischen den Zeilen hörte ich Wehmut und Einsicht, oder wollte ich das nur hören? Ich rief direkt Maria an und erzählte ihr von unserem Telefonat, unserem geplanten Treffen und meinen Gedanken. „Dem würde ich nie mehr trauen. Der tut doch jetzt nur so als wäre er einsichtig. Du weißt doch, wie er die Menschen täuschen kann, und Weihnachten ist auch noch nicht so lange her. Da hast du ihn ja erlebt. Ich glaube nicht, dass er sich jetzt in der kurzen Zeit geändert hat. Aber triff dich ruhig mit ihm. Sei einfach vorsichtig, dass er dir danach nicht folgt." „Natürlich werde ich vorsichtig sein."

Nun war es so weit, es war Samstag. Raulito hatte ich über alles informiert, auch über den Grund unseres Treffens mit seinem Vater. Wir fuhren mit der S-Bahn bis zum Bahnhof und von da aus liefen wir zum Markplatz und traten in das Café ein. Raul saß an einem Tisch und stand direkt auf, als er uns sah. Er lächelte und ich sah, dass er sich freute, uns zu sehen, insbesondere seinen Sohn. Ein unwohles Gefühl breitete sich in mir aus, als ich ihn sah. Ich spürte eine so große Abneigung mit jeder Faser und Zelle meines Körpers. Umso bewusster wurde mir, wie glücklich ich seit den letzten zweieinhalb Monaten war. Mir wurde augenblicklich klar, wie viel Hilfe ich bekommen hatte, um jetzt in diesem Moment hier mit meinem Anliegen zu stehen. Hilfe durch Menschen an meiner Seite, bewusst oder unbewusst, die ich nicht als Hilfe sehen konnte. Zu viele Jahre hatte ich gebraucht, um das zu erkennen. Es ist schwer, über Missbrauch zu reden und vertrauensvolle Zuhörer zu finden. Raul hatte mich meines Vertrauens und meiner Sicherheit beraubt und mir damit programmiert, dass ich nicht einfach gehen konnte. Jeder Missbrauch erzeugte eine Schicht über meinem Körper und meinem Geist. Zu jeder Schicht kam eine neue Schicht dazu. Konnte ich durch Reden eine Schicht abtragen, wurde diese schnell durch eine oder mehrere neue Schichten ersetzt. Unter den Schichten blieben die Wunden und deren Narben der Angst und tiefen Verzweiflung zurück, die es von Schicht zu Schicht schwerer machten, darüber zu reden, Hilfe zu finden und als wahrhafte, verständnisvolle Hilfe zu erkennen. Ich erkannte, wie wichtig und richtig für uns diese Hilfe war. Hartnäckige Hilfe von Sara, die unermüdlich an meiner Erlösung festhielt und mich in allem begleitete. Maria, die mir tausend Prozent ihres Selbstbewusstseins abgeben wollte und mich immer wieder aufbaute. Meine Eltern, durch die ich immer ein Alibi bekam und die trotz aller Zweifel an mich glaubten und mich tatkräftig unterstützten. Raulito, der mich am Leben hielt und mir jeden Tag aufs Neue den Grund dafür lieferte. Elena, die im richtigen Moment nachbohrte und zuhörte. Meine verständnisvollen Kollegen, Beat, Dirty Dancing und ja sogar Freddy Mercury. Ja, es wäre weniger schmerzhaft gewesen, diese Hilfe rechtzeitig zu erkennen und zu vertrauen. Doch jetzt wusste ich um diese Hilfe, die mir und Raulito zuteilwurde und Raul nun klein und machtlos erscheinen ließ. All diese Hilfe, die dazu beitrug, dass ich es endlich schaffte, Mut zu fassen, der so lange vergraben lag. Nie wieder muss ich Raul für mehr als nur ein Treffen in meiner Nähe ertragen. Mit diesem Bewusstsein stieg eine unglaubliche Stärke in mir auf. Mit dem Wissen, dass ich mich nach unserem Treffen von ihm ohne Befürchtungen abwenden konnte, sagte ich „Hallo" und nahm Platz. Er wirkte schüchtern auf mich und wendete gleich seinen Blick ab und nahm Raulito an sich, umarmte ihn und fing an ihn zu befragen. An der Stelle musste ich ihn unterbrechen. „Hast du die Karte dabei?" „Hast du nur diese Karte im Kopf?", fragte er mich. „Was soll denn das?", dachte ich. „Ja, deshalb haben wir uns verabredet." „Ja, natürlich habe ich sie dabei, ich gebe sie dir nachher, bleib doch noch einen Moment. Du wirst doch nicht gleich wieder gehen wollen, nachdem wir uns so lange nicht gesehen haben. Wir können doch erstmal was essen." „Nein", sagte ich mit Nachdruck, „gib sie mir sofort!" Ich konnte den Gedanken nicht ertragen, dass ich hier mit ihm saß und ohne diese Karte, wegen der wir überhaupt gekommen waren, wieder nach Hause sollte. Es war einfach nicht zu ertragen, dass er mich schon wieder hinhalten und über alles bestimmen wollte und dass er die Regie unseres Treffens führen wollte. In mir kochte alles hoch. Ich verspürte große Lust, ihn anzuschreien, unterließ es jedoch. „Ich bin nicht gekommen, weil ich dich lange nicht gesehen habe. Gib mir jetzt diese verdammte Karte." „Ja doch, hier ist sie, aber bleib doch noch. Wir essen was zusammen und dann gehen wir wieder." Dieses Wort „Wir" aus seinem Mund brachte mich fast zum Erbrechen. „Es gibt kein Wir, niemals mehr, für immer und ewig und alle Zeiten", dachte ich, sprach es aber nicht aus. Ich hatte jetzt, was ich wollte. „Dann essen wir eben was zusammen, aber wir gehen dann nicht, sondern du gehst zu dir nach Hause und Raulito und ich gehen zu uns nach Hause." „Ist ja schon gut, beruhige dich." Ich bestellte nur eine Kleinigkeit zum Essen, damit es schnell ging und während wir aßen, versuchte ich, die Lage und ihn einzuschätzen. Ich kam zu der Erkenntnis, dass ich keine Angst mehr vor ihm haben musste. Die Scheidung und der damit verbundene Papierkram nagten an ihm. Er war jetzt der Unsichere von uns. Seine Ehrfurcht vor den Behörden, Gerichten und Anwälten, die er schon in Kuba mit einer gewissen Unterwürfigkeit aushielt, kam mir hier zugute. Das war seine Schwachstelle. Als wir mit dem Essen fertig waren, wollte ich gehen, er hielt mich mit einer Geste davon ab und sagte: „Komm doch bitte wieder nach Hause. Ich habe mich wirklich geändert und ich verspreche, dir nie wieder wehzutun. Du kannst machen, was du willst, aber bitte komm wieder nach

Hause. Ich liebe dich doch." Entsetzen gepaart mit Ekel nahm in mir überhand und ich war zunächst sprachlos. Wie er mich dabei ansah, devot, wehmütig und mitleidig und dennoch wusste ich, dass er das niemals einhalten würde. Abgesehen davon gab es für mich kein Zurück. Es gruselte und schüttelte mich schon nur bei dem Gedanken daran, diese Wohnung des Grauens jemals wieder zu betreten. „Glaube mir, bitte", schloss er ab. „Ich komme nicht mit dir zurück, nie mehr will ich mit dir zusammen sein." Hätte er immer noch die Karte, er würde sie mir nun nicht mehr geben. So gut kannte ich ihn, dass er das als Druckmittel genommen hätte. „Ich werde jetzt mit Raulito rausgehen und du wirst uns nicht hinterherlaufen, um zu sehen, in welche Richtung wir gehen. Solltest du das tun, dann rufe ich die Polizei, denn inzwischen sind wir hier im vereinten Deutschland. Die Polizei ist überall." Er bezahlte schnell und kam mit uns hinaus. Ich konnte das nicht verhindern und wollte auch kein Aufsehen erregen. Vor dem Café sagte ich nur Ade. Raul umarmte seinen Sohn, er sah mich an und wollte mich umarmen. Ich wandte mich geschickt ab und sagte: „Lass das und geh jetzt, und erlaube dir nicht uns nachzulaufen." „Ich werde euch nicht nachlaufen." Er drehte sich um und ging. Nach einer Weile liefen Raulito und ich die Straße Richtung Leipziger Hauptbahnhof hinunter. Ich lief rückwärts und schaute Raul nach, um sicher zu sein, dass er uns nicht folgte. Nun sah ich ihn nicht mehr, er war weg, da war ich sicher. Etwas in mir sagte mir, dass ich sicher sein konnte. Ich hatte es geschafft, es war überstanden. Wir hatten Ende Januar 1991 und es war kurz vor meinem 28. Geburtstag. Meine Lebenszeit der Angst und Gewalt lag hinter mir. Die Hölle, die vor 12 Jahren begonnen hatte, ging nun zu Ende. Beseelt vor Glück hüpfte ich mit Raulito an meiner Hand frei und sorglos durch die Straßen und wir kicherten dabei, bis wir den Bahnhof erreicht hatten. Glücklich und vergnügt standen wir auf dem Bahnhof und mussten noch 40 Minuten auf unsere S-Bahn warten. „Komm, Raulito, lass uns ein Foto machen." „Oh ja Mami." Wir gingen in einen der neu aufgestellten Fotoautomaten, steckten fünf Mark hinein und ließen uns vom Automaten fotografieren. Der Moment unserer zurückgewonnenen Freiheit, festgehalten von einem Fotoautomaten. Unsere kleine Welt würde nun voller Liebe, Frieden, Freude und Freiheit sein. Meine Psyche brauchte noch Heilung, das wusste ich. Doch jetzt war ich für immer frei. Befreit und erlöst aus der Gewalt meines Ehemannes, der er nur noch auf dem Papier war. Diese Tatsache war wunderbar. In mir begann eine Erlösungsgeschichte. Bis alle Schichten abgetragen sind, würde es noch einige Zeit dauern. Wie bei einem archäologischen Fund, bei dem Schicht um Schicht abgetragen werden musste, um die wahre Geschichte des Fundes zum Vorschein zu bringen, so auch bei mir, bis mein wahres Selbst, meine eigene Persönlichkeit heraustritt. Ich schrie in den hallenden Leipziger Bahnhof hinein: „Ich bin frei." Endlich war ich in Freiheit. Die Freiheit war meine Therapeutin.

HEART FOR AUTOREN A HEART FOR AUTHORS A L'ÉCOUTE DES AUTEURS MIÁ KAPΔIA ГIA ΣΥ
ARTA FOR FÖRFATTARE UN CORAZÓN POR LOS AUTORES YAZARLARIMIZA GÖNÜL VERELIM
PER AUTORI ET HJERTE FOR FORFATTERE EEN HART VOOR SCHRIJVERS TEMOS OS AU
ÖINKÉRT SERCE DLA AUTORÓW EIN HERZ FÜR AUTOREN A HEART FOR AUTHORS Á L'ÉC
BCEЙ ДYШOЙ K ABTOPAM ETT HJÄRTA FÖR FÖRFATTARE Á LA ESCUCHA DE LOS AU
ГIA ΣΥГГΡΑΦΕΙΣ UN CUO E PER AUTORI ET HJERTE FOR FORFATTERE EE
ÖINKÉRT SERCE DLA AUTORÓW EIN HERZ
ÃO BCEЙ ДYШOЙ K ABTOPAM ETT HJÄRTA

Die Autorin

Petra Reinoso wurde 1963 in der DDR in Leipzig
geboren. Mit 16 lernt sie ihren späteren Mann aus
Kuba kennen. Mit 22 wandert sie mit ihm und
ihrem gemeinsamen Sohn aus der DDR nach Kuba
aus. Dort lebte sie mit der liebevollen Großfamilie
ihres Mannes zusammen. Dabei lernte sie nicht nur
die Sprache, sondern auch Höhen und Tiefen im
von Armut geprägten Alltag zu durchleben. Nach
ihrer Rückkehr nach Leipzig absolvierte Petra eine
zweite Ausbildung und trennte sich von ihrem
Mann, der ihr das Leben durch Gewalt und Missbrauch zur Hölle machte. Mit ihrem Sohn musste
sie für einige Zeit untertauchen. Heute lebt sie
glücklich in Konstanz am Bodensee, arbeitet in der
Schweiz, gibt nebenbei Yogastunden und hat drei
Enkelkinder. Mit ihrer Geschichte möchte sie anderen Frauen Mut machen und inspirieren, wieder
eine eigene Persönlichkeit zu werden. Ihr Lebens-
motto: Wie kann ich alles mit Liebe angehen?

Der Verlag

Wer aufhört
besser zu werden,
hat aufgehört
gut zu sein!

Basierend auf diesem Motto ist es dem novum Verlag
ein Anliegen neue Manuskripte aufzuspüren, zu ver-
öffentlichen und deren Autoren langfristig zu fördern.
Mittlerweile gilt der 1997 gegründete und mehrfach
prämierte Verlag als Spezialist für Neuautoren in
Deutschland, Österreich und der Schweiz.

Für jedes neue Manuskript wird innerhalb
weniger Wochen eine kostenfreie, unverbind-
liche Lektorats-Prüfung erstellt.

Weitere Informationen zum Verlag und
seinen Büchern finden Sie im Internet unter:

w w w . n o v u m v e r l a g . c o m

Lightning Source UK Ltd.
Milton Keynes UK
UKHW010632160921
390678UK00002B/400

9 783991 077282